AF338094

COLLECTION LECOFFRE

1903

ISABELLE DE FRANCE

ET

LA COUR DE SAINT LOUIS

PAR

Mme DE LA RICHARDAYS

PARIS

LIBRAIRIE JACQUES LECOFFRE

ANCIENNE MAISON PERISSE FRÈRES DE PARIS

LECOFFRE FILS ET Cie, SUCCESSEURS

RUE BONAPARTE, 90

ISABELLE DE FRANCE

ET

LA COUR DE SAINT LOUIS

PARIS. — IMP. SIMON RAÇON ET COMP., RUE D'ERFURTH, 1.

ISABELLE DE FRANCE

ET

LA COUR DE SAINT LOUIS

PAR

MADAME RENÉE DE LA RICHARDAYS

PARIS

LIBRAIRIE JACQUES LECOFFRE

ANCIENNE MAISON PERISSE FRÈRES DE PARIS

LECOFFRE FILS ET Cⁱᵉ, SUCCESSEURS

90, RUE BONAPARTE, 90

1872

ISABELLE DE FRANCE

LA COUR DE SAINT LOUIS

PREMIÈRE PARTIE

CHAPITRE PREMIER

Ce qu'était Paris sous Philippe Auguste. — Le palais du Louvre. — Les autres monuments. — Légende de sainte Geneviève. — La famille royale. — Blanche de Castille. — Les grands dignitaires de la Couronne. — Saint Dominique au Louvre. — Poissy. — Naissance de saint Louis. — Bouvines. — Expédition de Louis de France en Angleterre. — Beau caractère de Blanche. — Court règne de Louis VI. — Les enfants de France. — Isabelle.

Lorsque l'on veut étudier une époque importante de l'histoire d'un peuple, il n'est pas sans intérêt de jeter un coup d'œil sur la physionomie que présente sa capitale ; c'est ainsi que nous ouvrirons ce récit. Bien qu'au moyen âge Paris fût loin d'avoir l'importance qu'il a aujourd'hui et que la vie provinciale fût infiniment plus forte, Paris était déjà une ville importante.

Les changements accomplis dans les grandes cités, les monuments qui s'y élèvent, sont certainement en rapport avec les transformations politique et l'esprit moral de la nation. Paris reçut de Philippe Auguste le caractère de la force, de la résistance et d'une sévère beauté.

Le roi avait fait tracer une nouvelle enceinte qui ne fut terminée qu'en 1211, et qui agrandissait beaucoup la vieille ville encore bornée à la Cité. Cette enceinte, tracée sur les deux rives de la Seine, renfermait le fleuve dans Paris ; un grand nombre de tours, dont les deux plus importantes gardaient la rive gauche du fleuve, — c'étaient la Tournelle et la tour de Nesle, — interrompaient la monotonie des hautes murailles : soixante portes, crénelées et bardées de fer, roulaient sur leurs gonds, chaque matin, pour laisser libre l'entrée de la ville, et se refermaient chaque soir pour en assurer la tranquillité ; et, afin que le cours du fleuve, malgré toutes ces précautions, ne devînt pas le chemin de quelque trahison, on avait jeté d'une rive à l'autre une énorme chaîne pour en assurer la sécurité. Paris ressemblait vraiment à une immense forteresse, et le palais des rois, le Louvre, avait bien un peu aussi l'aspect d'une prison.

Le Louvre, comme presque tous les domaines royaux, fut d'abord un rendez-vous de chasse ; sous le roi Eu-

des, on l'appelait le château des Loups, car il se trouvait alors en pleine forêt. Sans étymologie forcée, il est
facile de faire dériver Louvre de Loup. Louis le Gros
jugea cet endroit propre à élever un donjon ; il était
en effet placé sur la rive droite de la Seine, et pouvait
contribuer à défendre l'entrée de la Cité. Philippe Auguste de ce donjon fit une forteresse dont les nombreuses tours et tourelles étaient dominées par la *Grossa
turris*. Terminée peu avant la bataille de Bouvines, la
Grossa turris devint la prison des grands féodaux et
prit le nom de l'un d'entre eux, le comte de Flandre,
Ferrand. Il fallait être très-haut et très-puissant seigneur pour avoir le droit et l'honneur d'y être renfermé ;
aussi un chroniqueur naïf dit-il : « Ceste prison ne
s'ouvroit que pour ceux qui avoient été proclamés heureux par le monde : geôle qui n'ouist oncques plorer petites gens, ne peuple menu, et n'avoit été mouillée que
de larmes de princes. »

Mais cet aspect de citadelle n'était pas le seul que
présentât Paris. Plusieurs riches abbayes, celle de
Saint-Germain des Prés, dont nous possédons la charmante église, ce qui nous permet de juger ce que devait être une abbaye entière construite dans ce style ;
le manoir du Temple, la belle et majestueuse église de
Sainte-Geneviève s'élevant sur la montagne du même
nom, formaient à la ville un cadre admirable ; enfin,
au cœur même de la Cité se voyait déjà la merveille
gothique de Notre-Dame, si longtemps inachevée.

Des bois, presque des forêts, couvraient les rives du
fleuve, et l'une d'elles séparait Paris du magnifique

moustier de Saint-Denis, destiné à être le palais des morts couronnés. Clovis l'avait élevé sur le tombeau des apôtres de la France, à la demande de sainte Geneviève.

La patronne de Paris avait en effet une dévotion particulière à ces saints martyrs, et la forêt de Saint-Denis nous rappelle une des légendes de sa vie merveilleuse. Entourée de jeunes filles qui, renonçant au monde, s'étaient groupées autour d'elle pour mener une sorte de vie religieuse, Geneviève se rendait souvent en procession jusqu'aux saints tombeaux. Un soir, la nuit l'avait surprise priant encore, et la sainte procession avait dû traverser la forêt à la lumière des torches. Ces saintes filles chantaient des cantiques, sans crainte des bêtes sauvages qui rôdaient dans le bois et des malfaiteurs qui guettaient les voyageurs attardés. Cependant un orage violent s'élève, et les torches vacillantes s'éteignent. Geneviève n'a pas interrompu ses chants pieux, mais elle s'aperçoit que sa voix seule continue à s'élever vers Dieu ; elle exhorte ses compagnes à se confier en lui, et, frappant la terre du bout de sa torche, elle la relève plus lumineuse que jamais. Sur son ordre, ses compagnes rassurées, agissant de même, obtiennent le même miracle. La procession rentre ainsi dans Paris en chantant l'*Alleluia*.

Mais revenons à l'histoire et rentrons dans le palais du Louvre afin de connaître ses habitants.

Pour pénétrer dans la demeure royale, il faut donc passer sur les ponts en bois jetés sur les fossés profonds qui l'environnent et traverser la grande cour de 69 mètres de long sur 65 de large. Du reste, aucune élégance dans cette architecture féodale ; les vastes salles du palais ne sont éclairées que par d'étroites fenêtres ressemblant à des meurtrières. La sûreté est préférée à la beauté.

La famille royale se compose du roi, de son fils, marié depuis peu d'années à une jeune princesse espagnole dont la pure et suave beauté répond au doux nom de Blanche qu'elle doit plus tard rendre illustre.

Philippe Auguste repose sur elle un regard de légitime orgueil, car l'esprit sérieux, la rare sagesse, la douce fermeté de la future reine de France, lui assurent qu'elle portera vaillamment sa part de la couronne. Qu'eût-il pensé si, l'avenir se dévoilant, il eût vu cette couronne tout entière reposer sur ce jeune front, et cette régence devenir un des grands règnes de sa race ?

Nommons encore le duc de Boulogne, second fils du roi, surnommé Hurepel (poil de hure), ce qui donne l'idée de la douceur de son naturel.

Philippe Auguste est entouré des grands vassaux de la couronne. C'est d'abord Mathieu II de Montmorency, connétable de France, parent de tous les souverains occidentaux, oncle de deux empereurs et de six rois ; c'est le sire de Châtillon, plus riche vassal que Montmorency lui-même, car 800 fiefs dépendaient de son manoir, tandis que le connétable n'en avait que 600. Ce sont le sire de Bourbon, le sire de Brienne et de Courtenay, dont les branches régnaient à Constantinople ; puis l'évêque de Senlis, Guérin de Montaigu, chancelier de France, hospitalier de l'ordre de Jérusalem. Fidèle à ses vœux, il ne quitta jamais, même à la bataille de Bouvines, le manteau noir à la croix blanche. C'est à lui que la France dut le premier trésor des Chartes ; il les classa, les mit en ordre et les fit inscrire sur un registre particulier.

Il serait trop long de donner la liste des seigneurs qui se partageaient les dignités de la cour. Parmi toutes ces charges, la plus enviée était celle de grand chambrier du roi, car celui qui en était revêtu avait le droit de passer le jour et la nuit près de son maître, gardait le *scel secret*, le *cachet du cabinet*, et avait la surveillance des archives, des titres et des papiers du souverain.

Parmi les plus jeunes courtisans, il faut nommer le terrible Pierre Mauclerc, petit-fils de Louis le Gros, dont le mariage avec la duchesse de Bretagne devait apporter tant de troubles, non-seulement à cette province, mais encore dans le royaume, pendant la régence de Blanche ; et enfin l'homme le plus séduisant de son temps, le comte Thibaut de Champagne, allié à tous les rois, parent de Louis de France et de Blanche de Castille, fin et naïf poëte, léger, élégant et beau, adroit à tous les exercices du corps, qui faisaient alors, avec tant de raison, une partie importante de l'éducation des hautes classes, vainqueur dans maints tournois, maniant la lance, l'arme noble par excellence, avec autant d'adresse que de force. Admirateur respectueux de la beauté de Blanche, dont il devait, plus tard, troubler aussi la régence d'une tout autre façon que Mauclerc.

C'est devant pareille cour que fut introduit un jour

le cortége pompeux de l'évêque d'Osma. Les évêques,
au moyen âge, ne marchaient guère sans une suite
nombreuse; un concile avait dû leur défendre d'avoir
plus de vingt-sept chevaux dans leurs écuries; et l'Espagne, la terre de l'étiquette, ajoutait un plus grand
cérémonial à ses ambassades que toutes les autres nations; or c'est à ce titre que l'évêque d'Osma se présentait à la cour de France.

Au nombre des prêtres qui l'accompagnaient se
trouvait un jeune chanoine régulier dont le modeste
maintien, l'air recueilli donnait à la physionomie le
cachet de cette beauté morale que l'on appelle la sainteté; elle était comme l'auréole de ce blanc visage en-
cadré de boucles blondes, qui conservait à plus de
trente ans un caractère extraordinaire d'extrême jeunesse; lorsqu'il parlait, le son argentin et doux de sa
voix prêtait à ses paroles un accent angélique.

Blanche fut attirée par l'attrait de cette sainteté; son
cœur qui contenait le secret d'une intime douleur,
son cœur qui souffrait non-seulement comme celui
d'une mère déshéritée, mais encore d'une future reine
sans rejeton, s'ouvrit plein de confiance à celui qui
portait un nom devenu si grand dans les annales de
l'Église, le nom de Dominique.

Celui que Dieu appelait à fonder l'un des ordres les
plus glorieux de l'Église, et à donner à la piété chrétienne l'une de ses plus douces dévotions, le Rosaire,
était déjà fervent serviteur de Marie; c'est à elle qu'il
demanda d'essuyer les larmes de la fille des rois.

Sur son conseil Blanche récita et fit réciter autour

d'elle avec grande fidélité le chapelet; Dominique avait dit : « Invoquez Marie, et elle vous exaucera royalement. » Cette prédiction devait se réaliser, puisque des onze enfants qu'eut Blanche, deux sont au nombre des saints et tous se firent remarquer par la pureté de leur vie.

L'aîné de ces princes naquit le 9 septembre 1209; son aïeul lui donna son glorieux nom.

Ce n'était pas cependant à cet enfant que la Providence voulait confier les destinées de la France dans ces temps difficiles. L'Église et la féodalité si puissantes et souvent rivales ; le peuple, beaucoup moins soumis qu'on se plaît à le croire ; les monarchies voisines, cherchant toutes à augmenter leur pouvoir et leurs territoires, demandaient *un roi justicier*, et celui à qui l'histoire devait donner ce beau nom naquit à Poissy, le 25 avril 1215.

Poissy était la résidence favorite de Blanche. Les plus douces années de son court mariage s'y écoulèrent ; elle y goûta ses premières joies maternelles.

Il sembla que le peuple pressentît ce que lui promettait le 25 avril 1215, jour de la naissance de Louis. Ce petit prince n'était cependant pas l'héritier indiqué de la couronne, puisque l'aîné, Philippe, vivait encore, et la France le reçut avec des cris d'enthousiasme. Dès le lever du jour, les cloches sonnaient à toutes volées à cause de la fête solennelle de l'apôtre saint Marc ; on apprend l'accouchement de la princesse, tous ces joyeux carillons cessent comme par enchantement. Blanche remarque ce silence et en demande la raison. « Dame, lui dit-on, moines ni clercs n'osent troubler votre repos par semblable carillon, dont moult leur couste. »

« Qu'à cela ne tienne! » répond-elle; et, ne voulant pas que pour son repos le peuple renonçât aux joyeux carillons de ses fêtes religieuses, elle se fait transporter dans une ferme. Cette ferme devint, sous Philippe III, une église, et le roi voulut que l'autel en fût élevé là où se trouvait le lit de Blanche de Castille, sa courageuse aïeule.

Le nouveau-né fut nommé Louis, contrairement aux lois de l'Église qui voulaient que tout enfant ne reçût au baptême qu'un nom de saint; cette décision du concile de Nicée avait paru, semble-t-il, dure aux Français pour lequel le nom de Louis (Clovis) était si national, et c'était la neuvième fois que cette loi allait être transgressée, mais le petit prince qui naissait était appelé à accorder le vœu de la France et les règles de 'Église puisqu'il devait être le premier saint Louis.

Le règne de Philippe Auguste était alors à l'apogée de sa grandeur. Le 27 juillet 1214 la bataille de Bouvines avait été une de ces grandes pages de l'histoire nationale qui, en quelques heures d'héroïsme, assurent à la fois à un peuple sa force intérieure et sa grandeur vis-à-vis des autres peuples étonnés. Philippe Auguste, encore atteint des foudres de l'Église à cause de son union illicite avec la douce Agnès de Méranie dont cependant il s'était séparé, n'en était pas moins le roi très-chrétien, son cri de guerre le dit assez; au moment de l'attaque, tête nue et l'épée en main : « L'Église prie pour nous, s'écrie-t-il; je vais combattre pour elle, pour la France, pour vous, mes barons. » On sait le reste : un empereur et deux rois fuyant devant le roi de France victorieux, cent cinquante mille hommes d'armes en déroute, les grands vassaux prisonniers, et le peuple portant en triomphe le roi vainqueur. On peut dire que les drapeaux conquis à Bouvines servirent de berceau à saint Louis.

Pendant ce temps, Louis de France tenait tête au roi Jean d'Angleterre et lui faisait lever honteusement le siége de la forteresse de la Roche-au-Moine, près d'Angers. Le prince déloyal, laissé libre sur une promesse d'une rançon de 500,000 francs qu'il ne paya pas, s'évada à cheval et gagna la côte de France après une course de dix-huit heures.

C'était avec honte que les Anglais supportaient le joug de cet homme dont les mains étaient tachées du sang de leur souverain légitime, Arthur de Bretagne ; et, en 1216, une ambassade envoyée par les plus puissants barons de la Grande-Bretagne vint offrir la couronne d'Angleterre au fils aîné de Philippe Auguste. La politique de la France n'est pas de donner ses princes aux nations étrangères. Philippe Auguste ne pouvait tomber dans cette faute. Les soi-disant droits de Blanche de Castille, qui par sa mère était petite-fille du roi d'Angleterre, Henri III, eussent été impuissants à l'entraîner dans cette expédition d'outre-mer ; mais le vaillant prince que l'histoire a surnommé *le Lion* fut séduit par l'idée de conquérir cette couronne, et Philippe, cédant à ses instances, lui adressa ce remarquable avertissement : « Crains que n'en vraincras à ton

escient, car Angloys sont traystres et felons, et ne te
tiendront parole. »

Louis entra en campagne avec 600 bâtiments
et 80 barques; une partie de la noblesse accompagnait le prince. Dès le début, cette campagne fut
entravée. Le pape Innocent III, qui, à la mort d'Arthur,
avait invité le roi à venger ce crime, qui avait frappé
d'interdit le royaume anglais, lança tout à coup les foudres de l'excommunication contre les chefs de l'expédition française, irrité, paraît-il, du manque de défé-
rence du prince qui ne lui avait pas soumis son accep-
tation. Cependant Louis triomphant entrait à Londres ;
mais la trahison prédite par Philippe l'attendait. Un
premier malheur, la dispersion de la flotte française
par une affreuse tempête, avait livré une partie de nos
vaisseaux aux marins des cinq ports anglais situés sur
la Manche. Louis se trouvait donc à la merci d'un peuple (traystre et felon).

Les barons se partagent en deux camps, dont une
partie se rallie au fils de Jean Sans-Terre et équipe une
flotte qui coule bas le reste de la nôtre. Les autres
étaient restés fidèles au prince affable et brave qu'ils
étaient venus demander à la France.

Mais Louis fit une faute qui acheva de l'isoler dans
ce pays étranger, en distribuant à ses compagnons
d'armes français la plus grande partie des terres conquises. Abandonné de tous, il allait être attaqué par
Jean Sans-Terre, qui, profitant de nos malheurs, s'a-
vançait à la tête d'une nombreuse armée. Les bagages
qui suivaient Jean contenaient d'immenses richesses,

et Dieu, qui quelquefois châtie visiblement les grands coupables, permit que toutes ces richesses fussent englouties dans la traversée. Cette perte matérielle brisa l'homme sans entrailles qui avait fait égorger Arthur de Bretagne, et six jours après il succomba à une mort subite.

L'exécration des Anglais ne respecta pas ses cendres. A peine couché dans le sépulcre royal de Westminster, on le déterra, à cause des « grans esfroys et espouvantemens desquels estoient saisis de mort ceux qui se tenoient audict lieu. »

Une de ses épitaphes peint encore mieux le mépris de son peuple : « Qui est-ce qui plore ou plorera jamais la mort du roi Jehan? L'enfer avec toute sa saleté est sali par son âme! »

La mort du souverain méprisé fut le dernier coup porté à l'entreprise de Louis de France; tous se rallièrent au fils de Jean, et, à défaut de la couronne d'Angleterre engloutie avec les autres trésors dans les flots, il fut sacré solennellement avec un cercle d'or.

Les ressources du prince français étaient épuisées par cette longue campagne qui n'avait pas été sans gloire; il restait donc à la merci des Anglais, et invoquait en vain l'appui de son père. Philippe, si longtemps atteint des foudres de l'Église, redoutait l'excommunication d'Innocent III lancée contre une expédition que lui-même avait désapprouvée.

Jusque-là Blanche de Castille n'avait été que la fille respectueuse, la compagne tendre et fidèle, la jeune mère heureuse; à la nouvelle du refus du roi, son âme énergique s'éveille, elle va se jeter à ses pieds : « Comment! Sire, s'écrie-t-elle, laisserez mourir vostre fils en estranges terres? Sire, par Dieu! il doilt estre vostre héritier; envoyez-lui ce dont il a besoin, du moins les revenus de son apanage. — Certes, Blanche, dit le roi, rien n'en feroi-je. — Alors sais-je bien que feroy, s'écrie la princesse en se relevant avec fierté. Par la benoîte mère de Dieu ! ay beaux enfants de Monseigneur, les mettroy en gage, et trouveroy qui me prêtera sur eux ! » Et comme elle se retirait hors d'elle-même, il la fit rappeler et lui dit : « Blanche, vous donneroi de mon trésor autant que vous voudrez, et en ferez que bon vous semblera. »

Aussitôt la princesse équipe une flotte pour délivrer son époux. Malheureusement, Louis venait de perdre une bataille décisive; il était bloqué dans Londres, où il n'avait reçu l'absolution du légat qu'en promettant de se croiser contre les Albigeois ; et pour obtenir sa liberté, il avait dû signer un traité que ni ses barons ni Philippe Auguste ne voulurent reconnaître (1217).

Six ans après, le 14 juillet 1223, le vainqueur de Bouvines laissait à son fils cette belle couronne de France à laquelle il avait donné tant d'éclat et de force.

Ses funérailles furent magnifiques ; ses legs s'élevèrent à cinquante millions, sans compter les joyaux et pierreries laissés au moustier royal de Saint-Denis.

Le prince qui succédait à Philippe Auguste devait peu régner. Ce court règne de trois ans (1223-

1226) fut rempli par des guerres continuelles avec les Anglais sur le continent, tristes conséquences de l'héritage d'Éléonore de Guienne qui leur avait donné une partie de l'ouest de la France, et par une croisade malheureuse contre les Albigeois, au retour de laquelle Louis, si bien surnommé *le Lion*, à cause d'une bravoure sans égale, dont il donna dans ces dernières guerres des preuves éclatantes, fut pris de la courte et violente maladie qui l'enleva à trente-neuf ans.

La reine s'était attachée, pendant les continuelles guerres qui occupaient Louis VIII, à l'étude importante des lois du royaume, de sorte qu'elle s'était ainsi préparée à son insu au rôle de régente qu'elle allait être appelée à remplir, rôle plein de difficultés, car lorsque le roi meurt, et que la lourde couronne de France repose sur une petite tête, toutes les ambitions se relèvent. Or, au moyen âge, les ambitions féodales des hauts barons, qui marchaient presque de pair avec la royauté, étaient immenses. Les grands vassaux préparaient donc à Blanche bien des journées laborieuses et des nuits sans sommeil.

C'est en allant au-devant du roi qui revenait de sa malheureuse croisade contre les Albigeois, que Blanche rencontra le chancelier Guérin venant lui annoncer qu'une violente maladie avait arrêté ce prince chez le sire de Beaujeu, où il avait expiré le 7 novembre.

La douleur de la veuve l'emporta d'abord sur tout autre sentiment. Blanche, frappée au cœur, oubliait tout dans « trop merveilleux deuil. » L'héroïsme n'est ni indifférence ni dureté, et le cœur vraiment héroïque de Blanche, comme l'histoire nous l'a fait connaître, était en même temps un tendre cœur. Cependant elle se rappela bientôt qu'elle était mère, que le roi son époux en mourant l'avait nommée régente, et que pour affermir cette régence en face des obstacles qu'elle allait rencontrer, il fallait sans retard soutenir ses droits.

Avant d'entrer dans la vie nouvelle de Blanche, qui se partagera entre les soins de la régence et ceux de l'éducation de ses nombreux enfants, jetons un regard sur la jeune famille royale. L'aîné, qui sera saint Louis, est âgé de onze ans, et sur sa figure enfantine se lit déjà une gravité mêlée de douceur, une bonté unie à la fermeté qu'il tient de sa mère, mais surtout dans ses yeux clairs et sur son front une loyauté qui fait deviner le roi justicier, une pureté qui fait pressentir le saint; Robert d'Artois, dont la bouillante ardeur devait si jeune le conduire à la mort, forme un contraste frappant avec son frère; Alphonse, comte de Poitiers, au caractère aimable et généreux jusqu'à la prodigalité; Charles d'Anjou, le futur roi de Sicile, dont les traits arrêtés, le regard d'aigle, annoncent déjà l'ambition et la hauteur.

Enfin notre douce héroïne, à peine âgée de six ans, l'unique fille de Blanche, la digne émule des vertus de son frère, son amie de tous les temps, sa compagne, sa confidente, un peu effacée entre la gloire de son frère et celle de sa mère, mais qui nous fera pénétrer au sein de la famille royale et nous permettra d'étudier le grand règne de saint Louis, non pas

au point de vue politique, mais au point de vue plus
intéressant pour nous des mœurs, des usages. Nous
verrons ce qu'étaient au moyen âge la charité, la condition du peuple et du pauvre, les efforts de la science et
des arts; enfin nous ne nous défendrons pas d'une
juste admiration pour cette sainteté si universelle qui
fut comme l'émulation de ce noble siècle.

CHAPITRE II

LA RÉGENTE ET LA MÈRE

I

LA RÉGENTE

Éléonore de Guienne et Blanche de Castille. — A la mort de
Louis VIII, Blanche devient régente. — Opposition des princes
au testament du roi. — Sacre de saint Louis. —Politique de
Blanche. — Premières campagnes du jeune roi. — Nouvelles
difficultés avec les grands vassaux. — Les évêques. — Les étudiants.

Le christianisme, en rendant à la femme sa dignité
d'épouse et de mère, en l'appelant aux missions les
plus élevées et les plus saintes, a fondé par elle la véritable civilisation, celle qui s'appuie sur la religion.
L'histoire de tant de nations chrétiennes nous montre
des reines agissant par l'empire de l'amour et de la
douceur sur les rois encore barbares, assouplissant
leurs mœurs, relevant le pauvre et l'esclave, et, comme

notre sainte Clotilde, plantant de leurs faibles mains l'étendard de la croix sur le sol de leur nouvelle patrie.

A ce point de vue, la France fut vraiment privilégiée, et ses reines comprirent presque toutes pourquoi la Providence les faisait asseoir sur le trône et leur donnait une part à l'empire. Blanche de Castille fut appelée à un rôle plus élevé encore, et plus difficile, car l'autorité de la régence est moins incontestée que celle de la royauté.

Le cadre de ce récit ne nous permettra pas de suivre Blanche au milieu des nombreuses difficultés, des actes importants de cette régence qu'elle rendit victorieuse, grâce à une politique où la finesse de la femme n'excluait pas la loyauté de la princesse, et où la fermeté s'alliait à la douceur. Mais du moins esquisserons-nous la physionomie de l'époque importante qui nous fera connaître le noble caractère de la mère d'Isabelle, douce et radieuse figure autour de laquelle doit graviter notre récit.

Blanche de Castille était petite-fille d'Éléonore de Guienne. La Providence, par un de ces secrets qui nous échappent, avait voulu que la veuve de Louis VII et d'Henri Plantagenet, après avoir fait tant de mal à la France, réparât une partie de ses torts en lui donnant Blanche de Castille.

La vieille reine, oubliée des deux nations dont elle avait porté la couronne, terminait sa vie dans les bonnes œuvres et la prière sous les voûtes de Fontevrault, et l'on aurait pu croire qu'elle aussi ne pensait plus aux grandeurs passées. Il n'en était rien. Reportant un regard de repentir peut-être sur les années écoulées, elle pensa qu'elle devait une réparation à la nation sur laquelle elle avait régné, et voyant l'héritier de la France en âge d'être marié, elle était sortie de sa retraite, avait traversé tout le duché d'Aquitaine, c'est-à-dire la plus grande partie de la France, et, franchissant les Pyrénées, s'était rendue en Castille à la cour de don Alphonse IX, son gendre, afin de négocier le mariage de sa petite-fille avec le prince français. Ce voyage a quelque chose de légendaire, mais il avait amené une heureuse réalité. La jeune et belle Espagnole avait apporté en dot, outre 150,000 francs de pension, l'acte d'abandon, signé par le roi d'Angleterre, son oncle, d'un grand nombre de baronies de ses possessions françaises.

Comme nous l'avons vu, Blanche avait secondé de ses rares talents Louis VIII pendant son règne trop court, de manière qu'en mourant (1226) le roi put sans crainte lui confier les rênes du royaume et l'éducation du fils que l'Église devait appeler saint Louis.

Les testaments des rois sont généralement les moins respectés de tous. Malgré l'exemple du comte de Boulogne, frère de Louis VIII, qui apporta à Blanche son appui fidèle, malgré les serments solennels des seigneurs et des évêques témoins de la mort du roi, et de la bouche duquel ils avaient reçu l'ordre d'obéir à Blanche, investie de la régence, les princes du sang, les grands vassaux, prétendirent contester ses droits. Cependant, les hauts barons réunis en parlement, la grande puissance du royaume à cette époque, ayant accepté le testament du roi, la rébellion se trouva réduite à tramer dans le silence ses plans de révolte. Blanche sentit que ce n'était qu'un instant de répit que lui accordaient, malgré eux, ses redoutables ennemis, et qu'il fallait en profiter, non-seulement pour assurer ses droits, mais encore ceux de son fils. La couronne elle-même était l'objet de l'ambition de plus d'un des rebelles.

On n'était pas encore très-éloigné du temps où, interpellé par Hugues Capet qui lui demandait : « Qui t'a fait comte ? » un seigneur répondit : « Qui t'a fait roi ? »

La régente se dit donc qu'il fallait se hâter de nouer entre son fils et la nation ce lien indissoluble qui donnait le roi au peuple et le peuple au roi, en présence de Dieu, souverain des peuples et des rois ; et, tournant ses regards vers Reims, elle fixa le jour du sacre du jeune Louis IX.

Les grands vassaux furent immédiatement convoqués à Reims, et la reine, entourée d'une nombreuse et brillante chevalerie, s'y rendit avec ses enfants.

La route de Champagne présentait un beau spectacle. Le principal luxe de cette époque était celui des chevaux ; c'était à cheval que voyageait tout baron, tout homme d'armes, tout prélat et sa suite ; les harnachements étaient fort riches, les armes étincelaient au soleil, les vêtements des grands seigneurs étaient brodés d'or et d'argent, les longues robes des prélats du drap le plus beau, car, d'après les récits du temps, les équipages des princes de l'Église, et surtout ceux du légat, éclipsaient les autres ; le nombre des serviteurs, celui des prêtres attachés aux évêques, donnaient à la route de Champagne une animation inaccoutumée. Les villes ouvraient leurs portes ; les moines de tous les ordres sortaient, abbés en tête, pour aller au-devant des prélats qui avaient le droit de *prendre gîte* dans les abbayes. Cependant, au milieu de ces manifestations de joie et de cet appareil de fête, une oreille vigilante aurait saisi de sourdes rumeurs et comme un bruit de murmures ; c'était le parti des mécontents, à la tête duquel on remarquait déjà Pierre Mauclerc et le comte de la Marche.

Partout où le cortége royal s'arrêtait, le peuple se pressait près de cette noble veuve qui, surmontant sa douleur, se rappelait qu'elle était mère et que la royauté de son fils dépendait de sa vigilance et de sa fermeté. Ces beaux enfants qui l'entouraient, vêtus de deuil, attristaient la foule dont le cœur est toujours ouvert aux sentiments de la nature. On se montrait avec émotion le jeune roi au blanc et pur visage, beau lis de la maison de France, qui exhalait déjà un parfum de bonté.

Le sacre d'un roi de France était la plus imposante des cérémonies.

Celui de saint Louis eut un caractère tout particulier. Le jeune roi orphelin semblait appartenir plus que tout autre à la nation, et le lien sacré qu'allait affermir et consacrer l'Église, l'amour de son peuple l'avait déjà formé.

La cathédrale de Reims, véritable chef-d'œuvre de l'art religieux, éclairée par les doux rayons du soleil d'automne, prenait un aspect mystérieux ; la rose éblouissante et les couleurs splendides des vitraux gothiques se reflétaient sur le pavé et les parois du temple, dont l'immense chœur était en ce moment occupé par le trône, qui attendait le roi ; le dallage, en marbres rares et précieux, disparaissait caché par les siéges nombreux des pairs, des princes et des grands officiers dont les écus blasonnés marquaient la place que chacun devait occuper. Le trône royal était recouvert de drap écarlate et surmonté d'un dais de velours frangé d'or.

Des portiques de la cathédrale, ouverts pour laisser entrer le royal cortége et la foule immense, on apercevait cette nef admirable dont les piliers forment en s'élevant des ogives colossales à l'abri desquelles se dressent les statues dorées des saints, muets témoins des serments que nos rois prononçaient devant Dieu pour le bonheur de leur peuple.

Trois cents chevaliers escortaient l'abbé de Saint-Remi qui portait lui-même la sainte ampoule enfermée dans un reliquaire d'or incrusté de pierreries. L'évêque de Soissons, remplaçant l'archevêque de Reims dont le siége était vacant, la reçut à la porte de la cathédrale en jurant de la rendre sous la caution des trois cents gentilshommes, et la porta processionnellement sur l'autel. Cependant le cortége royal s'avançait. A la vue du jeune prince, les trois cents chevaliers, gardiens de la sainte relique, mirent pied à terre et firent la haie sur son passage. Louis de France s'avança avec une dignité enfantine ; sa chemise de fin lin et sa camisole de satin étaient ouvertes aux neuf places où devaient se faire les onctions ; une riche tunique d'étoffe d'argent le revêtait tout entier. Le duc de Boulogne, son oncle, l'avait déjà armé chevalier.

Blanche suivait son fils. Même dans ce grand jour elle avait gardé son costume de veuve, et les enfants de France étaient restés vêtus de noir comme leur mère. Ce deuil faisait un douloureux et saisissant contraste avec l'éclat et la splendeur du reste du cortége. Les cloches sonnaient à grandes volées ; à la lumière des milliers de cierges et des lampes d'or étincelaient les couronnes de pierreries des hauts barons, leurs manteaux d'écarlate, les riches atours des châtelaines et des dames de la reine, également couvertes de pierreries, les ornements magnifiques des nombreux prélats, leurs mitres éclatantes.

La régente était auprès du trône de son fils, qu'entouraient ses frères, son oncle et l'empereur d'Orient, roi titulaire de Jérusalem, Jean de Brienne. Le cœur profondément ému, Blanche retenait avec peine les larmes excitées à la fois par ses douloureux souvenirs et par l'émotion maternelle qu'excitait chez elle le jour le plus grand de la vie d'un fils si ardemment aimé.

Un seul des grands vassaux, Hugues IV, duc de Bourgogne, âgé seulement de deux ans de plus que le roi, avait été fidèle à l'appel de la régente.

Alix de Thouars tenait la place de son mari, Pierre Mauclerc, qui s'était en vain opposé à cet acte de fidélité. Jeanne de Hainaut et Alix de Beaujeu représentaient le comte de Flandre, encore prisonnier au Lou-

vre, et le comte de Champagne, Thibaut, que la reine
avait dû elle-même éloigner du sacre au moment où il
s'y rendait, à cause des bruits injurieux que ses ennemis se plaisaient à répandre.

Mais, si les grands vassaux du trône s'en tenaient éloignés en ce solennel moment, les hauts barons se pressaient en foule autour de leur jeune roi : c'étaient le
comte de Dreux, le sire de Coucy, le connétable de
Montmorency, le grand connétable Robert de Courtenay, le maréchal de France Jacques Clément, le sénéchal de Gascogne Henri de Coutances, etc., auxquels se
joignaient le chevalier Guérin, le cardinal légat et le
patriarche de Jérusalem.

Les ornements royaux étaient déposés sur l'autel :
c'étaient des chausses de soie violette semée de fleurs
de lis, des bottines de soie azurée, la cotte d'armes de
Philippe Auguste, le sceptre et la verge d'or surmontée
de la main de justice d'ivoire, le manteau royal, la
couronne et enfin l'épée de Charlemagne, appelée « la
vieille Joyeuse ou épée de saint Pierre, » donnée jadis
par le pape Léon III au grand empereur d'Occident. Ces
grandes reliques du passé, renfermées habituellement
dans le moustier royal de Saint-Denis, n'en sortaient
que le jour du sacre.

Le royal enfant, bientôt revêtu des insignes du pouvoir, et suivi de tous les barons, porta à l'offrande le
pain, le baril d'argent plein de vin et 13 besans d'or.
Il reçut alors à genoux l'onction sainte, et le prélat
officiant, Jacques de Bazoches, lui posa sur la tête la
couronne royale ; les premiers des pairs, laïques et

clercs, soutinrent la couronne, touchante image de
l'appui qu'ils lui juraient. Le moment solennel approchait. La foule émue acclama par des noëls ce serment
de féauté du parlement féodal ou baronnage de France,
composé de tous les suzerains possédant fief. De par
Dieu et de par la France, Louis était roi et Blanche
régente ; et, si on l'osait, on dirait que Dieu et la
France firent rarement si bonne besogne que le 30 novembre 1226.

A la suite du sacre, la rébellion, loin d'être éteinte,
sembla relever la tête avec plus d'audace, et entraîna
même un instant le fidèle comte de Boulogne. La régente, forte de la consécration que la cérémonie du sacre et le serment des barons venaient de donner à son
droit, adopta dès lors cette politique mêlée de prudence,
de fermeté, de temporisation et de persévérance, à
laquelle les grâces de la femme apportaient un attrait
qui profitait à la puissance de la reine. La volonté inébranlable de la souveraine n'excluait pas une loyale habileté ; la forme tempérait le fond et empêchait les mé-
contentements d'aboutir à une révolte ouverte. Il s'a-
gissait d'empêcher les princes suzerains de contracter des
alliances propres à étendre leurs fiefs, de surveiller les
trames naissantes, et d'épier avec un œil toujours vi-
gilant le moment où la désunion des féodaux permettait de traiter avec une juste sévérité les félons et les
factieux. Il en était de si puissants, de si redoutables,
que, vis-à-vis d'eux, il n'y avait que deux partis à
prendre : jeter parmi eux des semences de division, ou
se les attacher par des bienfaits.

Le caractère de Blanche inclinait à cette séduction de la générosité, et elle s'en servit particulièrement à l'égard du terrible Pierre Mauclerc, qu'elle détacha de la coalition par une promesse de 170,000 francs, somme très-considérable à cette époque. L'un des plus puissants vassaux, le comte de Flandre, Ferrand, gémissait, depuis Bouvines, dans la forteresse de la grande tour du Louvre : la régente, en lui rendant la liberté, se donna un allié puissant.

Thibaut de Champagne, poussé à regret dans les rangs des rebelles, n'avait d'autre désir que de revenir à ses devoirs ; une seule audience de la régente le ramena. Cette audience est naïvement racontée par un historien du moyen âge : « Pour Dieu, comte, s'écria Blanche, à la vue du prince en timide et humble contenance, ne dussiez mie nous estre contraire ! — Adonc le comte regarda la royne qui tant estoit belle et saige, de sorte que, tout esbahi de sa grande beauté : — Ma foi, dame, fit-il, mon cueur et toute ma terre est à votre commandement... N'est rien qui vous pust plaire que ne foisse volontiers, et jamais, si Dieu plaist, contre vous ni les vôtres ne irai ! — D'illec ores se partit tout pensif, et luy venoist souvent en remontrance le doulx regard de la royne et sa belle contenance. Lors, si entroist en son cueur la doulceur amoureuse ; mais quand il lui soubvenoit qu'elle estoist à haulte dame et de si bonne renommée, et de si bonne vie et necte, si n'avoit sa doulce pensée en grant tristesse. Et pour ce que parfois telles pensées engendrent mélancolie, il luy fust loué, d'aulcuns sages hommes, qu'il s'étudiast en beaulx sons de viele et de doulx chants moult délectables. »

Le comte de Champagne ne tarda pas à trouver l'occasion de prouver la sincérité de son retour. Pierre Mauclerc, Hugues de Lusignan et d'autres rebelles, oubliant la foi si nouvellement jurée, résolurent d'enlever Louis à sa mère. Le jeune roi revenait d'Orléans, et les sergents de Mauclerc l'attendaient entre Étampes et Corbeil; mais Thibaut, qui veillait sur son jeune roi, apprend la trahison, et, un peu avant le lieu où elle devait s'accomplir, il entoure lui-même Louis IX de trois cents chevaliers et le conduit dans la fortereresse de Montlhéry, asile sûr et imprenable alors, et dont la tour en ruines apparaît encore aux voyageurs comme un souvenir du passé. A cette nouvelle, Blanche accourt, et Paris tout entier semble l'avoir suivie. « Les chevaliers, les citadins, les paysans mêmes se trouvèrent confondus sur la route, les uns armés de pied en cap, les autres portant des fourches de fer, des pieux, des faulx, des pioches, des bâtons; bientôt des vieillards, des femmes, des enfants se joignirent à eux, et cette armée bizarre s'étendit des portes de la capitale jusqu'aux remparts de Montlhéry. »

Cette armée improvisée ramena elle-même en triomphe son jeune souverain au Louvre (1228).

La défection de Pierre Mauclerc, constamment rebelle, donna à Louis IX la première occasion de montrer son courage et cette humeur belliqueuse qui devait se rencontrer chez lui avec les vertus les plus douces du christianisme. Ce fut à la prise de Belesme, en plein hiver, qu'il fit ses premières armes. Le froid, qui était excessif, décourageait les plus intrépides. Blanche déploya une énergie qui ranima le courage des soldats. Ils réussirent enfin à s'emparer de cette forteresse, perchée sur un roc taillé à pic, entourée de remparts, dominée par d'énormes tours, donjon féodal dont on disait qu'il « ne pouvoist estre pris par siége ne par engin » (1228).

L'une des plus graves affaires de la régence de Blanche fut la nouvelle guerre contre le comte de Toulouse. Depuis Philippe Auguste la querelle se renouvelait constamment. Ce n'était pas seulement la lutte de deux princes, c'était la guerre du catholicisme et de l'hérésie albigeoise. Cette fois, elle se termina tout à l'honneur de la France par la cession d'une partie des États de Raymond, dont la rigoureuse pénitence édifia l'Église. On put croire les difficultés à jamais terminées lorsque l'on vit deux royaux enfants, Alphonse, frère de saint Louis, et Jeanne de Toulouse, recevoir la bénédiction des fiançailles (1229).

C'était chose difficile pour une femme de gouverner au temps de la féodalité. Ces grands vassaux, puissants comme des rois, ambitieux, inquiets et presque toujours mécontents, qui ne se soumettaient un instant que pour lever de nouveau leurs bannières, avaient souvent à leur disposition une arme terrible. Dans cette époque, où tout était mêlé, des féodaux mitrés se servaient quelquefois sans scrupule de l'arme de l'excommunication pour la défense de leurs intérêts temporels.

Ils savaient à quel point les peuples pleins de foi redoutaient ces interdits, et aussi ne supportaient-ils aucun acte de l'autorité royale qui leur paraissait léser leurs intérêts sans lancer la terrible bulle, qui se prononçait au son de toutes les cloches.

Revêtu d'une chasuble, assisté de douze prêtres, une torche à la main, l'officiant récitait en latin cette formule : « Qu'ils soient maudits à la ville, maudits à la campagne ; que leurs biens soient maudits, maudits encore leurs corps, les fruits de leurs entrailles, de leurs terres !... Que sur eux retombent toutes les malédictions que le Seigneur a lancées, par la bouche de Moïse, contre les violateurs de sa loi !... Qu'ils soient anathèmes « maranatha », c'est-à-dire, qu'ils périssent à la seconde venue de Jésus-Christ ; qu'ils soient ensevelis dans la sépulture de l'âne, et comme un fumier sur la face de la terre... et à moins qu'ils ne donnent satisfaction par amende ou pénitence, que leur lumière s'éteigne comme vont s'éteindre nos flambeaux ! » A ce moment tous les prêtres, jetant à la fois leurs torches à terre, les foulaient aux pieds.

Alors cessait tout exercice du service divin. « Les paroisses étaient dépouillées de leurs crucifix, les statues vénérées de la Vierge arrachées de leurs niches gothiques, couchées dans des amas d'épines, le long des voûtes et des piliers des nefs en deuil ; enfin le baptême et la confession, à l'article de la mort, étaient les seuls sacrements accordés à la piété des fidèles [1]. »

---

[1] Villeneuve, *Interdit du diocèse de Rouen.*

L'évêque de Rouen, l'archevêque de Reims et l'évêque de Beauvais, entre autres, lancèrent des interdits sur leurs diocèses pendant la régence de Blanche. L'archevêque de Reims était Henri de Dreux, frère de Pierre Mauclerc ; son excommunication avait causé une véritable révolution dans son diocèse, les habitants des villes et des campagnes s'étaient ameutés et, ne pouvant obtenir la levée de l'interdit, avaient construit des remparts, s'étaient armés et attaquaient ouvertement la puissance archiépiscopale. Le conseil de la régente craignant d'aggraver les difficultés de la France avec la Bretagne où régnait le frère de l'archevêque de Reims, dont la légitimité ne lui paraissait pas douteuse, avait cédé et abandonné ses droits. Mais devant le nouveau conflit provoqué par l'évêque de Beauvais, Blanche comprit qu'il fallait mettre fin à des difficultés sans cesse renaissantes qu'amenait la confusion du spirituel et du temporel.

L'évêque de Beauvais, prélat aussi remuant qu'audacieux, revenait de Rome où il s'était si bien insinué dans la faveur du pape Grégoire IX, qu'il répétait : « qu'ami du lieutenant du roi du ciel, il ne redoutait aucun roi de la terre. » Il trouva sa ville épiscopale en proie à une émeute : un nouveau maire venait d'être nommé par la régente ; étranger à la ville, il fut fort mal reçu des bourgeois et du peuple. Blanche et son fils vinrent en personne calmer la sédition, l'évêque qui arrivait lui-même, alla au-devant du jeune roi auquel il dit : « C'est moi qui ai en la cité toute justice, haute, moyenne et basse. » Louis, pour toute réponse, se rendit aux halles où il savait les échevins et le peuple réunis en conseil. « Je viens connaître de l'affaire, » leur dit-il d'un ton de douce, mais ferme autorité.

Tous comprirent qu'ils étaient devant le maître et le juge auquel ils devaient se soumettre. Quinze cents mutins furent condamnés à être bannis de la ville et à voir leurs maisons démolies ; mais cette sentence fut adoucie, quinze habitations seulement appartenant aux principaux révoltés furent détruites. Malgré l'opposition de l'évêque, l'arrêt fut publié dans la cathédrale, et, lui-même, frappé d'une amende considérable pour le « droit de gîte. » Milon, refusant de la payer, vit les huissiers royaux s'installer dans le palais épiscopal et vendre ses vins pour le payement de cette somme.

Le conflit avait pris des proportions inattendues. Milon lança un interdit et courut à Rome pour demander justice ; Blanche convoqua un parlement spécial à l'abbaye royale de Saint-Denis, et les barons, réunis en grand nombre, déclarèrent que loin de pouvoir se soustraire à la suzeraineté royale, les prélats, abbés et ecclésiastiques possédant fiefs, se trouvaient, en matière civile, assimilés aux laïques et soumis comme eux aux jugements du roi et des pairs ; qu'ainsi ils répondaient toujours devant la cour de France des baronnies et fiefs qu'ils tenaient du roi. »

« Louis et sa mère ne se départirent jamais du plan de conduite adopté par le parlement féodal ; et non-seulement l'ordonnance de Saint-Denis ne fut pas révoquée, mais elle forma la digue puissante contre laquelle vinrent, par la suite, se briser tous les conflits de juridiction. »

Le pape qui, à la prière de Milon, avait envoyé des légats chargés d'obtenir la réparation des torts faits à l'Église de Beauvais, comprit que le droit était du côté du roi. L'évêque, tenant de lui un fief, ne pouvait invoquer sa dignité ecclésiastique pour ne pas remplir son devoir féodal. Il fallait prévoir et prévenir cet emploi peu justifiable des armes spirituelles dans des questions appartenant à l'ordre temporel et politique. Avant même l'ordonnance de Saint-Denis, il publia une bulle favorable à la séparation du spirituel et du temporel, défendant « à qui que ce soit, sous peine d'encourir l'indignation des saints apôtres Pierre et Paul, d'interdire les chapelles royales ; » mais en faisant toutefois cette réserve : « A moins d'en avoir obtenu une permission expresse du Saint-Siége. » (1233.) Le souverain pontife, le grand pasteur des âmes, gardait sa suprême juridiction.

L'affaire du maire de Beauvais montre suffisamment que le peuple, au moyen âge, n'était pas ce troupeau d'esclaves aveuglés par l'ignorance et la superstition comme les récits de certains historiens tendent à nous le faire croire. Il était, au contraire, fort jaloux de ses droits, et chaque classe de la société tenait rigoureusement à ses priviléges, clergé, noblesse, bourgeoisie ou peuple, et la royauté comptait avec ces priviléges souvent exorbitants ; même lorsqu'elle luttait à bon droit, il lui fallait tout l'appui des lois du royaume et une rare habileté pour l'emporter ; souvent même elle temporisait et revenait en partie sur ses décisions, comme le montre le très-intéressant épisode de la révolte des étudiants de Paris sous la régence de Blanche.

C'était tout un peuple jeune et bouillant que l'Université concentrait à Paris, puisque, dès le onzième siècle, le nombre des étudiants s'élevait à plus de 30,000. Souvent les vastes salles où des professeurs, tels qu'Albert le Grand, donnaient leurs leçons suivies par des flots d'auditeurs, devenaient trop petites et les élèves entraînaient le professeur sur la place publique. Quelle scène le siècle le plus enthousiaste de la science peut-il opposer à celle-ci : Albert le Grand monte dans sa chaire, de jeunes et ardents élèves remplissent la salle immense ; le professeur commence, la foule devient si nombreuse, les abords de l'Université sont tellement envahis qu'on entend tout à coup : « Hors d'ici, sortez ! *Exi ! foras !* » Respectueuse émeute à laquelle le maître est glorieux d'obéir ; et il descend de sa chaire, et, au milieu de cette foule grondante comme la mer, porté, entraîné par mille bras qui se succèdent, on ne l'arrête que sur une large place, où, d'une pierre élevée, il domine ces têtes humaines pressées jusqu'aux maisons, accumulées aux bouches des rues et maintenant immobiles, attentives et muettes sous une seule voix qui les retient et les enchaîne.

C'est du nom de l'illustre professeur que fut nommée la place où il fit ainsi plus d'une fois sa leçon, place *Maubert, magni Alberti.*

Parmi les étudiants figuraient des princes du sang

royal venus de cours éloignées, et dans le siècle de saint Louis, l'Université donna sept papes à l'Église, sans compter un nombre énorme d'évêques et de cardinaux. Aussi, dans la langue brillante du moyen âge, on appelait l'Université des noms les plus magnifiques :

« Le plus précieux bijou, l'arsenal où l'on forgeait l'armure de la foi et le glaive de l'esprit, la clef du christianisme, le paradis de l'Église universelle, le temple de Salomon, la sainte Jérusalem, l'arbre de vie dans le paradis terrestre, enfin la lampe resplendissante de la maison de Dieu. »

Certes, l'éducation des enfants des rois était l'objet d'une vive sollicitude; mais la noblesse était fort loin de cette ignorance devenue proverbiale qui a trouvé sa formule dans ces mots si souvent répétés par des écrivains dénigrants : « En qualité de noble, a déclaré ne savoir signer, » phrase que les historiens modernes les plus sérieux assurent n'avoir jamais rencontrée dans les écrits du temps.

En outre, on ne saurait oublier qu'un des plus fins poëtes du treizième siècle fut Thibaut, comte de Champagne, et l'un des plus charmants historiens, le sire de Joinville. Il faut cependant le dire, les bancs de l'Université étaient envahis par la bourgeoisie, souvent même par des fils des serfs, trop heureux d'aspirer à la cléricature. La noblesse, en ces temps, était plus souvent à la guerre que dans ses foyers ; elle préférait manier la lance, même dans la lice des tournois, que la plume.

Il est difficile de se faire une idée de l'indépendance des étudiants au moyen âge. Nulle juridiction n'avait droit de répression sur eux. Formés en corporations libres, ils ne relevaient que de l'Université.

Malgré l'ardeur de la foi qui régnait alors, cette fille de nos rois ne souffrait pas dès lors sans impatience les écoles où les Dominicains et les Franciscains enseignaient la théologie qu'elle comprenait elle-même dans son enseignement, et il y eut entre elle et ces deux ordres célèbres une lutte de plus d'un siècle.

Les règlements de l'Université montrent le plus grand respect pour la science. Les élèves se rendaient aux écoles à cinq heures du matin; la rue dans laquelle elles se tenaient était barrée des deux bouts, afin que le bruit des voitures ne troublât pas le recueillement nécessaire à l'étude.

Les élèves s'asseyaient sur la terre jonchée de paille, afin, disent les statuts de la docte société, de bannir toute occasion d'orgueil[1].

Le professeur faisait sa leçon sur un texte choisi par lui; il n'était permis aux élèves ni d'écrire ni de faire à haute voix aucune remarque. Le latin seul était la langue permise aux écoliers, même dans leur demeure, pour échanger leurs idées. L'enseignement de l'Université comprenait alors la philosophie, la dialectique et les quatre principales parties des mathématiques, l'arithmétique, *la musique*, la géométrie et l'astronomie, le droit canon, la médecine, mais par-

---

[1] *Histoire universelle de Paris.*

dessus tout la théologie, par laquelle on commençait les études pour leur donner une base solide sur laquelle on pouvait sans crainte élever l'édifice des sciences humaines.

Si l'Université produisait de grands chrétiens comme saint Thomas, des papes et des cardinaux , plus d'un de ses professeurs chercha à se faire un nom par l'erreur et la nouveauté des opinions. L'histoire de l'Université au moyen âge formerait à elle seule une curieuse et intéressante étude; nous n'avons en ce moment à nous en occuper qu'au point de vue de la part de difficultés qu'elle apporta à la régente.

L'esprit d'indépendance des étudiants causait dans Paris de graves désordres. Beaucoup d'entre eux n'y venaient que pour tromper la surveillance de leur famille. Bruyants, débauchés, querelleurs, ivrognes, ils se répandaient dans la ville et la remplissaient d'une véritable terreur. Pour la plupart ils ne vivaient que de pain qu'ils mendiaient avec insolence et qu'ils recevaient avec dédain et moquerie. On les voyait pâles, défaits, avec leurs longs cheveux dont les ciseaux n'approchaient jamais, et traînant des vêtements en haillons dans lesquels ils se drapaient. Les jours de congé devenaient des jours de désordres et de troubles. Ce fut ainsi que, pendant le carnaval de 1229, éclata une véritable révolte. Le lundi gras, après des libations qu'ils refusèrent de payer, ils maltraitèrent le cabaretier, dont l'établissement était situé non loin du Pré-aux-Clercs, leur promenade habituelle. Les voisins du cabaretier accoururent à son aide. Les écoliers, battus cette fois, rentrent dans Paris en jurant qu'ils se vengeront. En effet, la nuit, loin de les calmer, sembla avoir augmenté leur fureur. Dès le lendemain matin, ils assaillirent le cabaretier et parcoururent le bourg Saint-Marcel en semant la terreur parmi les habitants.

Ce n'étaient point des querelles d'enfants. Les étudiants avaient la plupart atteint l'âge d'homme, et, forts de leurs priviléges, ils ne cédaient à nulle autorité. Cette fois, le prévôt du bourg, l'évêque de Paris, le cardinal-légat, le conseil de régence, s'émurent de cette rébellion et supplièrent la régente d'ordonner une prompte justice. Blanche envoya contre eux un certain nombre d'archers ayant à leur tête le prévôt de Saint-Marcel. Malheureusement les coupables s'étaient déjà échappés, et la colère des archers ne tomba que sur de véritables écoliers, des enfants qui cependant se défendirent vaillamment et ne furent dispersés qu'après avoir vu tomber quelques-uns des leurs.

Loin d'avoir calmé la révolte, Blanche l'avait ainsi transformée en lutte sérieuse. L'Université, se croyant attaquée dans ses droits et priviléges, prit fait et cause pour les écoliers, parmi lesquels comme nous l'avons dit, il y avait beaucoup d'hommes de 25 à 30 ans. C'était l'âge habituel où on se livrait à l'étude du droit civil et du droit canon. Les professeurs, le recteur, les régents, les dignitaires, s'unissant donc à ces jeunes gens, suspendirent tous leurs cours et vinrent protester auprès de la régente. Blanche, irritée des abus qu'elle avait été obligée de supporter depuis le commencement de sa régence, n'écouta point leur plainte. L'Université tout entière quitta Paris, en entraînant presque tous les étudiants à sa suite. En traversant la ville qu'ils quittaient, ceux-ci répétaient ce refrain injurieux :

« Nous mourons accablés, vaincus, noyés, dépouillés, et tout cela, le mauvais génie du cardinal-légat nous le fait souffrir. »

Si l'Université n'écouta ni les exhortations des évêques ni la médiation du pape qui s'efforçait d'empêcher cette émigration, ce fut également en vain que le roi d'Angleterre fit les offres les plus magnifiques pour amener à Oxford les savants qui désertaient Paris, et que Mauclerc essaya de son côté de les attirer à Nantes. Ils ne dépassèrent pas Orléans et Angers. Tout rebelles qu'ils étaient, ils voulaient rester Français.

Ces étudiants, qui troublaient constamment le repos des Parisiens, laissèrent par leur départ un vide immense dans la ville. Les marchands de ce quartier populeux qui devait plus tard s'appeler le *quartier Latin*, ne vivant absolument que des dépenses de cette nombreuse jeunesse, virent leur commerce ruiné par le départ des écoliers et leur quartier désert livré au pillage des voleurs nocturnes. Les familles se désolaient de l'éloignement de leurs enfants. Le remède était vraiment pire que le mal. La régente regrettait d'avoir poussé la sévérité trop loin ; la désolation et la ruine qui régnaient, depuis leur départ, dans le quartier le plus animé de Paris, étaient pour elle le sujet d'une véritable affliction.

Cependant elle ne pouvait désavouer sa digne et ferme conduite. De son côté, l'Université désirait ardemment rentrer dans sa chère capitale. Orléans et Angers semblaient bien mornes aux habitués du Pré-aux-Clercs. Il fallait une médiation respectée et neutre, qui ménageât l'honneur de l'Université en sauvegardant la majesté du pouvoir. La médiation du pape pouvait seule être acceptée. Le souverain pontife désigna l'évêque du Mans et l'ancien chancelier de France, devenu frère Guérin, pour examiner la querelle. Les négociations se prolongèrent deux années entières. Grégoire IX, insistant auprès du jeune roi, ne craignit pas de lui dire :

« Il importe à votre honneur, il importe à votre salut même, que les clercs soient rétablis à Paris comme auparavant. »

A la voix du pontife, l'autorité royale accorda un généreux et entier pardon à la puissante fille de nos rois, qui rentra à Paris, où ses écoles devinrent plus renommées que jamais.

Tels furent les événements les plus importants de la régence jusqu'au mariage du jeune roi. Nous avons voulu les séparer entièrement de la vie intérieure de la famille royale.

Revenons maintenant sur nos pas et rentrons au Louvre. Nous avons vu la régente, il reste à montrer la mère.

II

LA MÈRE.

Comment Blanche de Castille comprenait le titre de mère. —
Louis IX et Isabelle. — Piété de la famille royale. — Éducation des enfants de France. — Sévérité de l'éducation de cette
époque. — De l'instruction des femmes. — Un plan d'éducation au moyen âge. — Le P. Pacifique. — Études musicales. — Enfance d'Isabelle; son goût pour la prière; anec-
dote. — Entretien de Blanche avec ses enfants. — Louis de
Poissy.
Fontainebleau. — Les plaisirs des jeunes princes. — Les chasses, les usages, l'esprit du temps. — Pèlerinages; le saint
Clou; le mont Saint-Michel. — Sévérité que saint Louis commence à apporter dans sa vie à l'âge de dix-sept ans. — État
florissant et grandeur du royaume à la fin de la régence de
Blanche de Castille. — Projet de mariage de Louis IX et de
Marguerite de Provence.

Il faut nous reporter au berceau de saint Louis pour
comprendre tout ce qu'il y eut de tendresse dans le
cœur maternel de Blanche. Mettant au-dessus de ses
grandeurs ses devoirs de mère, elle regardait comme
l'un des plus sérieux celui si grave et si doux tout à la
fois de continuer à son enfant, en le nourrissant elle-
même, le bienfait de la vie qu'elle lui avait donnée.
Et l'on sait par quelle jalousie d'amour maternel elle

fit rejeter au petit prince le lait étranger dont une de ses femmes l'avait nourri, pendant un évanouissement de la reine. Elle voulait donc être tout pour son enfant.

Cependant lorsque, quelques années plus tard, ce fils si tendrement aimé put comprendre les paroles de sa mère : « Beau et cher fils, lui disait l'admirable princesse, rien au monde ne m'est plus cher que vous.... mais je préférerais vous perdre de mort que vous soyez entaché d'un seul péché mortel ! » La foi de la chrétienne était plus forte encore que l'amour de la mère ; ou plutôt elle aimait son fils de cette affection éclairée et vraiment catholique qui fait passer les intérêts éternels de l'âme avant les intérêts passagers de ce monde : que lui importait de posséder son fils dans le temps, si elle le perdait dans l'éternité ? Ce mélange de tendresse et de force fut le caractère de l'éducation des jeunes princes, à laquelle Blanche présida personnellement ; il est à remarquer en effet que l'histoire n'insiste pas sur le précepteur de saint Louis : sa mère, jalouse de celle qui avait voulu nourrir son corps, aurait été jalouse de ceux qui auraient voulu nourrir son intelligence.

Louis et Isabelle répondirent plus que les autres enfants de Blanche aux sollicitudes maternelles. Leurs cœurs étaient comme préparés pour la semence du ciel, et, quoique le jeune roi fût l'aîné et la petite princesse la dernière des enfants de Louis VIII, c'est entre eux surtout que s'établit, avec toute son intimité, le plus pur des amours, l'amour fraternel.

Cependant la famille royale tout entière pratiquait une piété sincère et éclairée qui ne l'empêchait pas de déployer, dans les occasions solennelles, cette pompe royale qui est un des devoirs du rang suprême. Au Louvre, à Fontainebleau, à Vincennes, partout enfin où elle habitait, la même vie édifiante, charitable, partagée entre le travail, les exercices salutaires à la santé, les plaisirs convenables à leur rang, et les pratiques d'une douce et sérieuse dévotion, se partageaient les heures des jeunes princes.

Nous avons dit que les enfants de France eurent pour véritable *précepteur* leur auguste mère. Elle présidait à leurs études et se réservait le soin de former leur cœur. Elle choisit, pour leur enseigner les langues et les sciences, le vertueux et savant P. Pacifique, renommé surtout par son extrême sévérité, condition essentielle de toute éducation au moyen âge. Les anciens auteurs justifient cette sévérité par l'exemple de celle de Dieu à l'égard de son divin Fils, et l'un d'entre eux, Guillaume Perraud, ajoute à ses dissertations cette naïve pensée : « Le père qui agit autrement fait comme celui qui, voyant son fils tomber dans une profonde rivière, le laisserait se noyer sous prétexte qu'il serait obligé, pour le sauver, de le tenir par les cheveux. »

Afin de donner à Louis l'habitude de s'exprimer avec clarté et d'acquérir cette éloquence si utile aux souverains, sa mère voulait qu'il redît lui-même à ses frères une partie des leçons qu'il recevait, et c'était avec un charme tout particulier qu'il racontait les saintes merveilles de la Bible. Isabelle se plaisait à ces récits qui enchantaient sa tendre piété. La jeune princesse assistait aux mêmes leçons que ses frères, et il ne semblait pas étonnant de la voir s'appliquer à l'étude des langues orientales et même du latin, car l'éducation des femmes était loin d'être négligée à cette époque.

Dès l'apparition du christianisme nous voyons les plus grands écrivains religieux adresser aux personnes du sexe des instructions et des lettres qui, plus que tous leurs autres ouvrages, font comprendre l'élévation de leur esprit et la grandeur de leur cœur, je ne veux citer que saint Jérôme, saint Augustin et saint Grégoire. Les femmes pour lesquelles écrivait saint Jérôme étaient ces grandes Romaines auxquelles jamais ni Pline ni Cicéron n'eurent l'idée de consacrer une de leurs épîtres[1]. C'est que le christianisme seul devait rendre à la femme sa valeur intellectuelle aussi bien que sa valeur morale.

Tous les siècles continueront à nous présenter les grandes chrétiennes, héroïques dans leur vie et ne redoutant de s'appliquer à aucune science. Qu'on veuille bien se rappeler ces doctes religieuses réunies autour de sainte Radegonde, qui au sixième siècle apprenaient le latin, étudiaient les Pères, le droit canon, l'histoire, la cosmographie, etc. Mais, sans sortir du treizième siècle dont nous évoquons l'image, nous serons assurés de l'importance de l'éducation des femmes par un curieux plan d'études de cette époque :

« Enfants des deux sexes de cinq à douze ans : Lec-

---

[1] *Revue du monde catholique*, l'IGNORANCE DU MOYEN AGE.

ture, dans le psautier, chant, grammaire, distiques moraux (de Caton); et un peu plus tard le latin qu'ils apprendront à parler. Jeunes filles : Histoire naturelle, chirurgie, médecine, logique, latin, langues orientales [1]. »

C'est que le treizième siècle en particulier fut un siècle de progrès et d'études, et M. Villemain, dans son *Histoire de la littérature au moyen âge*, dit qu'alors « la langue était toute faite et semblable à la nôtre. » Elle était cette langue du treizième siècle « nette et gracieuse, délicate, ferme, dégagée. » Et en lisant Joinville on se prend à en regretter plus d'une des formes, si naïves et si expressives tout à la fois.

Aux graves études de ses enfants, Blanche mêlait des distractions qui eurent une grande part au goût remarquable de Louis IX pour les arts. Le P. Pacifique, d'une noble famille italienne, était poëte et musicien, on lui attribue la mise en musique du *Cantico del sole*, sorti de l'âme ardente de saint François d'Assise, dont cet austère religieux semble avoir été l'un des fils. Il dirigea donc les études musicales des jeunes princes, et les récréations de l'hiver réunissaient dans les vastes salles du Louvre tout ce que la cour contenait de pages et d'écuyers ayant des voix fraîches et pures; Louis se plaisait extrêmement à ces concerts, où il n'admettait presque exclusivement que la musique religieuse, et il joignait souvent sa voix à celle de ses jeunes compagnons.

[1] Boutarie, *Vie et Œuvres de Pierre Du Bois*

Isabelle, comme son frère, ne goûtait de vrais plaisirs que ceux que lui offrait la religion ; ses premiers jouets furent de pieuses images qu'elle entourait de fleurs et devant lesquelles elle s'agenouillait pour faire ses oraisons, en interrompant de temps en temps sa prière pour leur donner de doux baisers. Afin de prier avec plus de recueillement, la petite princesse s'éveillait bien avant l'heure fixée pour son lever et se plaçait sous la couverture de son lit. Elle se livrait sans distraction à de pieuses méditations. Un matin qu'elle était ainsi en oraison, elle sent subitement son lit enlevé ; roulée au milieu des draps et des courtines, elle jette un cri étouffé. Ce cri, paraît-il, est entendu par le sommelier des bagages qui l'emportait sans se douter du précieux fardeau qu'il allait déposer dans le fourgon de la cour partant pour Fontainebleau. Notre homme effrayé laissa tomber tout ce qu'il tenait, et s'enfuit, et les femmes de la princesse, attirées par le bruit, arrivent à temps pour la dégager de cet amas de matelas et de couvre-lits. Il fallut bien s'expliquer, et Isabelle dut avouer son cher et pieux mystère, non sans supplier qu'on ne le publiât pas. Mais l'admiration de ses femmes ne put garder le silence, et, longtemps après, saint Louis en parlait encore, car Agnès de Harcourt, la dame d'honneur et l'historienne d'Isabelle, assure l'avoir appris de la bouche du roi.

Blanche rappelait elle-même à ses enfants les grands devoirs que leur imposait leur naissance, et ceux plus grands encore qu'ils avaient à remplir pour soutenir le beau titre de chrétien. Elle disait souvent à saint Louis :

« Un souverain se doit à ses peuples ; il est né pour
servir ses propres sujets ; s'il se livre à quelques plaisirs, ils ne doivent être pour lui qu'un simple délassement à de grands travaux. Son œil doit tout embrasser. Un prince doit rechercher le vrai mérite. Il
ne saurait être trop en garde contre la flatterie. Les
vertus d'un roi ne sont pas celles d'un simple particulier [1]. »

Le jeune prince comprenait si bien cette grandeur
du chrétien, qu'il se plaisait à signer Louis de Poissy,
et, comme un de ses amis lui demandait pourquoi il
choisissait ce nom : « C'est là, répondait-il, que j'ai
reçu le plus précieux des biens qu'on puisse recevoir
en ce monde ! — Sire, reprit le courtisan, vous ne
pouvez cependant oublier que Reims vous a vu
couronner ! — Il est vrai, mais j'ai été baptisé à
Poissy. »

Poissy était la résidence habituelle de Louis. Loin du
Louvre et du bruit de la cour, il étudiait dans le silence
de la retraite sous la sévère discipline du P. Pacifique.

C'était presque toujours à Fontainebleau que la
famille royale prenait sa résidence d'été. De tous les
châteaux royaux c'était celui qui offrait le plus de ressources pour les exercices du corps dont on avait alors
bien plus souci qu'à présent ; c'est qu'en effet tout
gentilhomme, tout prince, tout roi passait une partie
de son existence à la guerre, et la guerre à cette époque

----

[1] Villeneuve.

où le poids des armes défensives était considérable et
où la valeur personnelle jouait un rôle considérable,
demandait à la fois une grande force et une extrême
adresse.

Louis apportait une grâce toute particulière aux
jeux et exercices : « Chacun s'émerveillait à la vue de
si gentil prince, à taille svelte, à physionomie préve-
nante, drapé du mantel orange, rouge et or, et dont
la longue chevelure blonde tombait en boucles sous
une toque de velours ponceau. »

Il n'était pas moins excellent cavalier, et entouré de
ses frères et de ses pages il se plaisait à explorer les
sites admirables de la forêt.

Mais le plaisir par excellence de cette époque, c'était
la chasse où l'on déployait un luxe de chevaux, de lévriers, de faucons dressés par les officiers de véneries
qui devaient former une partie importante de la maison de tout grand seigneur.

Les abbés, les évêques partageaient l'enthousiasme
général pour un plaisir que l'Écriture elle-même met
en honneur, lorsqu'elle appelle Nemrod « un grand
chasseur devant Dieu, » et qui trouve dans le ciel des
patrons, tels que saint Eustache et saint Hubert. Cependant les conciles se montrent sévères pour les prêtres qui se livraient avec passion à ce plaisir meurtrier;
mais, en dépit de ces admonitions, il arrivait que des prélats ne pouvant renoncer aux plaisirs des races féodales
auxquelles ils appartenaient, paraissaient au chœur de
leur cathédrale, l'épervier au poing ; s'ils célébraient
eux-mêmes, l'oiseau bien dressé attendait en silence

sur l'angle de l'autel la fin de l'office. Il n'était pas jusqu'aux femmes, abbesses ou châtelaines qui n'eussent leurs équipages de chasses, trouvant un plaisir extrême à forcer le cerf ou à lancer le héron. Enfin quelques années plus tard un prince, Gaston Phœbus, osait dire de la chasse : « La chasse fait fuir tous péchés mortels..... celui qui les fuit doit être sauvé, donc le veneur qui a en ce monde joie et liesse ne peut guère manquer d'avoir le paradis ensuite. » Sans doute le fils de Blanche ne professait pas cette étrange doctrine; mais il avait le goût de son époque pour ce noble plaisir. Les plus belles chasses à courre réunissaient à Fontainebleau l'élite de la noblesse autour du jeune roi ardent à poursuivre le cerf et la bête fauve. Souvent la chasse s'arrêtait au plus sombre de la forêt ou sur le versant d'un coteau, tous mettaient pied à terre et s'agenouillaient devant la croix d'un pieux ermitage. Saint Louis aimait en effet à rencontrer la religion au milieu même de ses plaisirs, et dans toutes les forêts de chasse royale il avait fondé quelques-unes de ces petites chapelles où un pieux solitaire, souvent un ancien brigand revenu au bien et faisant une austère pénitence, priait pour la France et pour le roi.

D'autres fois Louis se plaisait à lancer le héron et ces chasses à vol avaient le plus souvent pour théâtre le bord des étangs de Commelle, puis de Chantilly, où la régente possédait le plus charmant manoir gothique encore appelé maintenant qu'il est devenu un modeste moulin, « le Château de la reine Blanche. » C'est dans une de ces chasses au vol que Louis ayant lancé le héron, l'oiseau courageux osa s'attaquer à un aigle qu'il apporta mort aux pieds de son maître ; des cris d'enthousiasme saluèrent ce triomphe ; le jeune roi seul resta silencieux, et, loin de louer le courage du héron, il ordonna qu'il fût vendu, ne voulant pas garder un oiseau qui avait eu la témérité d'attaquer *le roi des airs*. Louis, en effet, malgré son humilité chrétienne, tenait bien haute sa dignité de roi. Dès sa jeunesse, il imprimait à ceux qui l'entouraient ce respect dont, plus tard, il devait frapper les mécréants eux-mêmes. Sa sœur Isabelle lui rendait tant d'honneur, que lorsqu'il venait la voir elle s'avançait de quelques pas, et au lieu de le saluer d'une simple révérence, elle se prosternait à ses genoux jusqu'à ce qu'il la relevât. Louis la relevait affectueusement en lui reprochant de le traiter avec ce cérémonial, dont cependant la princesse ne se départit jamais.

Nous venons de voir Louis se plaisant à rencontrer au milieu de ses chasses des lieux de prières et de recueillement. Suivons la cour dans un de ses pieux pèlerinages qui furent une des grandes dévotions du moyen âge. Celui-ci ne nous conduira qu'à Saint-Denis. Dans le riche trésor du monastère royal où se voyaient un bracelet de la reine Nantilde attaché au crâne de saint Denis, la chaire de Dagobert, les tables d'or données par Charles le Chauve, se trouvait aussi une relique insigne, due également à la munificence de ce prince, un des saints clous de la Passion. Cette relique était gardée avec un respect extrême, et une fois par an seulement, le 9 octobre, fête du saint apôtre de Paris, l'abbé de Saint-Denis lui-même la présentait à l'adoration des fidèles.

Dans une de ces touchantes cérémonies (1233), le prêtre qui remplaçait l'abbé absent accablé de lassitude, car depuis plusieurs heures il présentait la sainte relique aux baisers d'une foule incessamment renouvelée, ne s'aperçut pas que le clou sacré était tombé du reliquaire de vermeil ; cependant un des pèlerins, s'approchant à son tour, remarqua l'absence de la relique et en prévint le moine. La cérémonie étant instantanément suspendue, il se fit grand émoi dans la foule, et il y eut une grande consternation lorsqu'on en apprit la cause. On cherche en vain le saint clou dans la ville : on prend les armes, des chaînes de fer se tendent au milieu des rues, on ferme les portes et l'on court en toute hâte querir l'abbé de Saint-Denis.

A son arrivée l'abbé Odon partage la désolation générale, et envoie une députation de ses religieux apprendre ce malheur à la régente. On assure que dans un mouvement de piété ardente le jeune roi s'écria : « Ah! biau sire Dieu! aymerais mieux avoir perdu une des bonnes cités du royaume! » C'était un malheur en effet que la perte de la sainte relique, memento et instrument des souffrances de la passion, qui avait touché le corps divin du Seigneur au moment où s'accomplissait sur le Calvaire l'œuvre de notre Rédemption. Comment le peuple de Noyon si plein de foi eût-il pu rester froid et indifférent devant un semblable événement? « Hommes, femmes, enfants, clercs, écoliers, commençaient à brayre, dit un chroniqueur, et à crier en pleurs et en larmes. Les prud'hommes de vieil âge redoutent quelque notable calamité pour le royaume. »

On ne rencontre que processions de gens, qui, pieds nus, se rendaient aux autels pour fléchir le ciel. Le jour et la nuit les églises sont pleines de fidèles pleurant et priant. Les uns s'imposent des jeûnes, les autres des pénitences corporelles. L'abbé de Saint-Val, de l'ordre de Cîteaux, fait vœu de s'abstenir de vin le reste de sa vie. Et la multitude n'épargne pas les imposteurs qui, séduits par la promesse de la régente, 100 livres d'argent à qui rapportera le saint objet perdu, cherchent à la tromper.

Cependant l'abbé de Saint-Val semble avoir par son vœu fléchi le ciel, c'est à lui que la véritable relique est rapportée avec le naïf récit de ses vicissitudes. Le jour de la cérémonie, au moment où elle s'était détachée du reliquaire, elle était tombée sur le pied d'une pauvre femme qui, sentant un objet d'un certain poids, l'avait ramassé et caché supposant que c'était quelque bijou de valeur, elle s'était empressée de quitter l'église. Bientôt s'apercevant que c'était du saint clou qu'elle s'était emparée, et redoutant la colère du peuple et la sévérité de la justice, elle courut à la Seine et voulut y jeter la relique. Alors une force surnaturelle retint sa main, et, après quelques jours d'angoisses et d'hésitation, elle vint restituer le saint clou en avouant sa faute au pieux abbé.

Celui-ci court au Louvre, où des transports de joie

l'accueillent, et la régente fait escorter la sainte relique par Jean de Milly, trésorier du Temple, et Jean de Beaumont, chambellan.

« Le soir, au moment où l'on allait chanter des actions de grâce à l'abbaye, le monarque, suivi de tous les princes et chevaliers de la cour, est reçu au milieu d'inexprimables démonstrations de respect et d'allégresse. Il se rend à la basilique dont la vaste nef suffisait à peine au concours des fidèles. Elle était éclairée par les derniers rayons du soleil et par des milliers de cierges ; de magnifiques tentures de soie et d'or resplendissaient à ses parois, et entouraient les colonnes et les piliers ; des fleurs et des feuilles jonchaient les avenues de l'abbaye, ainsi que les rues de la ville ; l'encens fumait de toutes parts, les fenêtres étaient garnies de flambeaux. Enfin, au milieu d'un recueillement profond et à travers la foule rangée en double haie depuis le monastère du Val, la sainte relique portée en procession fut solennellement replacée dans le trésor. »

Il n'y avait pas de contrée en France qui ne possédât quelque célèbre lieu de pèlerinage, et le goût et la piété du roi devaient le conduire à visiter tous ces sanctuaires fameux. Mais le premier de tous les pèlerinages pour lui devait être celui du mont Saint-Michel, car son illustre aïeul Philippe Auguste et son père Louis VIII l'avaient accompli, et cet exemple fut suivi depuis par tous nos rois jusqu'à Louis XV, qui le premier s'en dispensa. « Malheur sur le roi qui n'ira pas invoquer le vainqueur des fées gauloises, le bienheureux archange, second patron du royaume des Lys, s'écrie l'abbé de Toustain, malheur à lui et à sa postérité jusqu'à la troisième génération !..... »

Tous les temples consacrés dans le monde chrétien au grand archange ont été construits sur des lieux élevés. Les Bénédictins du douzième siècle, fidèles à cette tradition, avaient choisi pour construire l'abbaye qu'ils lui dédiaient l'immense rocher qui, sur la côte occidentale de la France, domine, d'un côté, la mer qui sépare nos côtes des côtes anglaises et, de l'autre, de vastes grèves mouvantes où plus d'une fois disparurent des pèlerins trompés par l'apparence d'une terre solide.

Cette abbaye immense offre un spectacle unique au monde par l'ensemble des remparts crénelés, des tours en saillie, des édifices gothiques, chevaleresques et religieux, des croix et des bannières ; sanctuaire où l'on travaillait, priait ; redoutable forteresse d'où les religieux repoussaient les Anglais avec un si bon courage que ceux-ci échouèrent toutes les fois qu'ils essayèrent de profiter du moment où la plage était à sec, car lorsque la mer a envahi la grève, le mont Saint-Michel est inabordable : « Le plan du sol de l'anse n'est point incliné du côté de la pleine mer, d'où vient que la barre du flux arrive sur cette grève toute plate, non pas en roulant, s'avançant et s'élevant insensiblement comme sur une grève inclinée, mais par une irruption terrible et une barre de vagues écumantes, qui renversent, bouleversent et qui détruiraient en dix minutes une armée du roi Pharaon[1]. »

[1] Mme de Créqui.

Une immense statue dorée de l'archange surmontait le dôme de l'église, qui lui-même domine tous les autres. Au mouvement des vents, l'archange armé de son glaive semblait encore menacer Lucifer, car la statue mouvante donnait une apparence de vie à saint Michel, qui, assurait la légende, soulevait des tempêtes chaque fois que la flotte anglaise s'approchait, de sorte que les flots en fureur repoussaient les vaisseaux ennemis sur les écueils.

L'abbé de Toustain, dont nous avons déjà cité une prédiction, avait encore dit que lorsque cette vénérable statue serait renversée, la ruine de l'abbaye serait proche. La statue fut pulvérisée par le tonnerre en 1788 et les moines dispersés par la révolution qui suivit bientôt.

Le moyen âge, qui se plaisait à faire intervenir le merveilleux partout, n'avait pu voir les miracles d'architecture de l'abbaye, et mesurer par la pensée l'étonnant travail qui avait dû être accompli pour élever, sur ce rocher battu par la mer, une ville de murailles et de clochers, sans en chercher l'origine dans la puissance même du chef de la milice angélique.

« Dieu, disait la légende, voulant abolir l'impure idolâtrie dont la forêt de Scicq était le repaire, ordonna à saint Michel d'aller chercher la mer, et de la conduire sur cette forêt du parjure et de l'apostasie.

« Tandis que les flots arrivaient, le séraphin s'était réfugié sur le mont Dole, et concevait l'idée de faire élever un temple pour perpétuer le souvenir de cet événement. Alors Satan osa se présenter devant lui

pour disputer les droits qu'il revendiquait sur ces ri-
vages.

« Celui de nous deux, dit l'ange des ténèbres, qui
le premier arrivera sur ce rocher que nous apercevons
au loin, restera le maître d'y bâtir un temple. » Au
même temps il prit son essor, mais il tomba dans le
gouffre des mers, d'où s'exhalèrent des vapeurs sou-
frées. L'archange, au contraire, déploya ses ailes, et
descendit sur l'heureux sommet qu'allait sanctifier son
nom. Il apparut à saint Aubert, qui alors priait sur les
hauteurs, et lui donna mission de construire une abbaye et une chapelle où seraient déposés, comme
preuve de son apparition, le bouclier et le glaive avec
lequel il vainquit le dragon d'Irlande. Ces armes cé-
lestes se trouvent dans le reliquaire de l'abbaye.

« Saint Aubert obéit; mais, les ouvriers ne pouvant
asseoir les bases du monument, parce que la sommité
du rocher se divisait en deux pointes aiguës, que nul
art humain ne pouvait aplanir, saint Michel se fit apporter un enfant encore au berceau, et appuya le
pied de cet enfant contre le rocher, qui aussitôt se
détacha de sa base et roula au bas de la montagne, où
il est encore, ayant conservé l'empreinte du pied de
l'enfant [1]. »

On fait aussi remarquer aux voyageurs la pierre où
l'archange se reposa pendant son apparition [2] et la

[1] Chronique de l'Abbaye.
[2] Chronique du Mont-Saint-Michel. — *La France au quatorzième siècle*.

fontaine d'eau douce que saint Aubert fit, dit-on, jaillir du rocher.

L'ouis vint prier devant l'autel consacré à l'archange, céleste gardien de la France. Dans cette basilique à laquelle des groupes de colonnes élancées et des roses de vitraux épanouies donnent ce cachet gothique si véritablement religieux, et dont l'autel qui recouvre la châsse de saint Paterne, évêque d'Avranches, est entièrement revêtue d'argent massif, le jeune roi demandait à saint Michel de présenter à Dieu ses vœux pour la France, car deux grands événements s'approchaient, son mariage et sa majorité.

En effet, Louis atteignait sa dix-septième année, son irréprochable jeunesse prenait au sérieux ses doubles titres de chrétien et de roi, on le voyait insensiblement se retirer des jeux de hasard alors à la mode dans les palais et les manoirs et renoncer complétement aux échecs qu'il avait beaucoup aimés.

La chasse elle-même devint un plaisir exceptionnel et rare dans la vie de ce jeune prince. Il disait à ceux qui s'en étonnaient :

« Le temps d'un roi est trop précieux pour ne pas l'employer utilement. »

Sous le gouvernement intelligent de Blanche, le royaume était arrivé au plus haut degré de force et de grandeur. Une trêve de plusieurs années venait d'être signée entre le roi de France et Henri III d'Angleterre. La Bretagne était liée par le traité de Saint-Aubin du Cormier. Une confédération sérieuse existait entre la régente, l'empereur Frédéric II et son fils aîné, Henri, roi des Romains.

L'Espagne, fidèle alliée de la France, était fière de voir une de ses princesses en occuper si admirablement le trône. Raymond VII était réduit à la plus complète soumission, et les autres grands vassaux semblaient avoir renoncé à troubler le royaume de nouvelles révoltes. Encore quelques années et ce sceptre si haut porté passera des mains de Blanche dans celles de son fils. La régente voulut y attacher un fleuron de plus par l'alliance du royaume de Provence, en faisant épouser au jeune roi une des quatre filles de Raymond-Bérenger, souverain de ce petit, mais charmant royaume.

CHAPITRE III

LA COUR DE SAINT LOUIS.

Un coup d'œil sur la Provence; son commerce; Marseille, le port,
les savonneries, le corail, la soie.—Souvenirs religieux, l'abbaye
de Saint-Victor, la Sainte-Baume, les religieux trinitaires, les
enfants trouvés, la danse de Saint-Elme.

Aix, les péages, la fontaine de Lignana, gouvernement paternel
de la Provence, les Mamons, les Troubadours, la confrérie
des Valentins. — La princesse Marguerite.

Mariage de Louis IX et de Marguerite de Provence; le bou-
quet nuptial, le couronnement; sentiments de Blanche pour
Marguerite.

Isabelle de France à cette époque; sa beauté, ses vertus; sa
charité, le *couvre-chef* du pauvre; jeûne, silence, l'aumône
de la reine. — Austérité croissante de saint Louis.

Événements politiques de la fin de la régence; guerre en Bretagne, ordonnance dite de Saint-Denis, le baptême des Juifs.
—Majorité de Louis IX.

Le comté de Provence jouissait, à cette époque, de
cette richesse, de cette abondance, de ce bien-être qu'ac-
quièrent si facilement et conservent longtemps les
petits États.

De toutes les provinces de France qui au treizième

siècle étaient autant de royaumes, comtés, vicomtés, gouvernés par de véritables souverains, vassaux du roi de France, la Provence présentait certainement l'aspect le plus heureux. Un voyageur du quatorzième siècle disait que, si l'on pouvait être transporté de toute autre partie de la France au cœur de cette belle contrée, on croirait que tous les jours sont jours de fête, tant sa population est vive, gaie, parée de couleurs brillantes, tant le soleil semble se complaire à dorer de ses rayons les plus vifs, les orangers et les citronniers dont les parfums embaument l'air.

Un fleuve magnifique, le Rhône, la borne au nord, et la mer la plus calme la baigne, comme un lac qui vient mourir avec un doux murmure à ses pieds.

Rien ne manquait au moyen âge à cette délicieuse contrée, commerce important, villes fortifiées, usages pittoresques particuliers à chacune de ses cités, la foi ardente, les légendes naïves, la poésie des troubadours. Arles, Tarascon, Marseille, Aix et d'autres villes encore, ayant leur histoire, leurs antiquités romaines, leurs souvenirs des premiers siècles chrétiens, nous arrêteraient longtemps ; mais nous avons hâte de ramener à la cour de France la jeune reine que la Providence lui destine; nous choisirons donc seulement Marseille et Aix, pour emporter une idée de la patrie de notre nouvelle souveraine. Marseille était le type du commerce, non-seulement de la Provence mais de la France elle-même au moyen âge, et Aix le siége de la cour de Raymond de Bérenger.

Dès le treizième siècle Marseille renfermait 80,000

habitants. Toute leur existence se passait dans les ports et dans les manufactures. C'étaient des négociants, des marchands, des corporations d'ouvriers, des notaires dont l'intervention était nécessaire aux transactions dans un pays d'affaires. Dans cette ville laborieuse il ne fallait chercher ni aristocratie ni haute bourgeoisie.

Le commerce de Marseille comprenait presque toutes les branches de l'industrie connues alors. Dans le plus grand de ces trois ports un peuple d'ouvriers se répandait chaque matin ; ils se rendaient aux chantiers de la marine, à l'arsenal, aux magasins des agrès. Les forces maritines de Marseille devaient être considérables même sur le pied de paix, à cause du voisinage de Tunis et de Venise; elles pouvaient être doublées en temps de guerre.

Les savonneries de Marseille étaient si anciennes que, selon une opinion accréditée, elles remontaient à l'origine même de la ville. Les Gaulois, qui n'étaient pas étrangers aux arts de la coquetterie, se servaient du savon comme d'un cosmétique pour changer la couleur de leurs cheveux. De ses ports sortaient des vaisseaux portant le corail taillé en bijoux recherchés surtout des femmes de la Grèce, qui rehaussaient leur beauté par ce brillant produit des mers, et des noires Africaines qui aimaient le contraste de sa vive couleur avec l'ébène de leur peau. Les Françaises, nos lointaines aïeules, dédaignaient alors ce genre de parure ; mais elles demandaient à Marseille ces tissus de soie si rares encore en France et que les Marseillaises portaient avec une patriotique coquetterie.

La cité provençale trouvait une source constante de richesse dans le passage des croisés ; car, depuis qu'une voix éloquente avait jeté au monde chrétien ce grand cri : Dieu le veut ! le pèlerinage en Terre sainte était continuel. Les uns partaient pour expier leurs crimes, les autres pour accomplir un vœu, et il n'était presque pas de prince et même de riche seigneur qui ne tînt à aller en Terre sainte une fois dans sa vie.

Cette population laborieuse, qui estimait très-haut les richesses d'ici-bas, était cependant animée d'une foi vive et avait conservé de poétiques et naïves traditions.

Le souvenir de la sainte famille de Lazare se conservait dans les pèlerinages de l'abbaye Saint-Victor, bâtie sur l'emplacement de la première grotte où Madeleine commença sa rude pénitence, et surtout dans celui de la Sainte-Beaume dont le nom est encore aujourd'hui illustre comme alors, et où nous reviendrons plus tard à la suite de saint Louis.

Une des touchantes solennités de Marseille, c'était le débarquement des captifs rachetés. Au douzième siècle saint Jean de Matha et Félix de Valois avaient fondé cette œuvre admirable ; les religieux trinitaires, ces sublimes mendiants, après avoir tendu la main dans toutes les contrées de l'Europe, se rendaient sur les côtes de Barbarie pour racheter, avec les aumônes recueillies de tous côtés, les chrétiens esclaves. Le jour où l'on attendait l'arrivée des frères délivrés par l'ordre de la rédemption, toutes les cloches de la ville sonnaient, les rues étaient jonchées de fleurs, les tapisseries et les riches étoffes décoraient les murailles, la foule bruyante et parée se rendait jusqu'au port, et l'on voyait s'avancer processionnellement quelques malheureux, presque tous des vieillards, les membres encore fatigués du poids de leur chaînes, et dont plusieurs ne revenaient que pour mourir sur le sol de la patrie. Ils étaient conduits par quelques-uns de ceux qui étaient allés les racheter, car parmi les frères de la Merci, qui étaient partis, tous ne revenaient pas. Il y en avait toujours qui cédaient à l'héroïque tentation de prendre les chaînes de quelques captifs afin de grossir le nombre de ceux que les aumônes avaient rachetés. Quoi de plus touchant, de plus profondément chrétien que cette fête, que toute cette joie en l'honneur du retour d'hommes inconnus, infirmes, qui n'avaient d'autres titres à la sympathie que la communauté de la foi? N'est-ce pas la meilleure preuve que le christianisme seul connaît et pratique la vraie fraternité.

Une autre touchante tradition était pieusement conservée à Marseille. Le dimanche des Rameaux, les rues de la ville se remplissaient d'une foule d'enfants : c'étaient les enfants trouvés portant des branches de laurier, des fruits et des gâteaux, et s'arrêtant devant chaque promeneur, en les appelant de ces noms de père et de mère qu'ils ne prononçaient jamais hors de ce jour béni. Plus d'une femme, à qui le bonheur d'être mère était refusé, élevait l'enfant dans ses bras, le baisait pour sa douce parole ; le touchant usage de cette gracieuse fête amenait presque chaque année le bonheur dans une riche maison privée de cette grâce et de ce sourire du foyer qu'on appelle les enfants, et rendait au petit abandonné les joies de la famille, car elle était l'occasion d'assez fréquentes adoptions.

Il y avait encore à Marseille la joyeuse fête du branle de Saint-Elme. Ce jour-là garçons et filles du peuple se rendaient à la danse traditionnelle en superbes costumes. Les plus riches vêtements paraient les plus pauvres ouvrières ; les plus magnifiques pierreries étincelaient sur le cou, les bras des plus humbles jeunes filles. Les femmes que la Providence avait dotées des biens de ce monde, les épouses et les filles des négociants enrichis par le commerce de l'Orient, voulaient donner une fois par an aux pauvres la jouissance et l'illusion de la richesse, et jamais aucun de ces objets de luxe ne fut dérobé ou même perdu. La probité d'en bas répondait à la générosité d'en haut.

Telle était Marseille au moyen âge.

Après avoir vu la cité commerçante, entrons dans Aix, la cité princière.

Le voyageur, au moyen âge, ne trouvait pas d'auberge sur son chemin. Nos pères, ces hommes hospitaliers, auraient peu compris qu'un honnête homme passât devant leur demeure sans y trouver un abri. Cependant, en traversant les terres de chaque seigneur, on devait payer ce qu'on appelait le *droit d'acquit*. Dans l'heureuse Provence, ce droit ne se payait presque jamais en argent, car le seigneur préférait une amusante récréation que devait lui procurer le passant selon son état, et que lui imposait le *péager*. Une pancarte attachée à un arbre de la route indiquait aux voyageurs la nature de ces singuliers droits de péage, dont voici quelques-uns exactement relatés :

« — Histrions, baladins, mimes et ménestrels feront jeux, exercices et galanteries, la dame du château présente.

« — Une charette conduisant larrons au préau payera une corde valant 6 deniers.

« — Un pèlerin dira sa romance sur un air nouveau, et couchera sur la paille fraîche s'il veut passer la nuit au manoir.

« — Un homme à pied, chaussé ou non, mendiant ou aventurier, sera logé quitte de tout droit s'il fait quatre soubresauts.

« — Un Maure jettera en l'air son turban, et comptera 5 sous trébuchant à la porte du château.

« — Un juif mettra ses chaussons sur sa tête et dira, bon gré, mal gré, un *Pater* dans le jargon du pays.

« — Un mareyeur (porteur de marée) doit poisson à mettre en sauce verte, l'espèce au choix du seigneur.

« — Meneurs de chevaux doivent un sou par chaque pied, si mieux ils n'aiment porter le seigneur jusqu'au château.

« — Conducteur d'animaux en foire doit faire gambader les singes et danser l'ours au son du flageolet [1]. »

A quelque distance de la ville d'Aix se trouve une source que l'on appelle la fontaine de Liguana. Dans la belle Provence, des mois souvent se passent sans

---

[1] Rageau. — Géog. de Provence.

qu'un nuage trouble le bleu si pur du ciel, bien plus foncé que dans notre ciel du Nord. Alors les sources desséchées n'offrent plus l'eau nécessaire à l'alimentation des habitants, qui ont recours à la prière et aux processions pour obtenir la pluie. L'une de ces saintes pratiques, mêlées d'un peu de superstition, avait créé le poétique pèlerinage de la fontaine de Lignana ; on y conduisait la plus belle et la plus sage des jeunes filles de la ville, elle entrait dans la source desséchée, et bientôt, racontent les chroniques du moyen âge, des vapeurs d'eau l'environnaient, l'enveloppaient, s'élevaient au-dessus d'elle en arc gracieux, tandis que ses compagnes la couvraient de fleurs. La source s'évaporait ainsi tout entière, et bientôt cette eau miraculeuse se reformait en nuages, et une pluie abondante ne manquait jamais de rafraîchir, la nuit suivante, les bois d'orangers et de remplir les citernes de la ville. Légende charmante, qui montrait les cieux devenus d'airain s'attendrissant à la prière de l'innocence et de la beauté.

Les villes de Provence étaient presque toutes fortifiées, ce qui attristait bien un peu l'aspect de cette contrée sans forêts et sans fleurs. Aix, en sa qualité de capitale, était entourée de fortifications considérables qui la divisaient en trois villes. La première était la ville des tours, résidence de l'évêque ; la seconde, la ville des comtes, ville proprement dite, fondée par les Romains et siége du gouvernement de la Provence ; et enfin le faubourg de Saint-Sauveur, refuge des premiers chrétiens. C'étaient les eaux sulfureuses de ce bourg qui avaient attiré les Romains. Ces eaux, oubliées des fortes générations des barbares, ont reconquis leur vogue depuis que la civilisation, qui polit mais qui énerve, a fait de nous ce qu'elle avait fait des Romains nos prédécesseurs.

Ce fut dans la cité des comtes qu'au mois de mai 1234 le sire de Nesle et l'archevêque de Sens, Gauthier Cornut, l'une des lumières de l'épiscopat français, suivis d'une suite nombreuse, entrèrent comme ambassadeurs de la cour de France, venant demander pour le roi Louis IX la main de l'aînée des filles de Raymond-Bérenger.

Avant de quitter la cour de Provence avec la jeune princesse, pourquoi n'y ferions-nous pas un court séjour, afin d'en étudier les mœurs polies et les coutumes charmantes?

Le gouvernement de la Provence était tout paternel. Les membres de chaque famille, à quelque degré qu'ils fussent, reconnaissaient la suprématie du chef de leur maison et le consultaient sur toutes les affaires importantes. Ce n'étaient pas seulement des avis qu'on recevait et qu'on suivait avec respect, mais des ordres auxquels on obéissait, car il gouvernait de la manière la plus absolue.

Dans chacune de ces familles patriarcales, les mariages, les procès, les alliances, la généalogie, tout ce qui pouvait concourir à rendre une famille grande, forte, unie, était consigné dans un livre appelé *le livre de Raison*. Lorsque la veillée réunissait autour d'un même foyer les membres de la famille, avant toute distraction, deux lectures étaient faites, celle de la

Bible et celle de quelques passages de ce livre précieux, recueil des annales domestiques. A ces deux sources sacrées les jeunes gens apprenaient le respect de Dieu et le respect d'eux-mêmes. Malheur à celui dont le nom eût été rayé du livre de Raison pour quelque action coupable! Les parents, en repassant leur vie, leur histoire, celle de leurs aïeux, trouvaient dans ces souvenirs la meilleure consolation, les plus douces joies de leur vieillesse et la plus éloquente exhortation à bien vivre.

Tous ces chefs de famille formaient de droit l'administration de leur pays, soit qu'ils fissent partie des états provinciaux ou des *vigueries*, ou qu'ils eussent leur place dans les charges municipales, ou même dans l'administration des bonnes œuvres, enfin comme chefs de métiers et dignitaires des confréries. Chaque famille était fière de conserver ses priviléges, de sorte que le fils succédait au père, et qu'ainsi ils se gouvernaient eux-mêmes sous la suprématie non moins paternelle et respectée de leur comte, qui n'était vraiment que le père de tous. Plus que tout autre souverain, Raymond-Bérenger mérita ce beau titre.

Il était fort rare que dans une telle organisation il se produisît quelque fait qui appelât les rigueurs de la justice, et, avant d'en venir là, l'excellente institution des Momons les réprimait presque toujours.

Dans ce pays de la poésie, le peuple lui-même était poëte. L'on avait pu choisir parmi les ouvriers un certain nombre de troubadours populaires, chargés de redresser par leur censure les abus et les ridicules.

Une jeune fille coquette adoptait-elle une mode étrangère à son pays, un jeune ambitieux, dédaignant la carrière paternelle, cherchait-il à pénétrer dans une sphère supérieure, ou bien, cédant à quelque coupable entraînement, le fils de noble maison songeait-il à une mésalliance, un magistrat avait-il rendu un arrêt inique et pouvait-on l'accuser d'avoir cédé à l'intérêt, dès que le bruit de ces fautes ou de ces prévarications arrivait jusqu'au public, le chef des Momons, accompagné de quatre *poëtes apprentis*, se rendait dans la maison du coupable. C'était leur droit, et personne n'aurait osé leur fermer la porte. Habillés de jaune et de rouge, pour représenter sans doute par ces couleurs tranchantes l'éclat du scandale qu'ils venaient prévenir, après avoir jonché de fleurs de genêt le parquet de la salle où était réunie la famille, ils chantaient les vers naïfs dans lesquels ils avaient renfermé le blâme. Dans cette terre où tout chantait, la censure s'exerçait aussi sous la forme d'une chanson.

Non-seulement la ville d'Aix encourageait cette utile association, mais elle la pensionnait ; et la magistrature, qui cependant subit plus d'une fois ses censures, lui donnait au jour de l'an plusieurs aunes de drap rouge et jaune et cinq aunes de rubans des mêmes couleurs.

Le choix des Momons était fait parmi les artisans, les gens simples qui ne pouvaient avoir l'amour-propre de blesser leurs concitoyens pour faire briller leur esprit, ce qui aurait pu souvent arriver à un brillant troubadour. En effet, les troubadours ne se contentaient pas toujours de louer la beauté des dames ; leur voix s'aigrissait jusqu'à prendre l'accent de la mordante satire, et, à cette époque de foi, ils flagellaient surtout de leurs vers impitoyables les abus religieux, ce qui du reste n'affaiblissait chez personne le sentiment chrétien. La cour de Provence était par excellence le rendez-vous des troubadours ; la plupart venaient de Terre sainte, où ils avaient suivi leurs seigneurs, et racontaient dans leurs vers les gloires et les malheurs du royaume de Jérusalem, les difficultés et les périls de leur pèlerinage, le bonheur de revoir la dame de leurs pensées. Beaucoup de ces poëtes étaient des jeunes gens de très-bonne famille, et les châteaux et les palais s'ouvraient avec empressement devant eux.

Si Raymond-Bérenger faisait adorer son gouvernement paternel, la comtesse de Provence, la belle Béatrix de Savoie, encourageait la gaie science et présidait elle-même les *cours d'amour*, dans lesquelles les princesses et les châtelaines ne se contentaient pas d'écouter les poëtes qui célébraient leurs attraits, mais se plaisaient elles-mêmes à réciter des pièces de poésie qu'elles avaient composées.

Ces cours d'amour amenèrent à Aix une institution chevaleresque qui habituait les esprits au respect de la femme, un des caractères du moyen âge.

Les chevaliers et les troubadours, le jour de la Saint-Valentin qu'ils avaient choisi pour patron, se réunissaient dans une salle richement décorée, comme pour une fête, et y portaient solennellement une grande boîte qui contenait des billets où étaient inscrits leurs noms.

Toutes les femmes de la ville d'Aix étaient de droit invitées à cette réunion, et chacune prenait au hasard un de ces billets qui lui désignait le chevalier qui pendant l'année devenait sien. C'était désormais son fidèle serviteur. Qu'elle fût jeune ou vieille, belle ou laide, noble ou bourgeoise, d'humeur aimable ou revêche, il fallait qu'il la suivît partout où il lui plaisait de s'en faire accompagner, qu'il lui composât des vers, qu'il portât ses couleurs aux tournois, qu'il ornât au printemps de verdure et de fleurs la devanture de la maison de sa dame.

La *perle* de cette poétique contrée de Provence, comme son nom semblait l'indiquer, c'était la princesse Marguerite, l'aînée des quatre filles de Raymond-Bérenger. Elle avait à peine quatorze ans, et déjà les chevaliers poëtes la célébraient dans leurs vers. Il n'était point de vertu, point de grâce, point de beauté comparables à celles de la jeune princesse qu'ils avaient surnommée « loyale et fine. »

L'offre de la belle couronne de France fut loin de lui déplaire, et la Provence tout entière tressaillit de joie à la pensée d'une si grande alliance.

Raymond-Bérenger accueillit donc de la manière la plus favorable le sire de Nesle, et accorda l'énorme dot de 500,000 francs qui lui était demandée pour la future reine de France. Louis VIII en mourant n'avait laissé à son unique fille, Isabelle, que 340,000 francs. Il est vrai que Raymond-Bérenger mit un certain temps à s'acquitter de cette somme, car trente ans après le mariage de saint Louis le montant de la dot de Marguerite n'était pas entièrement versé.

Cependant le jour du départ était arrivé. Marguerite de Provence sortit de sa bonne ville d'Aix, oublieuse un moment du bonheur qui l'attendait et tout entière au regret de quitter son doux climat, son poétique pays, la cour aimable où elle avait été élevée, ses parents tout en larmes, et dont les adieux étaient si tendres, enfin ses petites sœurs qui ne savaient pas encore le prix d'une couronne.

Ne pouvant emporter ni son beau ciel ni ses affections, il semble qu'elle ne voulût rien garder de son heureuse enfance, car elle distribua tous ses bijoux, tout son argent, à ses serviteurs désolés. La poésie du moins s'attacha à ses traces, et un ménestrel du comte de Provence et six troubadours obtinrent la permission d'aller chanter à la cour de France « si gentille princesse, si courtoise damoiselle, » qu'ils avaient l'habitude de louer dans leurs vers à la cour de Provence.

Thomas et Guillaume de Savoie, frères de Béatrix et oncles de la fiancée du roi de France, l'accompagnèrent jusqu'à Sens. Blanche de Castille et la famille royale, entourée de l'élite de la noblesse et des grands dignitaires de l'Église, attendaient la royale fiancée. Ce fut au son de toutes les cloches que, le 27 mai, Marguerite de Provence fit son entrée à Sens. Le printemps devait prêter ses charmes à l'union des deux royaux enfants ; des guirlandes de fleurs au milieu desquelles on avait multiplié les marguerites, emblème du nom

de la jeune fiancée, ornaient le chemin qu'elle devait
parcourir. Une foule immense couvrait le coteau sur
lequel s'élève la cité ; les remparts, les boulevards et
jusqu'aux ponts-levis de cette ville admirablement fortifiée et que défendaient vingt-cinq tours, étaient couverts de cette foule animée, brillante de parures aux
vives couleurs que le soleil égayait encore de ses splendides rayons.

La cathédrale de Sens est une de nos belles églises
gothiques. Ce jour-là, son architecture élégante était
relevée par tout le luxe des ornements merveilleux des
grandes cérémonies religieuses. Blanche avait voulu
que le mariage de son fils fût, comme son sacre, une
occasion de magnificence, que la simplicité habituelle
de la cour rendait encore plus remarquable.

Le jeune roi avait déjà sur le front le cachet de la
sainteté ; son âme ajoutait l'auréole qui s'allume aux
rayons d'un cœur pur, aux splendeurs de la couronne
royale. Le doux sourire de son enfance était resté sur
ses lèvres avec son aimable pureté ; mais son regard
avait cette dignité calme qui le faisait déjà respecter.
La bienveillance de son accueil ne lui faisait rien perdre
de la fermeté et de la loyauté sévère qui convient aux
monarques.

La jeune princesse, tout étonnée de cette belle destinée de reine de France, tremblait un peu sous le regard de Blanche de Castille dont elle savait le grand
empire sur le cœur de son fils. Sa beauté radieuse de
pureté et toute voilée de modestie frappa le jeune roi
et lui inspira la pensée d'instituer en son honneur un

nouvel ordre de chevalerie qu'il appela « Cosse de genêt, » par une aimable allusion à la modestie de sa fiancée. Le costume des chevaliers de cet ordre était charmant : la cotte en damas blanc, la toque ou chapel de velours violet, ornée de plumes, et le collier d'or formé de *cosses* émaillées entrelacées de fleurs de lis soutenant une croix d'or entourée de cette légende : *Exaltat humiles, il élève les humbles.*

L'anneau nuptial avait aussi de touchants emblèmes. C'était une branche de lis enlacée à une branche de marguerites que séparait ou plutôt qu'unissait une croix avec ces paroles qui résumaient tout le cœur et toute la vie du jeune roi : *Hors cet anel, point d'amour.* L'agrafe d'or qui rattachait le manteau royal de Louis portait les mêmes emblèmes et la même devise.

Le banquet qui suivit la cérémonie religieuse fut d'un luxe extraordinaire et ne coûta pas moins de 42,000 francs. Une brillante musique, des intermèdes empruntés aux déduits de la fauconnerie et qui représentaient des épisodes de chasse, le plaisir noble par excellence, distrayaient les convives.

Les banquets au moyen âge étaient d'une grande magnificence, et, grâce à ces intermèdes qu'on appelait *entremets*, ils se prolongeaient pendant des jours entiers. A celui du mariage royal on vit paraître pour la première fois le luxe de l'orfévrerie ; devant les deux jeunes époux se trouvaient une coupe et deux cuillers d'or fin.

Louis IX voulut, dès le lendemain, faire couronner solennellement la jeune reine.

Marguerite, revêtue d'une robe de superbe étoffe brodée d'or, se rendit, suivie d'un noble cortége, à la cathédrale ; elle se plaça sur un trône que surmontaient les armes de Provence aux pals rouge et or, celles de Savoie, la croix d'argent, et celles de France, les lis en nombre illimité.

Ce fut, en effet, seulement sous Charles V qu'on réduisit le nombre des fleurs de lis à trois sur l'écu de France.

« La princesse reçut à genoux l'onction sainte et le sceptre que lui présenta l'archevêque; le prélat prit sur l'autel le diadème royal que les grand vassaux et les pairs vinrent soutenir sur le front de Marguerite ; puis ils reconduisirent la reine sous le dais, au milieu d'un enthousiasme universel.

« Louis, portant les insignes de la royauté, assistait à cette consécration dans un profond recueillement. Il accompagna la reine à l'offrande, baisa l'évangile avec elle ; et les époux présentèrent ensemble à l'autel un pain et un baril d'argent plein de vin. Marguerite ajouta onze deniers d'or, le monarque, treize écus, et tous deux communièrent à la sainte table. »

En sortant de l'église, Louis et Marguerite, la couronne en tête, prirent le chemin du palais. « Le connétable, l'épée nue à la main, le grand chambrier et les autres officiers de service, précédaient la souveraine, » qui dès lors prit cette touchante devise, tracée autour d'une reine-marguerite, et écrite en un mélange de roman et de latin :

Roigna de parterræ, anciiha de Cœly.
Reine du parterre, servante du Ciel.

Cette journée mémorable se termina pour le pieux roi par une visite aux hôpitaux où il distribua des aumônes et des consolations et voulut toucher les écrouelles en répétant les paroles en usage : « Le roi te touche, Dieu te guérisse ! »

Parmi les nobles dames qui entouraient la jeune reine, et au premier rang, on admirait la fille de France, Isabelle, un peu plus jeune que Marguerite, et dont nous connaissons déjà la tendre et douce piété. Après saint Louis, Blanche n'avait rien de plus cher au monde. Elle avait voulu que dans cette solennité Isabelle fût parée selon son rang ; et des perles du plus grand prix rehaussaient son angélique beauté, sans que son âme si humble s'ouvrît un seul instant aux pensées de la vanité.

Elle accueillait avec tendresse cette jeune sœur venue de si loin, et elle devait adoucir par la suite plus d'une fois les exigences jalouses du cœur maternel de Blanche qui ne put jamais se résoudre à admettre le partage des affections de son fils entre elle et Marguerite. La grandeur a ses faiblesses, et il faut bien croire sur ce point le témoignage du bon sénéchal : « Elle ne pouvait pas souffrir, dit Joinville, qu'il fût en la compagnie de sa femme.

« Les logis où il plaisait le plus de demeurer pour le roi ou la reine, c'était à Pontoise, parce que la chambre du roi était au-dessus et la chambre de la reine au-dessous. Et ils avaient si bien accordé leurs affaires qu'ils tenaient leurs parlements dans un escalier tournant qui descendait d'une chambre dans l'autre ; et ils avaient leurs affaires si bien arrangées, que quand les huissiers voyaient venir la reine dans la chambre du roi son fils, ils frappaient la porte de leurs verges, et le roi s'en venait courant dans sa chambre, pour que sa mère l'y trouvât ; et ainsi faisaient à leur tour les huissiers de la chambre de la reine Marguerite quand la reine Blanche y venait, pour qu'elle y trouvât la reine Marguerite. Une fois le roi était auprès de la reine se femme et elle était en très-grand péril de mort. La reine Blanche vint là, et prit son fils par la main et lui dit : « Venez-vous-en, vous ne faites rien ici. » Quand la reine Marguerite vit que la mère emmenait le roi, elle s'écria : « Hélas ! vous ne me laisserez voir mon sei-« gneur ni morte ni vive[1] ! »

Marguerite trouvait en sa jeune belle-sœur un modèle des plus rares vertus. L'aspect de la cour de France devait lui paraître un peu sévère en comparaison de sa brillante cour de Provence. Jusqu'à François Ier, qui disait « qu'une cour sans femme était un parterre sans roses, » il n'y avait absolument à la cour, on le sait, que les princesses et les femmes attachées à leur personne, et au milieu desquelles elles vivaient fort retirées, ne paraissant guère en public que dans les solennités. Une de leurs principales occupations était celle qui remplissait les journées des châtelaines dont la vie solitaire s'écoulait dans leur manoir : leurs doigts agiles exécutaient en or et en soie nuancés de merveilleuses broderies et des tapisseries splendides, où elles représentaient des

______

[1] Joinville, texte de M. Natalis de Wailly.

scènes de chasses et des sujets religieux. La plupart de
ces travaux étaient en effet destinés à rehausser la
splendeur des églises. Ces hautes et grandes dames
étaient d'humbles chrétiennes ; elles filaient aussi la
laine pour en couvrir les malheureux, et, dans la salle
du château qu'habitait de préférence la femme du moyen
âge, celle où l'aumônier venait lui lire et lui expliquer
les saints livres, on voyait toujours l'antique rouet de la
femme forte de l'Écriture.

Isabelle de France avait un goût particulier pour la
retraite, et souvent Louis IX venait chercher auprès
d'elle quelques instants de repos qu'ils consacraient à
de pieux entretiens. Une fois le jeune roi surprit sa
sœur filant un modeste *couvrechef* de laine, destiné à
une pauvre femme qu'elle visitait elle-même chaque
jour. Louis, attachant un grand prix à ce modeste et pieux
travail, supplia la princesse de lui en faire cadeau :

« Étant présente, dit Agnès de Harcourt, j'ouïs de
mes oreilles le refus de sa bouche. En le priant de se
tenir pour éconduit et débouté de cette demande, elle
répondit au roi : « Je propose qu'il soit donné à Notre
« Seigneur, car c'est le premier que je filasse oncques. »
Et lui la priant encore lui dit : « Sœur, or donc, je
« vous prie d'en filer un autre qui soit pour moi. —
« Je le veux bien, lui dit-elle, si jamais j'en file en-
« core. »

Ce touchant dialogue entre le frère et la sœur montre
ce que nous verrons souvent dans la suite de cette sainte
vie quelle estime on faisait, à cette époque de foi, de
la dignité du pauvre, cet ami de Notre-Seigneur Jésus-

Christ, qui a dit : « Quand vous les couvrirez, c'est moi que vous aurez vêtu. »

A l'habitude de la prière, à la pratique de la plus évangélique charité, Isabelle joignit, dès l'enfance, celle de la pénitence chrétienne. Elle en comprenait le sens élevé, elle lui demandait la force et appliquait cet austère remède à sa vie innocente et pure avec une inflexible sévérité qui effrayait sa pieuse mère elle-même.

Jeûner trois fois par semaine semblait à la reine au-dessus des forces d'une personne aussi jeune ; mais, respectant en elle l'esprit de Dieu, au lieu de commander à son obéissance, elle tendait un piége à sa charité, et combattait ainsi une vertu par une vertu.

La reine Blanche, dans son ingénieuse tendresse, offrait de riches aumônes à Isabelle pour ses pauvres chaque fois que la princesse ajoutait quelque chose à sa nourriture insuffisante. Quand la jeune fille avait des misères nombreuses et pressantes à secourir, il arrivait qu'elle cédait. Mais le plus souvent elle répondait doucement à sa mère qu'elle ne craignait point pour les pauvres et qu'elle était bien assurée que la reine trouverait quelque prétexte pour leur faire cette aumône, sans que sa fille cessât son jeûne.

C'était encore l'unique moyen que Blanche employait pour obtenir que l'austère princesse rompît quelquefois le silence presque perpétuel qu'elle observait. Les auteurs du temps fixent à 40 sous (40 francs de notre monnaie) l'aumône que faisait la reine Blanche pour faire sortir de la bouche de sa fille les rares paroles que celle-ci lui vendait au profit des pauvres.

Louis et Isabelle s'excitaient avec une noble émulation à servir Dieu. Après son mariage, le jeune roi diminua encore ses dépenses en chiens et en chevaux. Il s'interdit tout luxe dans ses vêtements et ses meubles ; il se retrancha complétement les jeux et les plaisirs qu'il s'était quelquefois permis ; il voulut que sa jeune épouse prît, dès le moment de son mariage, les habitudes de noble simplicité qu'il sut toujours si bien allier à la pompe et à la magnificence royales qu'il déployait quand il représentait la France.

C'est ainsi que saint Louis s'apprêtait à sa grande mission de roi. Les dernières années de sa minorité furent occupées par une nouvelle guerre contre la Bretagne, dans laquelle Mauclerc fut déclaré par un parlement réuni à Paris déchu du bail de sa terre, « à cause des forfaitures commises envers le seigneur-roi. »

Mauclerc vaincu connaissait la magnanimité de son royal vainqueur. Il vint se jeter à ses pieds la corde au cou. Louis, révolté par tant de crimes et de lâcheté, ne put retenir un mouvement d'indignation : « Mauvais traître, lui dit-il, encore que tu aies mérité mort infâme, je te pardonne cependant en considération de ta race ; mais la Bretagne ne sera rendue à ton fils qu'à vie seulement, et, après, les rois de France seront maîtres de cette terre qui n'est plus tienne. »

Cependant un nouveau traité fut passé entre la France et la Bretagne, par lequel le feudataire coupable rentra dans les divers fiefs que lui avait assurés la régente lorsqu'elle avait voulu une première fois l'attacher à son fils (1227). Mauclerc dut s'engager, dès que son fils aurait atteint sa majorité, à passer cinq ans en Orient pour guerroyer contre les infidèles.

Une nouvelle révolte des bourgeois de Reims contre leur évêque prit de telles proportions, que les barons français et le pape se trouvèrent un instant en lutte. Elle se termina, grâce à la sagesse du jeune roi, de manière à convaincre le Saint-Siége qu'aucun prince n'était plus disposé à faire respecter les droits de l'É-glise, et qu'il n'userait de son autorité que contre les membres de l'épiscopat qui invoqueraient à tort ce droit pour entreprendre contre les droits d'autrui et arrêter indûment l'exercice de la justice civile.

L'enquête ayant été favorable à Henri de Dreux, le roi fit raser les fortifications élevées par les habitants de Reims, et ordonna qu'on payât au prélat 10,000 livres pour le dédommager.

Le dernier acte de la régence de Blanche et de la minorité de Louis fut un acte de justice et d'humanité.

Des croisés, en traversant les États du roi de Navarre, avaient obligé par de mauvais traitements plusieurs Juifs à recevoir le baptême. La nation juive, qui portait le stigmate du déicide, était exécrée; cependant ces violences avaient été telles, que plusieurs de ces malheureux avaient été laissés pour morts. Louis IX demanda au saint-siége de blâmer d'une manière publique de semblables attentats. La réponse du pape fut celle qu'on pouvait attendre du vicaire de Jésus-Christ. Grégoire IX, qui occupait alors la chaire de saint Pierre, déclara que « personne au monde ne devait être contraint à recevoir le baptême. L'homme est tombé par

son propre arbitre ; il doit aussi, à l'aide de la grâce,
se relever par son même libre arbitre. » Paroles au-
gustes qui prouvent que, dans cette époque où la foi
était si vive, si ardente, on savait comprendre la liberté
humaine.

Le 25 avril 1236, Louis IX atteignit sa majorité, et
la France entière salua par ses acclamations le règne
nouveau qui lui promettait tant de bonheur et tant de
gloire.

CHAPITRE IV

Mariage du comte d'Artois; les fêtes de Compiègne; un tournoi. — Croisade du roi de Navarre. — Arbitrage de Louis IX entre l'empereur Frédéric et le pape. — Naissance de Blanche de France. — Mariage du comte de Poitiers. — La cour-pleinière de Saumur; tournois; réception de chevalerie; banquet; usage des repas au moyen âge.
Investiture du comte de Poitiers. — Guerre avec l'Angleterre; détails sur la manière de faire la guerre à cette époque; légende de Mélusine; bataille de Taillebourg; journée de Saintes. — Retour de saint Louis au Louvre.
Demande de la main d'Isabelle de France par l'empereur Frédéric pour son fils Conrad, roi des Romains; refus de la princesse; sa réponse au pape; détails sur les progrès d'Isabelle dans la piété; sa maladie; vie nouvelle. — Naissance d'un fils de France; maladie du roi à Pontoise; le vœu du roi.

L'un des premiers actes politiques de la majorité de saint Louis fut la négociation du mariage de son frère, le comte d'Artois, avec Mathilde, fille de Henri II le Magnifique, duc de Brabant et de basse Lorraine. La jeune fiancée apportait en dot les domaines que possédait son père dans le comté de Boulogne. Saint Louis continuait la politique de Philippe Auguste et celle de Blanche, l'agrandissement de la France par tous les

moyens que la justice permettait, et parmi les plus
ordinaires figuraient les alliances avec les héritiers des
grands vassaux. En jetant les yeux sur une carte du
règne de saint Louis, on s'étonne de voir le royaume
proprement dit borné au Vexin français. Il l'étendit
sans doute pendant son règne ; mais il en prépara surtout le futur développement par ces alliances qui, dans
un temps donné, devaient rattacher à la France des
provinces entières.

Blanche était restée le premier conseil de son fils, et
la politique ferme, franche et habile de la régence devint
celle du règne de saint Louis.

Le mariage du comte d'Artois devait se célébrer à
Compiègne. Ce jeune prince avait le caractère éminem-
ment français ; son cœur généreux, sa franchise et une
bravoure qui allait jusqu'à la témérité, et qu'il devait
payer de sa vie, faisaient oublier au roi lui-même sa
vivacité et ses emportements, malgré lesquels il était
universellement aimé.

Pour la première fois nous rencontrons au nombre des
fêtes de la cour un tournoi, le plaisir par excellence de
l'époque chevaleresque du moyen âge. Blanche avait
toujours éloigné ses fils de ce dangereux divertissement, dans lequel Louis VIII avait été blessé ; peut-être
aussi trouvait-elle que l'austérité de mœurs qu'elle
voulait maintenir dans sa royale famille s'accorderait
difficilement avec ce plaisir où la galanterie trouvait
sa part.

Cependant, n'épargnant rien de ce qui devait
rehausser la grandeur et le prestige de la royauté,

Louis IX décida qu'aux fêtes de Compiègne, où plus de deux mille barons étaient accourus, la lice serait ouverte aux jouteurs; il fallait, pensa-t-il, accorder quelque chose au goût chevaleresque et guerrier de son époque.

Il n'est pas de roman du moyen âge qui ne contienne une description exacte et minutieuse d'un tournoi; aussi, sans entrer dans des détails si connus, nous dirons seulement quelques mots sur l'origine de ce noble plaisir.

On fait remonter le premier tournoi à l'entrevue de Charles le Chauve et de son frère Louis Ier, roi d'Allemagne, à Strasbourg, en 842. L'une des ordonnances du champ clos voulait que tout chevalier combattant portât gravé sur son écu et peint sur sa bannière le signe qu'il lui plairait de choisir. C'est ainsi que les emblèmes les plus divers se multiplièrent et devinrent les *armes* de la noblesse, armes presque toujours parlantes, car le chevalier était inspiré par son nom, ses goûts, son caractère, et le plus souvent par les sentiments de son cœur.

Le tournoi auquel nous assistons à Compiègne fut remarquable par le luxe qui y fut déployé. Les cavaliers et leur noble monture étaient littéralement couverts de pierreries; les reines du tournoi elles-mêmes ne portaient pas plus de diamants et d'émeraudes que ces vaillants hommes de guerre n'en avaient sur leur cotte d'armes et sur les housses de soie et de velours de leurs destriers.

Les hérauts qui proclamaient les vainqueurs répétèrent plusieurs fois le cri de guerre des comtes d'Artois,

Monjoye au blanc espervier, car Robert de France, désireux de vaincre sous les yeux de sa jeune épouse, fit des prouesses de valeur. Les reines du tournoi n'étaient rien moins en effet que les deux reines Blanche et Marguerite, la jeune comtesse d'Artois, et notre douce Isabelle, qui savait si bien unir une piété chaque jour plus vive avec l'accomplissement de ses devoirs de princesse et de fille et de sœur de rois. Partout où Blanche se trouvait, sa noble fille l'accompagnait, se prêtant aux parures mondaines dont sa mère se plaisait à l'orner, mais gardant son cœur tout à Dieu au milieu des plus brillantes fêtes.

Après le combat, on vit vainqueurs et vaincus s'asseoir à la même table que présidaient les princesses, et où se trouvaient aussi grand nombre de châtelaines brillamment parées. Les femmes au moyen âge paraissaient rarement en public; elles restaient au fond de leur manoir, derrière les épaisses murailles des châteaux forts, et sans ces solennités, les mœurs guerrières de la noblesse n'auraient eu aucune occasion de s'adoucir.

Aux angles de la table immense « se tenaient ménestriers sur bœufs caparaçonnés de fine écarlate; à chaque service ils se levaient debout, sonnant du cor à force de poumons; et quand les convives se préparaient à quitter le festin, ils se trouvèrent merveilleusement surpris et ébahis de voir tout à coup une corde se tendre d'un mur à l'autre, puis un homme bien armé, monté sur un palefroi noblement harnaché, y exécuter diverses évolutions, y marchant comme sur droit chemin. »

Blanche et le roi, en rentrant au donjon de Vincennes où la cour faisait alors assez habituellement sa résidence, trouvèrent Thibaut de Champagne, « la croix sur l'épaule, l'escarcelle à la ceinture, le bourdon à la main, » dans le costume de pèlerin. C'est qu'en effet, devenu roi de Navarre, il s'était, grâce à cette légèreté de caractère qui ne devait jamais l'abandonner , laissé engager par Pierre Mauclerc dans une rébellion qui flattait son amour-propre et son indépendance de petit roi. Saint Louis avait bien voulu pardonner, mais à condition que le comte de Champagne passerait six ans en Terre sainte. En agissant ainsi, le roi voulait éloigner quelques-uns des grands vassaux les plus dangereux et les plus remuants. L'attrait d'une croisade à cette époque était en effet très-puissant, et celle que le roi imposa à Thibaut entraîna Pierre Mauclerc, le duc de Bourgogne, le duc de Bar, et plusieurs autres dont les continuelles conjurations ôtaient au gouvernement royal la tranquillité nécessaire pour établir des lois propres à assurer l'ordre et la paix dans l'intérieur du royaume.

Dès cette époque, et quoique encore d'une extrême jeunesse, nous voyons Louis IX choisi pour arbitre par les souverains étrangers. C'est ainsi qu'il sut rester l'ami et le conseiller du pape Grégoire IX et de l'empereur Frédéric II, que chacun voulut l'avoir pour allié dans leurs longues querelles également funestes à l'Église et à l'empire.

Longtemps le ciel sembla refuser à saint Louis cette bénédiction des enfants doublement précieuse aux familles royales, lorsqu'enfin une fille naquit à Marguerite.

Saint Louis voulut qu'elle portât le nom de Blanche. La famille royale s'était aussi augmentée par le mariage d'Alphonse de France avec Jeanne de Toulouse, qui lui avait été fiancée dès l'enfance, pendant la guerre des Albigeois. Alphonse atteignait sa vingt et unième année; c'était l'âge où les princes devaient être armés chevaliers. Le roi saisit cette circonstance pour réunir une cour *plénière ;* il choisit pour cette cérémonie la ville de Saumur, et il envoya sur tous les points de la France et même dans les pays étrangers des messagers royaux chargés d'annoncer partout cette réunion générale de la chevalerie. Cet appel avait surtout pour objet d'amener du fond des provinces une foule de gentilshommes, et de mettre en quelque sorte la France entière en rapport direct avec son souverain.

Les pompes et le luxe des fêtes de Saumur dépassèrent encore les splendeurs des fêtes de Compiègne. On y oublia complétement les ordonnances de Philippe Auguste, qui réprimaient sévèrement le luxe toujours croissant des équipages et des vêtements.

Les jeunes et beaux chevaliers s'y montrèrent dans les costumes alors à la mode, habits d'or, d'argent, d'écarlate ornés des plus belles fourrures, quoiqu'on fût en plein été. Les modes de cette époque présentaient une curieuse variété.

Il y avait la longue robe orientale de soie ou de pourpre sarrasine, à larges manches fendues, par-dessus laquelle on portait un surcot de velours; puis le mantel élégant ou la tunique fourrée d'hermine. Les plus jeunes et les plus brillants parmi les grands seigneurs se montraient revêtus d'un costume vraiment efféminé, c'était la robe de *cendal*, étoffe de soie brochée d'or ou d'argent, dont la queue traînante était soutenue par des pages ou des *varlets*, jeunes gens appartenant à la noblesse et souvent à des familles de haute extraction ; leurs costumes coquets de satin de toutes couleurs, leurs cheveux bouclés, leurs toques à plumes, leur donnaient cette élégance que le nom de page rappelle encore. Cependant quelques chevaliers gardaient une plus mâle tenue, portant les cheveux un peu plus bas que l'oreille, lissés ou bouclés, et la barbe rase.

C'était encore l'époque de ces singulières chaussures, dites à la Poulaine, que Foulques le Réchin, comte d'Anjou, avait inventées, pour dissimuler la difformité de ses pieds. On les avait exagérées ; leur pointe retroussée était démesurée et garnie de pointes de fer dorées, droites ou recourbées, fort gênantes, mais servant quelquefois d'éperons aux cavaliers.

La ville de Saumur était merveilleusement choisie pour être le théâtre des splendeurs de cette cour plénière. Elle se déploie gracieusement sur les bords de la Loire, ce qui lui a fait donner le surnom de *bien assise ;* ses riantes prairies se couvrirent des nombreuses bannières peintes aux armes de toute cette fleur de chevalerie, et qui s'agitaient mollement au moindre souffle de l'air.

Le 24 juin 1241, la cour ouvrit la série des fêtes par un tournoi qui devait laisser dans l'ombre celui de Compiègne.

« On vit apparaître les damoisels avec la cotte d'armes flexible, le heaume doré, plat par le haut, incrusté de pierreries et tenant au haubert par des lacets. Montés sur hauts destriers au large poitrail, au riche caparaçon, bordé de sonnettes et de grelots d'argent; s'apprêtant à s'entredonner de si rudes coups dont le paradis et l'enfer retentissent; » ils avaient en main les courts bâtons, « l'épée courtoise et gracieuse, » et caracolaient dextrement devant Blanche, Marguerite, Isabelle de France, sœur du roi, les comtesses d'Artois et de Poitiers, et les nobles châtelaines conviées à la fête; chacun d'eux, au fond du cœur, espérait faire briller « le corps des dames à leurs yeux [1]. » Le trône royal qui dominait l'estrade des princesses était entouré de tout ce que la noblesse et le haut clergé avait de plus illustre.

Mais la grande solennité était la réception à la chevalerie du comte de Poitiers et d'un certain nombre de gentilshommes admis au même honneur; fût-il prince du sang, roi même, le nouveau chevalier devait faire ce qu'on appelait la veillée des armes avec la robe unie de l'écuyer; « on le revêtait ensuite de la chemise brodée d'or au col et aux poignets et par-dessus, de la jaque de maille ou haubert; puis du pourpoint de buffle de la cotte hardie, enfin du mantel [2]. »

Ainsi fit le comte de Poitiers; « puis au milieu des fanfares, des cris joyeux, des hennissements des destriers, le roi ceignant l'épée aux néophytes, les pro-

[1] Villeneuve.
[2] *Id.*

clama chevaliers « de par Dieu, Nostre-Dame, et mon-
« seigneur saint Denis. »

La cour plénière se termina par un immense banquet. C'est le sire de Joinville qui va le décrire.
C'était la première fois que le futur sénéchal, qui devait devenir le fidèle ami du roi de France, paraissait
à la cour; il n'avait alors que dix-sept ans et accompagnait son seigneur et roi Thibaut; il dut passer bien
inaperçu au milieu de tant de chevaliers et des personnages puissants, aussi ne le retrouverons-nous que quatre ans après, au moment de la croisade.

« Le roi, dit-il, tint une grande cour à Saumur en
Anjou; et je fus là, et je vous témoigne que ce fut
la mieux ordonnée que j'aie jamais vue, car à la table
du roi mangeait auprès de lui le comte de Poitiers,
qu'il avait fait nouveau chevalier à la Saint-Jean; et
après le comte de Poitiers mangeait le comte Jean de
Dreux, qu'il avait fait aussi nouveau chevalier; après
le comte de Dreux, mangeait le comte de la Marche;
après le comte de la Marche, le bon comte Pierre de
Bretagne, et devant la salle du roi, vis-à-vis le comte
de Dreux, mangeait monseigneur le roi de Navarre en
cotte et en manteau de satin, bien paré d'une courroie, d'une agrafe et d'un chapeau d'or, et je tran-
chais devant lui. Devant lui, servait à manger le comte
d'Artois, son frère; devant le roi, tranchait du couteau
le bon comte Jean de Soissons. Pour garder la table, il
y avait monseigneur Imbert de Beaujeu, qui, depuis,
fut connétable de France, et monseigneur Enguerrand
de Coucy, et monseigneur Archambaud de Bourbon.

Derrière ces trois barons, il y avait bien trente de leurs chevaliers en cottes de drap de soie pour les garder; et derrière ces chevaliers, il y avait une grande quantité de sergents, vêtus aux armes du comte de Poitiers appliquées sur taffetas. Le roi avait vêtu une cotte de satin bleu, et un surcot et un manteau de satin vermeil fourré d'hermines, et sur la tête un chapeau de coton qui lui seyait mal, parce qu'il était alors jeune homme. Le roi donna cette fête, dans les halles de Saumur, et on dirait que le grand roi Henri d'Angleterre les avait faites pour donner ses grandes fêtes. Ces halles sont faites à la guise des cloîtres des moines blancs[1]; mais je crois qu'à beaucoup près il n'en est aucun de si grand, je vous dirai pourquoi cela me semble; car à la paroi du cloître où mangeait le roi, qui était environné de chevaliers et de sergents, qui tenaient grand espace, mangeaient à une table vingt évêques ou archevêques; et encore après les évêques et les archevêques, mangeait à côté de cette table la reine Blanche, sa mère, au bout du cloître, du côté où le roi ne mangeait pas. Et pour servir la reine, il y avait le comte de Boulogne, qui fut depuis roi de Portugal, et le bon comte de Saint-Paul, et un Allemand, de l'âge de dix-huit ans, que l'on disait fils de sainte Élisabeth de Thuringe; à cause de quoi l'on disait que la reine Blanche le baisait au front par dévotion, parce qu'elle pensait que sa mère l'y avait maintes fois baisé. »

On peut juger par ce récit de la magnificence de ce

---

[1] Moines de l'Ordre de Citeaux.

banquet, car Joinville ajoute que : dans les autres ailes et dans le préau du milieu mangeait une si grande *foison de chevaliers*, qu'il n'en saurait dire le nombre.

Sans oublier la royale compagnie dans laquelle nous nous trouvons, rappelons les usages curieux, les habitudes luxueuses de la table au moyen âge.

Lorsqu'un grand repas devait être donné, les convives n'y étaient pas appelés au son d'une cloche, mais par le son beaucoup plus noble du cor dont un *varlet* donnait à trois intervalles. Dès que les convives étaient réunis, de jeunes pages portant des vases d'argent leur offraient *à laver*; et je ferai remarquer ici que la politesse des mœurs et la recherche exquise de la propreté, qui fait partie de la civilisation, ont plutôt perdu que gagné de nos jours. Les convives trempaient le bout de leurs doigts dans l'aiguière dont l'eau était parfumée et les faisaient sécher en les agitant en l'air; cependant quelquefois d'autres pages présentaient pour les essuyer des serviettes brodées, mais en général ce dernier usage était laissé à la bourgeoisie.

Sur la table on ne voyait pas de nappe, mais un tapis de fleurs et de mousse; on recouvrait aussi de fleurs certains mets dont l'aspect ne souriait pas à l'œil, tels que les hures de sangliers. Ce n'était pas sur des assiettes dont le nom vient de ce qu'elles désignaient la place où les convives devaient s'asseoir, mais sur de grandes tranches de pains que l'on appelait pains *tailloirs*, que les viandes succulentes étaient posées, on y *taillait* en effet sa viande et ce pain qui s'imprégnait des jus épicés, car les épices, fort chères alors, étaient prodiguées dans les repas luxueux, devenait lui-même un mets excellent. Il restait toujours un certain nombre de *tailloirs* à la suite des banquets royaux, et le grand panetier de la couronne en faisait faire des distributions aux grandes fêtes, particulièrement au sacre des Rois. Un écrivain du moyen âge assure qu'à l'une de ces solennités il en fut distribué douze cents douzaines. A l'époque de saint Louis, on ne voyait à la place de chaque convive que des cuillers et des couteaux, la fourchette ne fut inventée que sous Charles V, un siècle plus tard. Le luxe de l'argenterie n'était pas non plus appliqué au service de la table; puisque l'on regarde comme une grande magnificence qu'au repas de leurs noces saint Louis et Marguerite eussent un gobelet et une cuillère d'or.

La variété des plats et leur recherche sont dignes des époques les plus avancées dans les raffinements de la vie matérielle.

Un historien du moyen âge compte huit espèces de potages servis au même repas, afin que chacun pût choisir, selon son goût; ces soupes, variées de couleurs, étaient parfumé s d'eau de rose, saupoudrées de safran, semées de grains de grenade. Ensuite venait une variété de gibier remarquable, gelinottes des Ardennes, merles blancs de Savoie, pluviers de la Beauce, sur lesquels on répandait du jus d'orange, de l'eau de rose et que l'on saupoudrait de poudre d'iris.

Mais le plat d'honneur était le paon, revêtu de outes ses plumes et si estimé que l'on disait : « Les fripons ont autant de goût pour le mensonge qu'en ont les gourmands pour la chair du paon. »

Ce superbe oiseau n'était cependant pas alors rare comme aujourd'hui, on l'élevait par troupeau dans les campagnes, et si les yeux étaient ravis d'apercevoir, par centaines, ces belles queues déployées et brillantes au soleil, les oreilles étaient moins bien partagées, car l'on peut juger du bruit que devait faire un troupeau de paons !

Au moyen âge, le paon était la nourriture des plus pauvres, car alors un paon coûtait 1 sou, ce qui répond à 1 franc de notre monnaie. Comment donc était-ce le plat d'honneur des tables royales, au point que la femme la plus considérée assise à la table le recevait des mains de l'écuyer pour le porter elle-même devant le convive le plus noble, le plus vertueux, ou dont la valeur était renommée, devant le roi lui-même, lorsque c'était à la table royale? C'était tout simplement un hommage rendu à l'art difficile de présenter le paon dans toute la beauté de son superbe plumage. Le cuisinier qui savait l'apprêter et le servir comme il faut était un personnage honorable, qui avait son escabelle à la meilleure place de la cuisine et une baguette blanche plus haute que celle dont se servaient les écuyers ordinaires. Le plus difficile était de conserver au paon ses plumes et son aigrette dans tout l'éclat de leur vif émail. Pour y réussir, au lieu de le plumer, on l'écorchait adroitement, puis on enveloppait sa tête d'un linge qu'on arrosait sans cesse d'eau glacée, tandis qu'il tournait à la broche, afin que cette aigrette légère ne laissât pas même soupçonner la présence du feu. Quand l'oiseau était cuit à point, on le recouvrait de sa peau, à laquelle il ne manquait pas une de ses plumes d'émeraude et d'azur ; on déployait sa queue en éventail ; son front dépouillé des bandelettes humides faisait de nouveau briller son mobile diadème...

Parmi les mets les plus recherchés, il faut mentionner encore des fritures de bois de cerf jeune et tendre, des cochons de lait rôtis, farcis de viandes hachées, d'herbes aromatiques, de raisins secs et de pruneaux ; des pâtés ayant la forme de plantes ou d'animaux ; celle de petits chiens était particulièrement choisie. Les pâtisseries avaient également des formes variées. Les vins d'Orléans et de Bordeaux étaient connus ; au dessert on servait des vins *herbés* assaisonnés de myrte ou d'aloès et des vins épicés. Les dragées, les pâtes de coing, les oublies que nous appelons *plaisirs*, et qui portaient encore à cette époque le nom de *supplications*, parce que les solliciteurs les offraient quelquefois à leurs protecteurs ; enfin une quantité de sucreries couvraient les tables au dessert.

Alphonse de France avait porté jusqu'à sa majorité le titre de comte de Poitiers, sans avoir reçu l'investiture de ce comté important. A la suite de la cour plénière de Saumur, le roi voulut conduire lui-même son frère en Poitou. Cette investiture devait amener la guerre entre la France et l'Angleterre. En effet, Hugues de Lusignan avait épousé la mère de Henri III, qui prétendait aux anciens droits anglais sur le Poitou.

Hugues trouva un puissant allié dans le comte de Toulouse, père de la jeune comtesse de Poitiers, mais qui n'oubliait pas les humiliations subies par lui sous la régence de Blanche, pendant la guerre contre les Albigeois ; et Henri III, désireux d'abaisser la France et certain de trouver de puissants auxiliaires sur le continent, provoqua lui-même la rupture par une violation du droit des gens. Dans ces graves circonstances, que nous ne faisons qu'esquisser, saint Louis convoqua un parlement à Chinon, ainsi que le ban général de la noblesse.

Le plan de campagne, arrêté en plein parlement, ne tarda pas à être mis à exécution. « La levée des troupes s'exécutait alors d'une manière aussi simple que facile. Aussitôt que, d'après l'avis du connétable, le « mandement de la chevauchée » était transmis aux baronnets , ceux-ci en faisaient part à leur tour aux arrière-vassaux, et, en peu de jours, les routes se couvraient de cavaliers, de fantassins, d'archers, d'arbalétriers et de sergents d'armes. « L'ost » (l'armée), dont la hiérarchie était reconnaissable au premier coup d'œil, défilait ordinairement devant le généralissime, qui la passait en revue ; à la tête se plaçaient les chevaliers à imposante et silencieuse gravité, selon le proverbe :

> Ung chevalier, ne doultez pas,
> Doilt férir hault, et parler bas.

« Il fesoist beau les voir aller ainsy armés et chevauchant de rang en rang, et y estoient tous les seigneurs, ou bien peu s'en falloist. »

Les châtelains rejoignirent bientôt « l'ost du roi » sur les rives de la Loire ; leurs troupes marchaient en bon ordre sous les étendards armoriés, triangulaires ou carrés, qui désignaient le banneret, gentilhomme de nom et d'armes. Les villes, les bourgs, les communes, avaient des gonfalons particuliers. Celui du royaume était blanc, car, dit Villardouin, « de tout temps ceste nostre couleur blanche fut insigne et parangon de liberté. » Mais quand ces divers corps se réunissaient sous la bannière royale, l'oriflamme, d'origine mystérieuse, ce talisman des Français, devenait le point de ralliement. Des houppes en soie verte entouraient sa lance dorée, et son gonfanon en satin vermeil, semé de flammes d'or, se terminait par trois longues queues ondoyantes. En temps de paix, l'antique étendard du Vexin reposait sur le tombeau de l'apôtre de la France, où les rois devaient aller le chercher en grand appareil.

Aussi, revenu de Chinon, Louis se rendit-il au Moustier royal. Lors, l'abbé prit la bannière, la bénit et récita cette oraison : « Incline, Seigneur, incline tes oreilles aux prières de nostre humilité, et par l'intercession du benoist Michel, ton archange, et de toutes les vertus célestiales, donne-nous l'ayde de ta dextre, afin que, comme tu as béni Abraham combattant contre les cinq rois, et le roi David, ainsi te plaise bénir et sanctifier ceste enseigne. »

Saisissant l'oriflamme : « Diex ! s'écria le monarque un genou en terre, par la grâce et prière de nostre glorieux patron, Monseigneur saint Denis, nous

6

devons avoir victoire de tous nos ennemis. » — Puis, embrassant un des chevaliers qui venait de recevoir « le pain des forts » à la table sainte, il lui remit l'étendard sacré, enveloppé d'un drap d'or [1].

Alors celui à qui l'oriflamme venait d'être confiée, et qui fut probablement Henri-Clément du Mez, devenu depuis maréchal de France, déploya la sainte bannière, qu'il fit baiser à chaque chevalier. Ce cérémonial imposant datait de Louis le Gros.

Le roi quitta Saint-Denis, accompagné du connétable Humbert de Beaujeu. La charge de connétable était la plus importante du royaume ; le roi lui-même ne pouvait prendre aucune décision, au point de vue de la guerre, sans le conseil de son connétable, qui commandait non-seulement aux maréchaux, mais même aux princes du sang.

La France, au treizième siècle, se trouvait, comme la majeure partie de l'Europe, couverte d'immenses forêts coupées par des champs cultivés, des cités, des bourgs, des manoirs féodaux et des abbayes ou monastères transformés en forteresses. Élevés à perte de vue sur la cime des montagnes, même entre les encaissements des rochers, ou situés dans les plaines, au bord des fleuves, les donjons se reconnaissaient de loin à leur triple enceinte crénelée, à l'ancienne tour saxonne devenue, comme l'épée, l'apanage de la noblesse... La plupart des crêtes des montagnes étaient couronnées de ces « maîtresses tours de garde, » exhaussées

---

[1] Nous empruntons ces détails à M. le marquis de Villeneuve.

encore ordinairement au moyen d'une colline arti-
ficielle. Cette partie du manoir était la plus importante, la mieux fortifiée. Là se trouvaient les puits, les
citernes; là se conservaient les trésors, les chartes;
c'est là aussi que la garnison se retirait pour se défendre jusqu'à la dernière extrémité.

Chaque fois que l'armée se trouvait en face d'une
de ces forteresses, elle avait ordre, après avoir réduit
la garnison à merci, de raser le château fort.

C'est ainsi qu'elle arriva sous les murs de la forteresse de Berages toujours victorieuse; en quelques
heures elle amena la garnison à capituler, et la démolition du fort commença, « quand, disent les historiens
de l'époque, un cri douloureux retentit dans les airs,
traînant des sons plaintifs et suppliants. Les guerriers
ébahis s'arrêtent, tournant leurs regards vers le roi.
Louis devine leur pensée, se souvient de Mellusine, et
répond : « Amis, plus ne défaictes. »

La tour, à moitié démantelée, reste encore debout,
et rappelle la sagesse du roi, qui sans doute ne partageait pas la confiance superstitieuse du peuple dans
cette légende, mais qui comprit qu'il ne devait pas la
blesser.

On sait quelle était cette tradition, répandue dans
tous les domaines des Lusignan, qui assurait que
Mellusine, épouse de Raymond de Poitiers, mère de
huit enfants, dont chacun était un monstre, — l'aîné
avait un œil rouge et l'autre bleu, le second des oreilles
d'éléphant, le troisième une griffe de lion, et ainsi des
autres, — apparaissait à minuit, moitié femme, moitié

serpent, jetant des cris lamentables lorsque sa race était menacée de quelque malheur. C'étaient ces cris que croyaient avoir entendus les soldats au milieu de leur œuvre de démolition.

Au moment de se trouver en face de son beau-frère, — Henri d'Angleterre avait épousé Aliénor de Provence, — Louis IX tenta un de ces rapprochements vers lesquels le portait toujours le premier mouvement de son cœur loyal : « Il m'est pénible, disait-il aux chevaliers anglais, de voir le roi, mon bon cousin et mon beau-frère, se laisser ainsi endoctriner par les comtes de la Marche et de Toulouse ! Il ne peut l'ignorer pourtant : l'un est convaincu de trahison ; l'autre, noté d'hérésie... Pourquoi ne pas préférer mon amitié à leurs fausses promesses ? »

Pour éviter la rupture de la trêve conclue avec l'Angleterre, il avait manifesté l'intention de remplir l'engagement de Louis VII en abandonnant au roi d'Angleterre des fiefs conquis en Poitou et la Normandie. Cette paix offerte si magnanimement par un jeune roi victorieux, car rien n'avait été plus brillant que sa campagne militaire, qui devait si admirablement se couronner par la glorieuse journée de Taillebourg, ne fut point acceptée. Deux jours après cette ouverture on vit apparaître au camp du roi de France deux vieux chevaliers de l'ordre du Temple, apportant pour réponse la déclaration de guerre de Henri III.

C'est sous les murs de Taillebourg que les deux monarques devaient se rencontrer.

« Situé à deux lieues de Saintes et de Saint-Jean-d'Angely, Taillebourg s'élevait à l'extrémité d'un riant vallon, sur la rive droite de la Charente, rivière profonde et rapide en cet endroit. Un ancien château, témoin déjà de beaux faits d'armes, s'y élevait dès le dixième siècle; ..... démolie par Richard Cœur-de-Lion, la forteresse fut rebâtie et rendue plus formidable. On construisit en même temps, de l'autre côté de la Charente, la chaussée dite « de Saint-James, » qui traversait dans toute son étendue une vaste prairie. Le nouveau donjon se dessinait audacieusement sur la cime de rochers escarpés, et la ville entière l'entourait comme d'une ceinture de maisons.

Le sire de Ranson, humilié depuis longtemps de subir la domination anglaise, vint au-devant du roi de France. Suivi d'un nombreux cortége, il entra dans la tente du monarque. Là, fléchissant le genou, mettant ses mains jointes en celles du prince : « Sire, dit-il, recevez mon hommage pour ma seigneurie, et le secours de ma lance, comme votre homme lige. »

Louis entra dans le manoir dont les portes lui étaient ouvertes, y arbora sa bannière, tandis qu'Henri d'Angleterre établit son camp dans la prairie, à l'occident de Taillebourg, séparé de la ville par la Charente.

Le 21 juillet les deux armées, chacune campée sur une des rives du fleuve, se trouvèrent en face l'une de l'autre. L'armé française s'était tellement grossie dans sa marche que le camp pouvait être comparé à une immense et populeuse cité.

Bientôt le comte de Poitiers, à la tête de l'avant-garde, se précipite sur le pont qui réunissait la ville à la chaussée de Saint-James ; mais il trouve un obstacle insurmontable dans la masse inébranlable des Anglais. L'avant-garde est repoussé trois fois et le trouble semble se mettre dans l'armée française ; mais ce mouvement n'a pas échappé à Louis. Prompt comme l'éclair, il accourt, l'épée nue d'une main, la pertuisane de l'autre ; suivi seulement de huit de ses bons chevaliers, il atteint l'avant-garde, la rallie et la ramenant à la charge, parvient avec elle sur la chaussée Saint-James, au moment où les deux camps s'ébranlaient à la fois ! » Cette vaillance du roi de France décida, on le sait, du sort de cette brillante journée où 4,000 Anglais mirent bas les armes, et le reste se retira en déroute ; à midi, l'oriflamme flottait dans le camp des vaincus (1242).

A la suite de cette bataille, Henri d'Angleterre, en costume de pèlerin, se dirige à pieds vers Taillebourg et marche droit à la tente de Louis. Robert de France, qui le connaissait, l'amène lui-même au roi : « Sire, lui dit le prince anglais, je vous demande une suspension d'armes de vingt-quatre heures. — J'y consens volontiers, » répond le roi touché de la démarche chevaleresque du noble vaincu.

La journée de Saintes, où le roi d'Angleterre et Lusignan s'étaient renfermés pour livrer une nouvelle bataille après la courte trève qu'ils avaient obtenue, assura les résultats de la victoire de Taillebourg. Se contentant de ce double triomphe, d'un nombre considérable de prisonniers, trophée de sa victoire, Louis ne voulut point attaquer la forteresse elle-même où s'étaient réfugiés Henri et Hugues ; il se contenta d'établir son camp sous les murs de la ville. Le soir même, 23 juillet, le fils aîné de Lusignan vint se jeter aux genoux du roi de France et implorer la grâce de son père. Louis accepta, moyennant un traité, la soumission du comte de la Marche, et lorsque Henri III apprit à la fois cette soumission et l'intention du roi de France d'investir la ville, il y fit mettre le feu et s'enfuit à cheval, avec quelques fidèles serviteurs, jusqu'à Bordeaux. L'armée entière le suivit.

Le lendemain, mercredi 29 juillet 1242, les échevins de la ville de Saintes, le clergé, les bourgeois, se rendirent au camp français, et, déposant entre les mains du roi les clefs de la ville, lui prêtèrent le serment de féauté. Peu d'heures après, le monarque entrait avec eux dans la place, occupait tous les postes évacués par les Anglais, et plaçait une bonne garnison dans la capitale ; ensuite, à la tête de quelques troupes, il alla soumettre les châteaux environnants. Les deux derniers jours de juillet suffirent à cette expédition.

Cette guerre donna lieu à des épisodes où la grandeur d'âme et la loyauté du roi trouvèrent occasion de se montrer. Nous n'en citerons qu'un seul. Parmi les vassaux déliés de leur serment par Henri III se trouvait le sire de Mirambeau ; il vint prêter serment au roi de France, le cœur serré, les yeux humides, et déclarant avec une loyale naïveté à son nouveau maître que, si son seigneur et maître le roi d'Angleterre lui eût ordonné de défendre son manoir *au péril de sa vie sans espoir d'être secouru*, il l'eût fait. Louis IX fut touché de cette fidélité chevaleresque, et, y répondant avec sa noble simplicité : « Je vous laisse, lui dit-il, le commandement de votre forteresse, j'en serais moins assuré si je la confiais à un autre. »

Ce traité, conclu avec le comte de la Marche, donnait à la France l'Aunis, Saintes, Pont-l'Abbé, Montreuil, Frontenay, etc., les châteaux de Pons et Taillebourg, et plusieurs autres places du Poitou et de la Saintonge.

Le jeune roi, il n'avait que vingt-sept ans, venait dans cette guerre de montrer toutes les vertus d'un saint, la modération, l'humanité ; celle d'un grand politique, ayant su s'arrêter quand la victoire lui était encore fidèle ; le caractère royal le plus élevé par sa magnanimité unie à une bravoure française peu commune, il rentrait en véritable vainqueur au Louvre, où l'attendait sa mère, si fière des vertus et de la gloire de ce fils également béni de son peuple et des populations nouvelles qu'il venait de soumettre à son autorité.

Nous retrouvons au Louvre, avec les deux reines, Isabelle partageant la joie de la famille royale, comme elle avait partagé ses inquiétudes.

Cette jeune princesse était arrivée à l'âge où les charmes et les grâces de la jeunesse sont dans leur épanouissement. Ce beau lis de la maison de France réjouissait les yeux par son éclat et les cœurs par son parfum ; aussi, aux fêtes de Saumur, son angélique beauté avait-elle vivement frappé les seigneurs réunis, et parmi les étrangers accourus de tous côtés, plusieurs avaient parlé avec enthousiasme à l'empereur d'Allemagne de la sœur de saint Louis. Frédéric, à cette époque, désirait resserrer son alliance avec la France, et cherchait une épouse digne de son fils Conrad, roi des Romains ; dès qu'il apprit le retour de saint Louis au Louvre, il envoya un ambassadeur pour demander la main d'Isabelle de France. Saint Louis et Blanche, comprenant l'importance politique d'une semblable alliance, désiraient qu'elle s'accomplît. Isabelle, si soumise à sa mère, si empressée à plaire au roi, fit cependant une réponse contraire à leurs vœux ; et, lorsque le pape lui-même intervint pour la décider à porter sur le trône impérial ces vertus qu'on admirait en France, Isabelle alors, laissant échapper le secret de sa résistance, répondit par ces mots : « Une épouse de Jésus-Christ est plus qu'une impératrice. »

Cette réponse dut rappeler à Frédéric qu'une première fois déjà sa volonté impériale avait dû céder devant l'humble volonté des servantes de Dieu.

En effet, lorsque la jeune reine de Hongrie, veuve à vingt ans, était repoussée cruellement de son royaume de Thuringe, l'empereur lui avait offert de partager sa couronne, et Élisabeth avait répondu ces touchantes et profondes paroles : « Sire, j'ai eu pour seigneur un mari qui m'a tendrement aimée ; j'ai eu part à ses honneurs, à sa puissance ; j'ai eu beaucoup de bijoux, de richesses et de joie en ce monde… j'ai eu tout cela, mais j'ai toujours pensé ce que vous-même savez bien, que la joie du monde ne vaut rien. C'est pourquoi je veux quitter le siècle et payer à Dieu ce que je lui dois c'est-à-dire *les dettes de mon âme.* » Quatre ans après, *ces dettes d'une âme* angélique étaient apparemment payées par une vie admirable de pauvreté, de charité et de prière, car Dieu rappelait à lui celle qui avait été reine un instant sur la terre. Peu d'années après, l'Église lui décernait un trône dans le ciel, et le bouillant empereur assistait, pieds nus, vêtu d'une robe de pénitent, à cette cérémonie de la canonisation de la femme qu'il avait aimée, sans que toute sa grandeur et sa puissance eussent décidé cette femme à partager sa couronne. Quand il vit exhumer ce corps saint, mais défiguré par la mort, il prit son diadème impérial, et, le plaçant sur la tête de la morte, il s'écria : « Puisque je n'ai pu la couronner vivante comme impératrice, je veux du moins la couronner aujourd'hui comme reine immortelle dans le royaume de Dieu. »

Blanche et Louis respectèrent la volonté d'Isabelle, qui leur parut être la volonté de Dieu, car, en ce siècle de foi et de sainteté, tous pensaient ce qu'avait dit la jeune princesse, foulant aux pieds ses grandeurs, oubliant qu'elle était née sur les marches du trône, repoussant sans regret la première couronne du monde : « Une épouse de Jésus-Christ est plus qu'une impératrice. »

La piété d'Isabelle, si naturelle dans une cour aussi édifiante, avait grandi dans le silence. Ses austérités, qui dès son enfance effrayaient quelquefois sa mère, avaient pris de telles proportions, que celle de ses dames que la princesse, craignant de se ménager elle-même, chargeait de frapper ses épaules, non pas avec une discipline ordinaire, mais avec des chardons, disait que les flagellations de la princesse n'étaient pas comme celles des autres femmes de la cour, mais qu'elles allaient jusqu'au sang. A cette époque, on ne pensait pas que les religieux, c'est-à-dire ceux qui sont exposés à moins de tentations et qui commettent moins de fautes, fussent seuls soumis à ces pénitences corporelles que l'Église regarde comme utiles pour soutenir la vertu intérieure et unir nos souffrances à celles de Jésus-Christ. Les souffrances de la passion étaient l'objet ordinaire des méditations de la princesse, et souvent elle passait des nuits entières au pied de son crucifix. Mais Dieu, qui l'appelait plus haut encore, lui envoya l'épreuve d'où elle devait sortir renouvelée et prête à marcher dans cette voie de la sainteté, qui n'est autre que celle des souffrances et des renoncements. Une maladie violente, déterminée peut-être par tant d'austérités, l'avait subitement frappée pendant l'absence du roi et de sa mère ; la jeune reine Marguerite se trouvait seule avec elle en ce moment au château de Saint-Germain, et, quoiqu'elle la soignât avec une vive tendresse, lorsque Blanche, prévenue, arriva, la jeune princesse ne donnait plus aucun espoir. La reine-mère, désolée, faisait prier de tous côtés, et particulièrement à Nanterre, en réclamant l'intercession de sainte Geneviève, la protectrice de la France. Au milieu de ses inquiétudes et de sa douleur, il lui vint une parole consolatrice. Un pieux ermite, qui passait sa vie dans la prière, un reclus sans doute, un de ces êtres enfin qui semblent n'être plus qu'une apparence ici-bas, et à qui

Dieu, en récompense, accorde quelquefois de ces révélations et de ces lumières qu'il a promises aux simples; ce saint personnage, qui avait jeté sa robe de bure comme un linceul sur son passé, fit dire à la reine que cette cruelle maladie n'était qu'une épreuve. La jeune princesse, ajoutait-il, en sortirait rayonnante d'une santé nouvelle, mais complétement dégoûtée du monde; Dieu ne la ramenait des portes de la mort que pour la faire parvenir à un degré nouveau de perfection.

C'est à cette maladie qu'il faut faire remonter la résolution irrévocable qu'Isabelle avait prise, et qu'elle ne révéla qu'en répondant à la demande de l'empereur. C'était là le nouveau degré de perfection dont avait parlé le solitaire. D'une piété angélique, Isabelle passait à la sainteté; sa vie, jusqu'alors entourée d'affection, de douceur, de pures joies, s'était tournée vers le ciel, comme la fleur, naturellement et sans effort, exhalant un doux parfum en prière, en amour. Maintenant Dieu voulait des actes plus sérieux; il savait dans sa providence par quelles épreuves, quels malheurs la princesse devait passer; il voulait lui donner cette force d'en haut, cette grâce qui fait les saints, c'est-à-dire les âmes qui, comme l'or, sortent du creuset purifiées et non anéanties par le feu de l'amour divin et des souffrances terrestres. Une fois sa résolution connue, Isabelle quitta ses vêtements princiers, ce qui ne l'empêcha pas de rester auprès de Blanche; car, comme plus tard une autre sainte femme de sa race, Madame Louise de France, devait le faire, elle comprenait que, tant que sa mère vivrait, Dieu voulait qu'elle fût sa com-

pagne, son doux soutien. Mais elle sut se faire une retraite au milieu de la cour, ne vivant plus que d'oraisons, de bonnes œuvres, en véritable épouse de Jésus-
Christ.

L'œuvre de Dieu n'était pas complète. Isabelle avait
été transformée : il fallait que le jeune roi le fût aussi,
et Dieu se servit du même moyen pour accomplir cette
nouvelle transformation.

Isabelle avait été frappée dans l'éclat de sa jeunesse
et de sa beauté, alors que peut-être elle eût cédé aux
instances de sa mère et de son frère qui voulaient lui
faire accepter un trône, tandis que Dieu voulait
qu'elle n'en occupât que dans le ciel. Le roi devait
recevoir l'appel de Dieu au moment où, vainqueur des
Anglais à Taillebourg, maître de ses vassaux les plus
remuants, régnant par la justice, en paix à l'intérieur, il ne voyait que des alliés au dehors, et lorsque,
après dix ans d'attente, la naissance d'un jeune prince
(14 février 1244) comblait de bonheur et d'espoir la
royale famille et la France entière. En effet, il se reposait à Pontoise dans la vie simple qu'il aimait, des
fatigues de l'expédition de Guyenne, qui avaient été
extrêmes, car le roi ne s'épargnait pas plus que le
moindre soldat; et, malgré les nuits passées sur la
dure, les longues courses à cheval à l'ardeur du soleil,
il ne suspendait jamais ses exercices religieux, ses absti-
nences, ses pénitences corporelles. Son accablement re-
doubla quand des nouvelles désastreuses arrivèrent des
Lieux saints. C'était la perte de la bataille de Gaza, où
périrent par centaines des chevaliers du Temple, des

Hospitaliers, l'archevêque de Tyr, tous les chevaliers de Saint-Lazare et un grand nombre de l'Ordre teutonique. Le coup fut si sensible qu'au bout de quelques jours, le 18 décembre 1244, le jeune roi était aux portes du tombeau. Résigné à mourir, Louis avait reçu les derniers secours religieux et ne quittait plus le crucifix des yeux ; son lit était entouré de la famille royale désolée, de ses serviteurs en larmes : la France entière était comme atterrée. Jour et nuit les prières du peuple s'élevaient dans les églises. Sur la demande de Blanche de Castille, l'évêque de Paris envoya à Pontoise celles des saintes reliques que possédait déjà la France, la couronne d'épines et un fragment de la vraie croix ; le prélat les plaça lui-même sur le lit du royal mourant. Rien ne semblait devoir fléchir le ciel, et la nouvelle de la mort de Louis IX se répandait déjà ; Blanche et Marguerite, entraînées loin de cette chambre désolée, avaient laissé Isabelle priant auprès de son frère, lorsque tout à coup le prince ouvre les yeux et, d'une voix faible encore, mais assurée, prononce ces mots : « La lumière de l'Orient s'est répandue sur moi du haut du ciel ; la grâce du Seigneur me rappelle d'entre les morts ! Biau sire Dieu, soyez béni, et recevez le serment que je fais de me croiser ! » Les princesses accourent avec joie à l'annonce de ce miraculeux réveil ; mais, lorsqu'elles entendent le royal malade dire à Guillaume d'Auvergne, évêque de Paris : « Sire évêque, je vous conjure de m'octroyer la croix d'oultre-mer ! » elles se jetèrent aux pieds du roi, le suppliant d'attendre son entière guérison pour prendre une semblable résolution. « Sachez, dit-il avec une douce majesté, que je ne porterai boisson ni aliment à mes lèvres que je n'aie à l'épaule la croix d'oultre-mer. Or, sire évêque, je la requiers de nouveau. »

L'évêque obéit, forme une croix d'étoffe rouge et la présente au roi qui, la baisant, se la fait attacher sur l'épaule, criant d'une voix forte : « Sachez que de vray je suis guéri ! »

Comme sa sœur, Louis ne revenait à la vie que pour entrer dans la voie nouvelle où Dieu l'appelait, la voie de la sainteté.

SECONDE PARTIE

SECONDE PARTIE

CHAPITRE PREMIER

LA CROISADE.

Enthousiasme général pour la croisade. — Sermon du légat du Pape. — Saint Louis enrôle les courtisans le jour de Noël. — Usages et coutumes de la fête de Noël. — Politique du roi avant son départ. — Chants des croisades. — Voyage du roi dans les provinces. — « La quarantaine le roy. » — Départ des châtelains. — Cérémonie de Saint-Denis. — Séparation du roi et de sa mère près d'Avignon.

Nous avons laissé saint Louis se relevant subitement de son lit de douleur en s'écriant : « Dieu le veut ! » Ce cri du roi avait retenti dans tout le royaume, et l'enthousiasme fut d'abord général. Profitant de ce sentiment excité par le retour à la santé d'un prince si justement aimé, le légat du pape, Ceton de Château-

Raoul, monte dans la chaire de Notre-Dame, où se presse une foule immense, et raconte en ces termes les malheurs de l'Idumée :

« Qui pourrait voir sans être ému de compassion, s'écriait le prince de l'Église, sans être saisi de colère, les flots de sang dont les rues de la Cité sainte sont inondées ;

« Les vieillards gisant sans vie, les vierges livrées aux outrages, les fidèles égorgés, foulés aux pieds, sans sépulture, dévorés par les oiseaux carnassiers? Et pourtant l'Orient tressaille encore à notre souvenir ; il retentit des exploits de Louis VII, de Philippe Auguste, de leurs nobles compagnons d'armes.

« N'est-ce pas leur glaive que j'ai ceint? Ah! conservons-lui son antique éclat! Chevaliers, amis, que chacun fasse son devoir, accomplisse ses serments! Armez-vous tous à la voix, à l'exemple de votre souverain! Dieu le veut! Dieu nous appelle! continua-t-il en s'animant encore. Oui, Dieu nous appelle, courons combattre pour sa gloire, pour celle de la France! »

L'immense basilique ne retentit que d'un cri : « La croix, la croix! » que demandent debout les trois frères du roi.

Les poëtes et les troubadours célèbrent et chantent la prochaine croisade... Mais quelques jours ont suffi à refroidir ce zèle ardent ; le roi s'est absenté pour aller plaider à Cluny la cause de l'empereur d'Allemagne auprès du pape Innocent IV ; et pendant ce temps, noblesse et peuple, tous ont réfléchi au sort de la France abandonnée par ce roi, qui lui donne tant de paix et de bonheur, et c'est avec une grande froideur qu'à son retour Louis, parlant des préparatifs de la croisade, est écouté.

Cependant saint Louis, qu'aucune considération ne devait faire renoncer à l'exécution de son vœu, eut recours à un pieux stratagème pour enrôler de nombreux courtisans sous la sainte bannière de la Croix.

A cette époque de foi, les grandes fêtes étaient célébrées d'une manière solennelle, et celle de Noël, dont on approchait, était l'objet de coutumes générales à tout le royaume ; ainsi les seigneurs délivraient deux prisonniers, affranchissaient deux serfs la veille de Noël ; dans certaines processions, les musiciens, jouant du hautbois, se rendaient de maison en maison, depuis neuf heures du soir jusqu'à minuit, les quatre dimanches de l'Avent. Un naïf usage se renouvelait chaque année dans les antiques castels ; près de chaque château se trouvait le parc des *coulpes forestières*, où l'on enfermait les bêtes prises en dommage dans l'étendue du domaine ; trois jours avant Noël, le prévôt se rendait à ce parc, et, après avoir fait le signe de la croix, en faisait sortir les bœufs et les ânes que leurs maîtres attendaient avec des larmes de joie, et auxquels ils avaient préparé une paille toute fraîche et abondante.

« La veille de Noël, dès que la dernière lueur du jour s'est fondue dans l'ombre, tous les habitants du pays ont grand soin d'éteindre leurs foyers, puis ils vont en foule allumer des brandons à la lampe qui brûle en l'honneur de la sainte Vierge dans l'église prochaine, et lorsque ces brandons sont bénits par le clergé en présence des juges et des seigneurs, ils les promènent par les champs : c'est ce qu'on appelle la *Fête des Flambards*. Les flambards portent le seul feu qui vive et qui brûle dans toute la banlieue; c'est le feu béni et régénéré qui jettera de jeunes étincelles sur l'âtre ranimé[1].

« Cependant le père de famille, accompagné de ses fils et de ses serviteurs, vont ensemble à l'endroit du logis où, l'année précédente, ils avaient mis en réserve les restes de la bûche de Noël. Ils rapportent solennellement ces tisons qui, dans leur temps, avaient jeté de si belles flammes à l'encontre des faces réjouies des convives. L'aïeul les pose dans ce foyer qu'ils ont connu, et tout le monde se mettant à genoux, en récitant le *Pater*, deux forts valets de ferme apportent lentement la bûche nouvelle qui prend date comme dans une dynastie. On dit la *bûche première*, la *bûche seconde*, la *vingtième*, la *trentième* ; ce qui signifie que le père de famille a déjà présidé une fois, deux fois, vingt fois ou trente fois, semblable solennité. La bûche nouvelle est toujours la plus grosse que le bûcheron puisse trouver dans la forêt... A l'instant on y met le feu, les petits enfants vont prier dans un coin de l'appartement, afin, leur dit-on, que la souche leur fasse des présents ; et, tandis qu'ils prient, on met à chaque bout de cette souche des paquets d'épices, des dragées et des fruits confits[2]. »

---

[1] Marchangy.

[2] Glossaire de la Monnoye et Mémoires de l'Académie celtique.

Alors tous assistaient à la messe de minuit, et au milieu des campagnes on voyait de longues files de paroissiens, armés de torches, qui éclairaient cette nuit divine presque toujours couverte de neige, et chantant de joyeux noëls. Le repas, appelé traditionnellement *réveillon*, terminait toutes ces fêtes.

A la cour, des usages tout particuliers étaient établis pour les grandes fêtes de l'année, et particulièrement pour celle de Noël, et c'est à ces usages que saint Louis demanda l'aide nécessaire pour entraîner les barons à sa suite.

Le jour de Noël 1246, saint Louis distribua aux gentilshommes qui se pressaient dans les galeries du Louvre, pour se rendre, à la suite du roi, à la messe de minuit, les *capes*, ou robes de riches étoffes fourrées et qui avaient pris le nom de *livrées*, de ce que le roi les *livrait* lui-même à ceux à qui il en faisait cadeau. Cette fois, aux nombreux chevaliers se joignirent tous les membres du parlement féodal que le roi avait retenus à Paris à dessein.

Jamais les *livrées* n'avaient été si riches ; le drap le plus fin, les plus belles fourrures avaient été employées; le roi les distribua plus particulièrement aux chevaliers regardés comme opposés à la croisade, et, selon l'usage, ils s'empressèrent de s'en revêtir pour accompagner le roi à la chapelle du Palais.

Les cérémonies religieuses avaient, sous le règne de saint Louis, un éclat qui était comme le reflet de la piété du roi ; même en sortant des galeries du Louvre, la cour fut éblouie par l'éclat des lampes et des flam-

beaux qui rayonnaient autour du saint autel. A cette
clarté, les chevaliers, qui s'étaient revêtus à la hâte de
leur nouvelle livrée, aperçoivent, brodée sur l'épaule de
chaque vêtement nouveau, une longue croix d'or et de
soie. A cette douce manière, employée par saint Louis
pour imprimer sa royale volonté, les chevaliers les plus
rebelles se rendent, et on les voit, à la sortie de la
messe, assurer de leur entier dévouement à la cause de
la Croisade « leur souverain qui, par ce beau coup de filet,
s'étoit montré bellement adroict pescheur d'hommes. »

Saint Louis avait à cœur de conclure, avant son départ, le mariage de son frère Charles d'Anjou avec la
plus jeune sœur de la reine, Béatrix de Provence. Cette
union était de la plus grande importance. Raymond-
Bérenger, en mourant, avait laissé son comté de Provence à cette jeune princesse, la seule des quatre sœurs
qui ne fût point encore mariée. Les aînées avaient
épousé des souverains. Ce petit royaume, qui contenait Marseille, la clef du commerce d'Orient, faisait l'envie de tous les souverains d'Europe; aussi
tous ceux qui n'étaient pas mariés se mirent-ils sur
les rangs pour obtenir la main de la jeune héritière.
Mais parmi les plus ardents était le fils de l'empereur, naguère refusé par Isabelle de France, et le roi
d'Aragon. La princesse se trouvait si bien bloquée par
les troupes de terre et de mer de ces deux souverains,
qu'il semblait impossible de l'enlever, malgré le désir
et les promesses que son tuteur Romée de Villeneuve,
baron de Vence et grand sénéchal gouverneur, avait
faites à saint Louis.

Cependant le noble baron, trompant habilement la surveillance des prétendants, conduisit sa royale pupille à Aix, où, le 19 janvier 1247, se conclut le mariage par procuration, après lequel il la remit, à Lyon, à ses oncles maternels, Thomas, comte de Flandre; l'archevêque Philippe, et Pierre, comte de Romond. Charles d'Anjou s'était également rendu à Lyon, et le 31 du même mois la bénédiction nuptiale leur fut donnée dans la primatiale de Saint-Jean, en présence du pape Innocent IV, qui, comme on le sait, avait trouvé asile dans cette ville, alors indépendante; les cardinaux et prélats romains, quelques barons français et provençaux remplissaient la basilique, et les princes d'Allemagne et d'Aragon n'osèrent s'élever contre la France, qui faisait ainsi acte de puissance supérieure. Le couple princier retourna en Provence, où il fut fêté trois mois de suite. Le roi attendit son frère à Melun pour l'armer chevalier au milieu des fêtes d'usage, dont nous avons donné la description dans de semblables occasions; près de leur oncle se tenaient recueillis les deux tout jeunes fils du roi, que leur père voulait faire chevaliers avant de partir pour la croisade.

Nous retrouverons, plus tard, Charles d'Anjou et Béatrix, dans des circonstances que l'histoire ne peut oublier : cependant, dès ce moment, rappelons-nous que ce beau couple avait les plus grandes qualités, mais en même temps d'extrêmes défauts; la fermeté, la dureté de caractère du prince s'unissaient à une pureté de mœurs merveilleuse. Béatrix, artiste et poëte, brillait de l'esprit méridional, auquel elle mêlait toutes les grâces de la femme ; mais, se voyant déçue dans son ambition de posséder une couronne comme ses sœurs, elle en éprouva une jalousie qui devait, plus tard, devenir une source de calamités.

Blanche de Castille, qui n'approuvait pas la croisade et qui espéra jusqu'au dernier moment en dissuader le roi, sut cependant se servir de cette circonstance exceptionelle pour rallier définitivement à la France Raymond VII. Ce prince, qui assistait aux fêtes données à Melun pour le mariage de Charles d'Anjou, se trouvait dans de grands embarras d'argent ; Blanche l'aida par des prêts importants, ce qui assura cette alliance à la cause de la croisade.

Parmi les autres puissants seigneurs réunis à Melun, se trouvait le comte de Béziers : c'était sans doute la première fois qu'il approchait du roi. La simplicité et la grandeur, la douce piété et la haute raison de saint Louis ; cette justice que rien ne faisait fléchir, cette droiture que rien ne faisait dévier, séduisirent le comte de Béziers. Ce prince n'avait pas d'héritiers. Il lui sembla que le pays qu'il aimait comme sien serait heureux sous un tel maître, de sorte qu'en demandant la croix, il fit *hommage-lige* à saint Louis de tous ses anciens fiefs ; et, après s'être départi ainsi de tout en faveur de la couronne de France, il scella cet acte important, et puis brisa son scel dont il n'avait plus besoin. Le Languedoc, si longtemps agité par les hérésies et les guerres avec la France, recevait par ces alliances sérieuses des gages de tranquillité.

Le roi, s'étant ainsi donné d'importants compagnons

pour sa lointaine expédition, crut le moment venu de réunir le parlement féodal, dans lequel la croisade fut décidée et le départ fixé à la Saint-Jean 1248 ; la réunion du parlement eut lieu à la mi-carême 1247, et le ban de convocation fut immédiatement publié.

A cet appel, la France s'émut tout entière : l'ardeur guerrière inhérente à cette nation chevaleresque, et la foi ardente et active du moyen âge, s'unissaient pour renouveler l'enthousiasme des premières croisades, dont les chants religieux se répétaient de toutes parts.

« Le bois de la croix est la bannière de notre chef, celle que suit notre armée !

« Nous allons à Tyr, le rendez-vous des braves. C'est là que doivent marcher ceux qui, sans nul fruit, font tant d'efforts pour acquérir le renom de chevalerie.

« Mais pour cette guerre il faut des combattants robustes, non des hommes amollis ; ceux qui soignent leurs corps à grands frais n'achètent pas Dieu par la prière.

« C'est assez du corps du Seigneur pour toute provision de voyage au soldat qui défend la croix. »

Si saint Louis, en prenant la croix, croyait céder à un devoir de chrétien, il n'oubliait pas pour cela ses grands devoirs de souverain, ses devoirs d'État, si nous osons parler ainsi, et au moment de confier son royaume à Blanche de Castille, dont l'admirable régence était un gage de ce nouvel interrègne, il voulut se rendre compte par lui-même des principaux besoins de son peuple, et, dans ce but, il parcourut les provinces du royaume, laissant partout d'abondantes aumônes, réparant les injustices et réprimant les abus ; il faut citer, au nombre des précieuses améliorations, « la Quarantaine le Roy. » Dans ce siècle, si près encore des siècles barbares, malgré la foi et la piété, quelques usages indignes du christianisme s'étaient conservés, et, entre autres, la sanglante justice qu'on se faisait à soi-même, autrement appelée les *duels judiciaires*, qui remplissaient de scènes sanglantes les manoirs et les campagnes. Le roi ordonna que « l'agresseur devait être livré à la justice ; mais que, si l'offensé ou les siens cherchaient à l'obtenir par violence, avant l'expiration du délai fixé, ils encourraient eux-mêmes la punition réservée aux traîtres. »

La France était dès lors couverte de pieux ermitages, d'admirables monastères, de splendides églises, qui attestaient la foi et la dévotion de chaque province. Saint Louis, — et la famille royale partageait ses goûts, — se plaisait à s'arrêter dans ces lieux sacrés, accompagné, dans son voyage, de Blanche, d'Isabelle, d'Alphonse, son frère. Saint Louis, visitant ses nouveaux domaines du Midi, voulut aller prier au célèbre pèlerinage de Roc-Amadour.

Ce rocher s'élève dans un site sévère, à l'extrémité de la « Vallée ténébreuse. » Le monastère, placé là comme un nid d'aigle, était entouré de huit portes crénelées, surmontées de tours ; un magnifique escalier, encaissé dans le roc, conduisait à une merveilleuse église : c'était un monastère de femmes, et l'on se demandait comment ces jeunes filles vivaient gaies, heureuses dans une semblable solitude ; elles reçurent la cour de France par des chants religieux, et la pieuse Isabelle, qui se sentait appelée, elle aussi, à cette grande abnégation, à cette grande séparation de tout ce qui est de la terre, prit un intérêt tout particulier à leur austère existence.

Roc-Amadour remonte, dit-on, à Zachée, qui, de même que plusieurs des saints du Nouveau Testament, avait cherché un refuge dans le midi de notre France, attendant, au milieu de ces rochers, que celui qui l'avait appelé une première fois pour habiter chez lui l'appelât une seconde fois pour venir enfin habiter dans son royaume du ciel.

Plus tard la sainte Vierge s'était choisi la retraite du pieux solitaire pour s'y faire bâtir un temple ; et les siècles étaient venus déposant leur offrande au pied de son autel : ainsi Roland avait promis avant la déroute de Roncevaux autant d'or que pèserait sa lourde épée ; mais le héros ne fut pas exaucé, et après sa mort la « Durandal, » fut envoyée au sanctuaire où elle est suspendue. Des offrandes nombreuses offertes par les princes de France et de Castille s'y trouvent réunies.

L'objet le plus miraculeux de Roc-Amadour, c'était la cloche ; sans corde, sans chaîne, sonnant seule, disait-on, lorsque quelque malheureux était surpris par les tempêtes fréquentes et terribles dans ces montagnes.

La royale famille laissa des dons importants pour réparer les pillages faits par Henri Court-Mantel à cette église, et Alphonse donna une riche lampe qui devait brûler nuit et jour.

Le rendez-vous des Croisés fut fixé à Aigues-Mortes, et le roi s'apprêta à s'y rendre. Au moment de passer en Terre-Sainte pour conquérir le tombeau de Jésus-Christ, le roi, si jeune encore, redoublant d'austérité, adopta la plus grande simplicité dans ses vêtements, et, renonçant aux riches fourrures, aux étoffes de soie et de couleur, il résolut de ne plus se vêtir que de vêtements de camelot et de la couleur la plus modeste, ordonnant que les pauvres, qui recevaient habituellement le produit de la vente annuelle de sa garde-robe royale, reçussent à la place une somme d'argent considérable.

Cependant les apprêts du départ se faisaient au Louvre, et Blanche de Castille tremblait comme mère en voyant approcher le moment de cette douloureuse séparation, et comme reine elle ne pouvait approuver la lointaine expédition qui allait priver la France de son roi et amener sans doute des désastres, car les croisades paraissaient devoir être un des mystères de la Providence : entreprises pour l'honneur de Dieu, elles devaient être infructueuses dans ce but.

La reine-mère n'était pas seule à blâmer l'entreprise héroïque du roi : quelques hauts barons des plus dignes de conseiller leur souverain, quelques saints prélats eux-mêmes, parmi lesquels il faut nommer l'évêque de Paris, se joignirent à la régente pour tenter un dernier effort auprès de saint Louis. Blanche, entourée de ces sérieux appuis, parla elle-même, rappelant à son fils les dangers qu'il avait eu peine à éviter, les germes de troubles de l'Allemagne et de l'Italie, les artifices de la politique anglaise, la crainte qu'une ligue redoutable se formât en son absence, l'exhortant enfin à envoyer ses troupes en Terre-Sainte, mais sans y aller lui-même, osant lui faire souvenir que la maladie dans laquelle il avait fait son vœu serait une excuse à ne pas l'accomplir.

La piété de saint Louis ne détruisit jamais cette noble vivacité, cette ardente magnanimité qui le faisait courir au-devant des dangers au milieu d'un combat, et ne lui permettait surtout jamais de prendre froidement ce qui touchait à la cause de Dieu.

« On a pu penser, s'écria-t-il en réponse à sa mère, qu'une sorte de folie m'ait porté à embrasser la Croix ; s'il en est ainsi, je l'arrache à l'instant. » Il le fait en effet et remet la croix qui tout à l'heure brillait sur son épaule à l'évêque de Paris. L'espoir et la surprise se partagent l'esprit de la reine et des assistants.

« Mais, reprend le roi d'une voix calme et forte, aujourd'hui je suis en pleine santé, nul ne peut accuser ma raison. Eh bien, je redemande cette croix et ne prendrai ni nourriture ni boisson qu'elle ne me soit rendue. »

L'évêque de Paris, plein de respect pour cette volonté suprême, replaça la croix sur l'épaule du roi, et de ce moment nul ne pensa plus que cette entreprise ne lui fût inspirée par Dieu même.

Le moment de quitter la patrie pour de lointaines contrées est toujours plein d'angoisses et d'émotions : mais, lorsqu'il s'agit d'aller au-devant de périls et d'incertitudes comme les croisés, alors la conscience réclame ses droits et veut que les choses de la terre et du ciel soient également réglées. Parmi les croisés se trouvaient de grands coupables ayant besoin des indulgences attachées à la croisade estimée à l'égal du martyre : aussi disait-on, en voyant s'apprêter pour combattre au nom de Jésus-Christ ces assassins et ces pillards : « Chose pitoyable de voir noirs suppôts du diable devenir soldats du Christ ! »

Les plus anciens, les plus irréconciliables ennemis se pardonnaient et s'embrassaient avant de s'enrôler sous le signe suprême du pardon ; d'autres scènes douloureuses signalaient, dans le vieux château comme dans la chaumière, le départ des croisés : leur courage héroïque n'empêchait pas leur cœur de battre et leurs larmes de couler en disant adieu à des êtres aimés, qu'ils ne devaient peut-être plus revoir.

Le sire de Joinville, en nous racontant ses propres impressions dans ce solennel moment, nous fera mieux comprendre ce que fut ce départ pour la croisade. « Le jour que je partis de Joinville, j'envoyai querir l'abbé de Cheminon qu'on tenoit pour le plus prud'homme de l'ordre des moines blancs (Cîteaux). Cet abbé de Cheminon me donna donc mon écharpe et mon bourdon : et alors je partis de Joinville, sans rentrer au château jusqu'à mon retour, à pied, sans chausses et en chemise ; et j'allai ainsi à Blécourt et à Saint-Urbain et à d'autres reliques qui sont là. Et pendant que j'allois à Blécourt et à Saint-Urbain, je ne voulus jamais retourner mes yeux vers Joinville, de peur que le cœur ne m'attendrît pour le beau château que je laissois et mes deux enfants. »

Mais revenons à Vincennes, où se prépare le départ du roi.

« Le vendredi après la Pentecôte, le roi, Robert comte d'Artois, et Charles, comte d'Anjou, se rendirent de grand matin au monastère de Saint-Denis.

« Là, à l'exemple de Philippe Auguste en 1190, Louis se met en oraison et reçoit la bénédiction du saint Clou ; se relevant, le visage inondé de larmes, il prend des mains de l'abbé la gibecière ou mallette, l'écharpe croisée et le bourdon ; le légat, saisissant alors l'oriflamme déposée sur la tombe de l'apôtre de la France, la remet également à Louis. »

Saint Louis désigne un noble chevalier, Guillaume du Gueiclau, pour recevoir le signe sacré, qu'il jure de défendre au prix de sa vie.

« De Saint-Denis, le monarque, pieds nus, le bourdon en main, l'écharpe au col, se dirige vers la basilique de Notre-Dame de Paris, où les évêques réunis chantent la messe à laquelle il fait ses dévotions.

« Au sortir de la métropole, une foule nombreuse accompagna encore Louis, qui, marchant entre les deux reines, ses frères et les princesses, nu-pieds comme lui, s'arrêta auprès de l'abbaye de Saint-Antoine-des-Champs, sur le préau où déjà cheminoit le destrier de la bataille. Enfin le roi, s'étant armé de toutes pièces, s'élança sur le palefroi, salua de la main et du regard son peuple consterné, prit congé de lui, « pleurant, « au départir, » et s'achemina vers Corbeil. »

Avec le roi partaient ses frères, la reine Marguerite, les comtesses de Poitiers et d'Anjou, « peu fâchees, disait-on, de s'éloigner de leur belle-mère. » Le roi avait dit adieu à sa mère et à sa sœur à Paris ; mais elles ne purent le savoir si près sans vouloir le revoir encore, et elles le rejoignirent à Corbeil, où Louis conféra la régence à sa mère par lettres patentes. Les princesses, ne pouvant se résoudre à la dernière séparation, accompagnèrent le roi jusque près d'Avignon. Là il fallut se séparer ; en ce moment Blanche sentit ce glaive de douleurs que les mères seules connaissent ; elle comprit que pour la dernière fois elle embrassait ce fils si chéri ; la grande chrétienne, celle qui avait pu dire à Louis enfant qu'elle eût mieux aimé le voir mort que coupable de péché mortel, oubliait que l'œuvre de la croisade était sacrée pour le roi qui en avait fait vœu. « Biau tendre fils, » s'écriait-elle en grande pâmoison, « oncques ne vous reverrai... le cœur me le dist bien ! » Dieu, qui fit le cœur des mères, leur a sans doute marqué une place au ciel dans le rang des martyrs.

CHAPITRE II

ISABELLE DE FRANCE PENDANT LA CROISADE.

Les pauvres au moyen âge. — Échos de la croisade : Départ
d'Aigues-Mortes; navigation; débarquement à Nicosie; le sire
de Joinville; lettre du comte d'Artois; prise de Damiette; Mansourah; missive du roi à sa mère; la mort du comte d'Artois;
maladie dans le camp des croisés ; captivité de saint Louis;
délivrance du roi; Marguerite de Provence à Damiette. — Mort
de Blanche de Castille.

Le retour des princesses à Vincennes, accompagnées
des jeunes enfants du roi, avait quelque chose d'un
funèbre convoi, et sur le chemin qu'elles parcouraient,
les populations se pressaient silencieuses et tristes,
montrant qu'elles aussi portaient le deuil des absents.

Blanche reprit les rênes de sa nouvelle régence avec
la même fermeté, la même habileté qu'elle avait mon-
trées jadis. Mais le glaive de la douleur maternelle était
entré trop avant dans son cœur, pour qu'elle ne sentît
constamment l'amertume de son cruel pressentiment,
qu'elle ne reverrait plus son fils !

Isabelle de France comprit la mission que le Ciel lui donnait en ces douloureuses et solennelles circonstances : à elle, de consoler cette mère si fière, qui ne permettait qu'à sa fille de voir couler ses larmes et de sonder les plaies de son âme ; à elle, de soutenir la douce comtesse d'Artois, qui n'osait pleurer devant sa belle-mère, car elle la redoutait comme Marguerite et ses autres belles-sœurs ; à Isabelle enfin la tâche de veiller sur la petite princesse que la reine Marguerite lui a confiée en partant.

Pour cela il faut qu'elle quitte sa chère solitude, qu'elle retranche une partie de ses pieux exercices : car la vie de la sœur de saint Louis est devenue, au milieu de la cour, celle d'une fervente religieuse. Mais les saints savent admirablement quitter *Dieu pour Dieu* et se faire *tout à tous*. C'est ce que fera notre douce héroïne.

La vie d'Isabelle de France fut si humble, si peu mêlée aux événements de son époque, que nous ne pouvons que de loin en loin retrouver l'empreinte de sa pure image, le parfum de son angélique sainteté, qui augmentait tous les jours.

Sa vie se partageait entre Dieu et les pauvres, c'est-à-dire entre la prière et les œuvres de la plus active charité.

Levée avant le jour pour dire les matines, elle ne cessait plus de prier jusqu'à midi, priant même pendant qu'on l'habillait ; puis elle se rendait à la messe, et ensuite au repas de la reine, où elle gardait ce silence que Blanche rachetait à prix d'argent au nom des pauvres, et pendant lequel elle continuait son union avec Dieu.

Le reste de la journée ne s'écoulait pas sans qu'elle retrouvât de nouveau de précieux moments à donner à ce saint exercice de la prière dont sainte Thérèse a dit : « Donnez-moi chaque jour un quart d'heure d'oraison, et je vous donnerai le ciel. »

Les jeûnes de la princesse étaient plus rigoureux que dans sa jeunesse : elle ne se permettait ces jours-là qu'un repas le soir, auquel on ne lui servait que des légumes.

La pieuse sœur de saint Louis n'ouvrait que deux livres : les saintes Écritures, qu'elle lisait en latin, et la Vie des saints, dont les grands exemples la portaient ardemment à Dieu, sans que son humilité s'arrêtât jamais à penser que son nom dût un jour être inscrit sur cette liste des véritables héros.

Si les saintes lectures et l'oraison si ardente, que souvent on l'y trouvait en extase et toute en larmes, étaient la plus douce occupation d'Isabelle, la charité tenait aussi une grande place dans cette admirable vie. Sa chambre, dit un de ses biographes, était toujours pleine de pauvres ; quittant les palais qu'elle habitait, revêtue du costume sévère qu'elle avait adopté, elle se rendait aux hôpitaux pour les soigner de ses propres mains ; le *grand* jeudi elle lavait les pieds à treize d'entre eux, leur donnant « deux paires de mets, » des chaussures et trente deniers d'argent, en souvenir du prix de la vente de Jésus-Christ.

Le moyen âge avait rendu aux pauvres cette dignité

que leur accordait la primitive Église, qui les appelait ses richesses, les regardant comme les images vivantes de *Celui* qui, sur la croix, avait, selon la sublime parole de Dante, *épousé la pauvreté.* Que de nobles émules Isabelle de France trouvait dans son propre rang et à l'époque où elle vivait !

C'était sainte Élisabeth de Hongrie, qui avait poussé la charité jusqu'à une sainte folie, oserait-on dire. On sait, parmi les traits merveilleux de sa vie, qu'ayant rencontré un lépreux accablé de fatigue et de froid, elle lui avait donné pour quelques heures le lit de son royal époux. Le landgrave rentre en ce moment : prévenu par sa mère, il s'élance indigné et soulève la couverture qui cachait le malheureux... Mais à la place du malade apparaît un crucifix !

L'impératrice Mathilde préparait elle-même tous les samedis des bains pour les pauvres, et les y lavait, quelles que fussent leurs plaies et souvent la vermine qui les couvrait !

La table des pauvres était d'institution régulière dans tous les palais des évêques et dressée souvent tous les jours.

Les reines elles-mêmes avaient donné cet exemple. Sainte Élisabeth de Portugal nourrissait tous les jours des enfants et des religieuses. Sainte Marguerite d'Écosse ne se mettait jamais à table sans avoir fait manger neuf petits orphelins et vingt-quatre grands pauvres ; souvent elle en faisait venir trois cents et les servait, aidés du roi.

Saint Louis donnait à dîner et à souper dans son

palais à cent vingt pauvres ; les vigiles et jours de
fêtes, ce nombre était porté jusqu'à deux cents. Il les
servait fort souvent lui-même.

Mais ce qui confond l'orgueil de nos esprits modernes, c'est que plus d'une fois l'on vit des pauvres,
revêtus de haillons, couverts de plaies, assis à la propre table des princes et des évêques, mangeant avec
eux et recevant de la main de leurs nobles hôtes les
morceaux les plus délicats.

Revenons à cette triste cour de Vincennes, dont
toute la pensée est avec les absents, et qui n'a de bonheur que lorsque quelque chevalier ou quelque pèlerin
croisé, ramené souvent par la maladie ou la pauvreté,
vient lui donner des nouvelles de la sainte expédition.

Le premier de ces émissaires fut envoyé par le roi
lui-même, et raconta aux princesses le séjour du souverain à Aigues-Mortes et son embarquement.

Aigues-Mortes, malgré son titre de cité, n'était réel-
lement qu'un bourg. Le château en avait été offert au
roi ; mais, trop restreint pour contenir les princes et
leur suite, on avait dû dresser de nombreuses tentes
jusque dans les villages voisins.

Tous les grands de la France féodale se groupaient
autour du roi, et tous avaient une suite nombreuse
d'écuyers. Bientôt dix-huit cents « nefs, sélandres,
gallées, galions, galéasses, barges, » parurent dans le
port.

« L'écume des vagues étincelant aux feux du soleil et entourant cette forêt de mats pavoisés, comme
d'une ceinture de diamants ou de festons de pierreries ;

les longues voiles grises gonflées au moindre vent : les bannières variées qui, se déroulant sous la brise, semblaient appeler le départ ; les fanfares guerrières qui résonnaient sur les ponts : tout concourait à former le spectacle le plus pittoresque, surtout en face de ces plages marécageuses.

« A côté des habitants demi-nus d'Aigues-Mortes, on rencontrait sans cesse de nobles preux, les uns en robes orientales, rayonnantes d'or ; les autres, couverts d'armures damasquinées, d'un reflet éblouissant ; puis des princes vêtus d'écarlate et d'étoffes vertes, couleurs réservées aux seuls suzerains. De vieux croisés se montraient avec la croix attachée sur l'épaule, en imitation du Sauveur ; de plus jeunes la plaçaient sur la poitrine ; quelques-uns au front du casque, sur le bras, même sur le dos, quoique ce signe indiquât le retour en Europe : les sires anglais la portaient blanche et les Flamands verte...

« Un petit nombre de croisés paraissent au camp d'Aigues-Mortes, le bourdon à la main et le chapelet à la ceinture.

« Le gonfanon royal, qui s'élevait sans ornement ni devise au milieu de tous les brillants signes héraldiques des croisés, désignait seul la tente du monarque.

« Vêtu du camelot noir ou bleu, le roi portait à ses bottines noires des éperons d'acier bruni, et montait un destrier dont la bride et le caparaçon étaient également sans dorures. »

Le 25 août, qui plus tard devait être le jour où l'on honorerait le pieux roi sous le nom de saint Louis,

Louis IX, Marguerite, le comte d'Artois, le comte et la comtesse d'Anjou et leur suite, montèrent sur le vaisseau royal. La chapelle du roi était sur le même navire, conservant la sainte Eucharistie, afin de pouvoir communier les malades, chose non encore accordée à nul pèlerin, de quelque hauteur qu'il fût.

Des franciscains, des religieux de Cluny, de Citeaux, ceux de l'ordre des Mathurins, de la Trinité ou de la Merci, s'y trouvaient en assez grand nombre, et il y en avait sur chaque vaisseau qui prêchaient, confessaient, instruisaient l'équipage.

« Véritable forteresse du moyen âge transportée sur les mers, le vaisseau du treizième siècle, avec ses donjons d'avant et d'arrière, présentait encore dans son pourtour arrondi une ligne de créneaux appelée avoisade ou rangée de pavois ; et un peuple de matelots et d'hommes d'armes s'agitaient sous ces énormes voiles, sorte d'ailes infatigables et toujours en mouvement...

« Les vastes chambres *de parade* ou *de paradis*, qui formaient la base du vaisseau, admettaient tout le luxe, toute la recherce de décoration qui éclatait au sein des manoirs des hauts barons. »

Venise et Gênes avaient alors le monopole des constructions navales. C'était à leurs riches marchands, presque tous nobles et portant souvent même le titre de prince, que le roi avait dû s'adresser pour composer sa flotte. Chacun des vaisseaux fournis au roi par Venise pouvait, outre l'équipage, contenir plus de mille hommes.

« Un simple morceau de fer placé sur l'eau dans une

petite nacelle de liége, plus souvent même, l'aiguille polaire ne se trouvait soutenue que par deux brins ou fétus de paille, au-dessus d'un vase de terre, qu'une chandelle éclairait la nuit [1] ; » telle était encore la boussole primitive, instrument bien imparfait, ce qui rendait le voyage d'outremer difficile et dangereux.

Le 28 août, le maître nautonier déclara que « le ciel estoit bel et bon pour le départ. » Alors le roi appela « clercs et prestres. » « Chantez, bons pères, s'écria le maître nautonier, chantez de par Dieu ! » Toutes les voix entonnèrent le *Veni Creator*, et la nef royale s'ébranla. Mille clameurs s'élevèrent du rivage : c'était l'adieu de la France.

Plus tard, l'impératrice de Constantinople, Marie de Brienne, venant quêter hommes et argent pour aider son époux Baudouin II, apporta à Blanche des nouvelles de la traversée du roi et de son arrivée en Orient.

La cour avait débarqué à Limisol après une heureuse navigation, pendant laquelle saint Louis s'était fait l'apôtre de son équipage. Trois fois par semaine le catéchisme se faisait, et le roi y assistait, prenant souvent lui-même la parole et interrogeant ces hommes peu instruits, les exhortant, au nom de l'état de marin, toujours si près de la mort, à servir Dieu avec foi et dévouement ; et, comme le roi leur donnait en outre de ses paroles, « préférables à l'or même, » les exemples d'une vie chrétienne admirable, ces hommes grossiers étaient facilement amenés aux pieds des prêtres pour

---

[1] Villeneuve.

réconcilier leur conscience avec Dieu : s'ils étaient malades, le roi allait les visiter à l'infirmerie et veillait à ce que les médecins du temps, que l'on appelait des *physiciens et des mires*, fussent obéis.

Le 20 septembre 1248, le roi était donc débarqué à Limisol dans l'île de Chypre ; le jeune souverain de cette île, Henri de Lusignan, âgé de 28 ans, attendait la flotte royale de France sur le rivage. La reine douairière de Chypre et nombre de princesses et de grandes dames vinrent au-devant de la reine Marguerite, et les deux royales familles prirent ensemble le chemin de Nicosie, pays enchanté dont les routes étaient bordées d'orangers, de citronniers, dont les fruits étaient exquis, dont le raisin avait été vanté par Salomon. Les chevaliers du Temple, en cédant l'île de Chypre à Lusignan, s'étaient réservé les célèbres vignobles de Limisol, où ils avaient établi une commanderie, et l'on assure que la manière dont ils se servaient de leur riche récolte a donné lieu au proverbe : « Boire comme un templier. »

Nicosie possédait de beaux édifices, de magnifiques églises ; et le palais du roi, qu'occupait saint Louis, se distinguait par la beauté de ses jardins.

C'est à Nicosie que nous retrouvons le sire de Joinville, qui désormais jouera un grand rôle dans la vie de son souverain. C'est un des types de la chevalerie du moyen âge les mieux connus : loyal, brave, naïf, tout dévoué au roi, et d'une franchise bien rare chez un courtisan.

Jusque-là il n'avait paru qu'une fois à la cour de

France, à *la Nonpareille* de Saumur, où il faisait partie de la suite de son suzerain, le comte Thibaut de Champagne; mais il était alors presque un enfant, et avait passé inaperçu aux yeux du roi.

Voici comment le sénéchal raconte lui-même la manière dont il fut attaché à saint Louis :

« Moi qui n'avois pas mille livres de rente en terre, je me chargeai, quand j'allai outre-mer, de moi, dixième de chevaliers, et de deux chevaliers portant bannière; et il m'advint ainsi que, quand j'arrivai en Chypre, il ne m'étoit demeuré de reste que deux cent quarante livres tournois, mon vaisseau payé. A cause de quoi quelques-uns de mes chevaliers me demandèrent que, si je ne me pourvoyois pas de deniers, ils me laisseroient. Et Dieu, qui jamais ne me faillit, me pourvut en telle manière que le roi, qui étoit à Nicosie, m'envoya querir, et me retint à ses gages, et me mit huit cents livres dans mes coffres; et alors j'eus plus de deniers qu'il ne m'en falloit. »

Désormais Joinville ne s'éloignera plus de son maître, et lui donnera toujours ces conseils dévoués, sans flatterie, si nécessaires aux souverains.

Une lettre du comte d'Artois à sa mère pour lui annoncer l'heureuse arrivée de Mahaut, qui, dès qu'elle eut mis au monde l'enfant qu'elle portait au moment du départ des princes, s'était empressée de rejoindre son époux, contenait la suite des événements de la croisade. Blanche, en la recevant, ne se doutait pas que c'était la dernière que dût lui écrire le jeune prince.

Cette missive, à part la courte épidémie qui avait

retenu l'armée des croisés à Nicosie (1249) et dont avait été atteint le comte d'Anjou, ne contenait que d'heureuses nouvelles.

C'était le premier triomphe de saint Louis, son entrée à Damiette.

« Cette ville, plus forte en 1249 qu'Alexandrie et le Caire, vivement éclairée en ce moment par mille rayons de feu, Damiette étalait dans un magnifique amphithéâtre circulaire ses minarets à coupoles d'or, sa triple enceinte de briques rouges, ses fossés profonds et ses remparts aux vingt-huit tours. En avant du havre, se dressait encore une autre tour isolée, merveilleuse en force et en hauteur ; de sa base partaient d'énormes chaînes de fer, qui, joignant les murs d'enceinte, barraient entièrement l'entrée du port[1]. »

Damiette, c'était la clef de l'Égypte ; elle était pourvue d'immenses approvisionnements d'armes et de vivres. Saint Louis, apercevant l'importante cité, ne voulut pas attendre le débarquement de l'armée et se jeta dans le fleuve ayant de l'eau jusqu'à la ceinture, l'épée à la main, et criant : « En avant! » Il est suivi de nombreux chevaliers, et Louis fait alors tant « d'armes, que c'est merveille, et se férit par si grand fureur et hardiesse, que, fort espouvantés, les Sarrasins abandonnent le fort qu'ils venoient défendre, et se mettent en fuite vers la cité de Damiette, et regardoit-on le roi de toute part pour son bien faire. »

« En cette rencontre périrent quatre émirs et le

____
[1] Villeneuve.

prince musulman qui avait commandé la bataille : c'était, disait-on, le plus grand seigneur d'Égypte après le soudan.

« N'ayant plus d'ennemis à combattre, Louis planta sa lance sur la terre d'Égypte, s'écriant : « Montjoye, Saint-Denis[1]. » Un combat acharné suivit; mais les Français vainqueurs firent élever la tente royale sur le rivage conquis, et la reine ainsi que les princesses débarquèrent. Pendant son séjour à Damiette, saint Louis fit purifier la mosquée, antique église de Notre-Dame.

« Il était plus de trois heures après midi quand la cérémonie expiatoire put être terminée. Louis, encore à jeun, fit alors son entrée dans Damiette, précédé de l'oriflamme, de la croix, du clergé, du cardinal légat et du vénérable Robert, patriarche de Jérusalem, âgé de quatre-vingt-dix ans.

« La reine Marguerite marchait à côté de son époux; auprès du monarque se trouvaient aussi, tête découverte et pieds nus comme lui, Robert, comte d'Artois, Charles d'Anjou, » et d'autres princes et principaux seigneurs suivis du reste des croisés.

Arrivé à la basilique, le roi entonna le premier le *Te Deum*, que la foule entière répéta avec enthousiasme. Cette sainte cérémonie fut couronnée par l'abjuration et le baptême de plusieurs mahométans. Enfin la lettre du comte d'Artois se terminait par la fière réponse du roi, son frère, au sultan, qui prétendait faire réembar-

---

[1] Villeneuve.

quer le roi. « Je suis débarqué en Égypte le jour fixé par moi; il ne m'a pas plu de fixer celui de mon départ. »

Ces nouvelles semblaient avoir donné un courage nouveau à Blanche de Castille, et Isabelle remerciait Dieu de la protection qu'il donnait à la sainte entreprise, lorsqu'à la fin de l'année (1250) arriva à Vincennes un clerc de l'armée des croisés, chargé d'une lettre du roi lui-même à sa mère : le noble fils avait compris que les blessures qu'allait recevoir Blanche ne pouvaient être adoucies que par lui. Hélas! en effet, ces nouvelles, elles étaient cruelles, et montraient une fois de plus que Dieu se joue des vains projets des hommes, même lorsque ces projets n'ont que sa gloire pour objet.

Au moment de quitter Damiette, les avis s'étaient partagés : il s'agissait de se rendre à Alexandrie ou de remonter le Nil jusqu'au Caire. Pierre Mauclerc, croisé une première fois (1239), demandait qu'on en crût son expérience, et que l'expédition fût dirigée sur Alexandrie, où des munitions étaient assurées. Mais, à ce sage avis, Robert d'Artois avait répondu avec sa vivacité ordinaire : « Au Caire ! Qui veut occire le serpent le frappe à la tête. » Cet avis est suivi : la reine, les princesses, la plupart des prélats, quelques vieux chevaliers, restent à Damiette, protégés par une nombreuse garnison, qui gardait le trésor royal.

Puis venait la description du camp des croisés sur les bords du Nil.

Les tentes du roi et des princes étaient fermées par

des portières brodées d'étoiles. « Une petite lampe de bronze y brûlait devant un crucifix d'ébène. La grande épée, l'écu fleurdelisé, pendaient à une longue pique; et sur une escarcelle demeurait ouvert le livre des saints Évangiles, manuscrit d'un travail merveilleux, exécuté d'ordinaire par les frères de Cîteaux. Toujours éperonnés et prêts à s'élancer sur le destrier de guerre, les fils de France se jetaient à peine quelques heures sur un lit de joncs recouvert d'une courtine...

« Les tentes des comtes, plus élevées que celles des autres bannerets et d'une étoffe orientale rouge-pourpre, parsemée d'étoiles d'or, portaient au fronton leur blason armorié. »

Plusieurs combats avaient eu lieu dans lesquels la France eut toujours le dessus, quoique les Sarrasins employassent tous les moyens pour vaincre, entre autres le terrible feu grégeois, que la plupart des croisés voyaient pour la première fois. Les infidèles le lancèrent sept fois dans la même nuit dans le camp français, à l'aide de javelots droits appelés *pilos*. « Ces bâtons, taillés en pointe, s'élevant vers les nues, retombaient enflammés et s'enfonçaient dans le sable, consumant tout ce qui les approchait. » S'ils étaient tombés sur les engins de guerre, le camp tout entier eût été incendié; et ce fut comme miracle que pas un croisé n'en fut atteint. Aussi le camp tout entier l'attribua aux prières du roi, qui avait passé la nuit agenouillé sur son lit, pleurant, s'écriant : « Biau sire « Dieu! daigne me garder et toute ma gent! »

Ces attaques se renouvelèrent plusieurs nuits de suite.

Ces pilos semblaient une haie ardente et mouvante, et plusieurs des fortifications du camp furent détruites. Cependant il fallait marcher en avant. Guidée par un Arabe qui, moyennant 5,000 livres, promet de conduire les croisés à travers le fleuve par un gué certain, l'armée se met en marche. Mais les eaux, moins basses qu'à l'ordinaire, avaient rendu le passage plus difficile, et un grand nombre de cavaliers furent entraînés dans les flots.

Robert d'Artois, que le roi avait mis à la tête de l'avant-garde, parut le premier sur la rive opposée du fleuve, qu'il avait franchi avec sa hardiesse habituelle. Louis avait fait jurer à son frère de ne rien entreprendre sans l'arrivée de l'armée entière.

N'écoutant que sa bouillante valeur, Robert attaqua le pavillon de Fakr-Eddin, le chef des Sarrasins. Celui-ci, avec l'insouciance et la mollesse orientales, prenait un bain dans une cuve de marbre précieux. Au bruit des armes, il sort de l'eau, prend son épée, s'élance à demi-nu sur un cheval sans selle et sans bride. La surprise avait été telle, que les émirs s'étaient enfuis, et les soldats paralysés laissaient leur chef sans défense : aussi fut-il bientôt frappé de mort.

Le comte d'Artois, ivre de succès, n'écoutant ni les remontrances ni les conseils du grand maître des templiers, ni ceux de Guillaume de Salisbury, qui se trouvait à la tête de l'avant-garde des Anglais, s'élance entraînant après lui et malgré eux Anglais, templiers, chevaliers de l'Hôpital, culbutant tout sur son passage. Arrivé aux portes de Mansourah, n'attendant pas un renfort suffisant, il fait abattre à coups de hache une des portes de la ville, et, enfonçant ses éperons dans les flancs de son cheval, il s'avance presque seul jusque devant le palais neuf du sultan, où se rassemblaient en désordre les Sarrasins. Cependant les Sarrasins se sont ralliés, et, tandis que les croisés pillent les palais de Mansourah, ils fondent sur eux. L'armée royale était encore à deux lieues. Apprenant le danger du comte d'Artois, le roi envoie un détachement à son secours, tandis que l'armée tout entière s'avance, et bientôt l'engagement est général. Mais l'armée ne put pénétrer dans Mansourah, où le comte d'Artois, seul avec sa chevalerie, faisait des prodiges de valeur, qui ne pouvaient lui sauver la vie : un échappé du désastre vint annoncer sa mort au roi. « S'il est mort, s'écria Louis, que Dieu lui fasse pardon de ses peschés à lui et aux aultres! Ah! oui..., continua-t-il, n'en saurois rien doubter, ce cher frère est dans le ciel! Que Dieu soist adoré en toutes choses!

« Et lors, lui commencèrent à cheoir grosses larmes de ses yeux à force! »

Hélas! là ne s'arrêtaient pas les malheurs qu'apprenait la missive royale.

A la suite du désastre de Mansourah, les corps des morts, entraînés par le fleuve, se trouvèrent arrêtés par un pont, et amenèrent une grande corruption dans l'air; de plus, c'était en carême, et le seul poisson dont se nourrît le camp étaient des bourbettes « qui mangeoient les gens morts..., et à cause de ce malheur et de l'insalubrité du pays, où il ne tombe jamais une goutte d'eau, nous vint la maladie de l'armée, qui étoit telle, que la chair de nos jambes séchoit toute, et la peau de nos jambes devenoit tachetée de noir et de couleur de terre, ainsi qu'une vieille botte... Le signe de la mort étoit tel, que quand le nez saignoit, il falloit mourir[1]. » A cette peste s'était jointe la famine; un bœuf valait dans le camp quatre-vingt livres (près de 2,000 fr. de notre monnaie); un mouton, trente livres (600 fr,); un porc, trente livres; et un œuf douze deniers; un muid de vin, dix livres (400 fr.).

Le roi avait été atteint plus grièvement encore, puisqu'à la maladie de l'armée s'était jointe pour lui la dyssenterie; la fin de la missive comblait le calice d'amertume que Dieu voulait faire boire à Blanche. Le clerc raconta :

La déroute de Minieh amena la prise du roi, encore malade, « mais insensible à ses propres souffrances ; » aucun murmure, aucune plainte n'étaient sortis de ses lèvres ; on l'avait seulement vu pâlir, quand les infidèles, qui attachaient ses mains, se prirent à blasphémer, à injurier le Christ. Cette résignation parut prête à l'abandonner, lorsque ces misérables, s'emparant de la croix suspendue auprès de lui, « la foulèrent aux pieds, en opprobre et vitupère de la foi chrestienne. » Tremblant de tous ses membres, il cherchait à rompre ses chaînes, et d'abondantes larmes coulaient de ses yeux.

« Un pauvre Arabe de Minieh, ému de pitié de le

____
[1] Joinville.

voir ainsi garrotté, demi-nu et sans robe, se dépouilla
d'un vieil surcot fourré de vair, à demi-usé, qu'on
venait de lui donner, et le jeta sur les épaules du chef
des croisés[1]. »

Parmi les autres prisonniers se trouvait le sénéchal
de Champagne; voici comment il raconte sa capture :
« Quand je vis qu'il falloit nous laisser prendre, je pris
mon écrin et mes joyaux, et je les jetai dans le fleuve,
et mes reliques aussi. Alors un de mes mariniers me
dit : « Sire, si vous ne me laissez dire que vous êtes
« le cousin du roi, l'on vous occira tous, et nous
« avec. » Et je dis que je voulois bien qu'il dît ce qu'il
voudroit.

« Transporté dans la galère des ennemis, les autres
me jetèrent à terre, et me sautèrent sur le corps pour
me couper la gorge; car celui qui m'eût occis eût cru
en être honoré. Et (un) Sarrasin me tenoit toujours
embrassé, et crioit : « Cousin du roi. » De cette manière, ils me jetèrent deux fois à terre, et une fois à
genoux; et alors je sentis le couteau à la gorge. Dans
cette épreuve, Dieu me sauva à l'aide du Sarrasin, lequel me mena jusqu'au château (partie des vaisseaux
disposée pour abriter les combattants), là où les chevaliers sarrasins étoient. Quand je vins au milieu d'eux,
ils m'ôtèrent mon haubert, et, par pitié pour moi, ils
jetèrent sur moi une mienne couverture d'écarlate dou-
blée de menu vair, que madame ma mère m'avoit
donnée; et l'un d'eux m'apporta une courroie blanche,

----

[1] Villeneuve.

et je me ceignis par-dessus ma couverture, où j'avois fait un trou, et que j'avois vêtue ; et l'autre m'apporta un chaperon que je mis sur ma tête. » Voilà où en étaient réduits les seigneurs français.

Conduit à Mansourah, « les mains liées par une forte chaîne de fer, le roi fut enfermé dans une salle basse de la maison du secrétaire du sultan : cette salle aboutissait à une terrasse avancée sur les eaux du Nil. Une fenêtre grillée, pratiquée au-dessus d'une porte en fer, éclairait l'espèce de cachot où l'on abandonna le royal prisonnier. Il n'avait avec lui qu'un seul homme pour lui servir de domestique...

« Louis paraissait n'avoir plus que le souffle ; aussi les émirs, effrayés de son état, firent appeler un Arabe, renommé « physicien ; » il présenta au monarque un breuvage dont l'effet fut tellement prodigieux, que soudain Louis se sentit ranimé. »

Il obtint qu'on lui rendît son chapelain, ainsi qu'un religieux dominicain qui, connaissant les langues orientales, pouvait utilement lui servir d'interprète. Il fut également heureux de retrouver son bréviaire qu'il croyait perdu, car le saint roi le disait chaque jour comme les clercs, et il n'était pas le seul dans son royaume. Cette pieuse pratique se perpétua, et nous voyons sous Louis XIV que c'était l'usage de plus d'un seigneur de la cour[1].

Quoique à peine remis de sa cruelle maladie, encore épuisé, il reprit ses saintes habitudes, non-seulement de prières, mais de jeûnes et d'austérités.

[1] Direction chrétienne de Fénelon aux personnes de la cour.

Le sultan, voulant montrer sa grandeur et sa générosité envers l'ennemi vaincu, fit distribuer aux captifs des robes fort riches, semblables à celles des princes et des comtes ; il en envoya une au roi lui-même, elle était de taffetas noir, fourrée de vair et de gris, et ornée de boutons d'or pur.

Les prisonniers, manquant de tout, avaient accepté ; mais le roi, tout aussi dépouillé qu'aucun d'eux, répondit avec sa royale fierté par un refus ; il refusa également de paraître à un splendide repas, auquel les principaux chefs des deux armées étaient conviés, et les émirs qui lui étaient envoyés en députation disaient : « Il nous traite comme si nous étions ses propres prisonniers ! »

Cependant le plus grand nombre des soldats croisés furent massacrés, car on n'épargna que ceux qui consentirent à renier leur foi.

Quant au roi, on connaît sa fière réponse ; le sultan ayant fait dire que, si la reine Marguerite consentait à payer 200,000 besans d'or, environ dix millions de francs, lui et les siens seraient mis en liberté : « Cette somme, répondit le monarque, volontiers la payerai-je pour ma gent. Mais Damiette seule sera ma rançon, Roi de France n'est tel qui se rachète par deniers ! »

Frappé de la grandeur du roi, le sultan remit sur cette énorme somme cent mille livres (1,700,000 fr.).

Il fallait que les conditions de ce traité fussent confirmées par un mutuel serment, mais celui demandé au roi était trop contraire à sa conscience de chrétien.

« Quand les émirs eurent juré, ils firent mettre en écrit le serment qu'ils voulaient avoir du roi ; et il le fut par le conseil des prêtres qui avaient renié par devers eux ; et l'écrit disait que si le roi ne tenait pas ses conventions avec les émirs, il voulait être aussi honni que le chrétien qui renie Dieu et sa mère, et qui se sépare de la compagnie des douze apôtres, de tous les saints et de toutes les saintes. A cela le roi y consentait bien. Le dernier point du serment fut tel : que s'il ne tenait pas ses conventions avec les émirs, il voulait être aussi honni que le chrétien qui renie Dieu et sa loi, et qui en mépris de Dieu crache sur la croix et marche dessus. Quand le roi ouït cela, il dit : « S'il plaît à Dieu, je ne ferai pas ce serment-là. »

Les émirs alors en grand dépit menacèrent le roi de lui faire couper la tête ainsi qu'à tous ses gens ; mais saint Louis répondit : « Qu'il aimait mieux mourir bon chrétien que de vivre dans la haine de Dieu et de sa mère. »

Cependant tous voulaient que le roi jurât. Le vieux patriarche de Jérusalem qui avait quatre-vingts ans, lié à la perche d'un pavillon et menacé de mort, criait au roi : « Sire, jurez sûrement, car je prends sur mon âme le péché du serment que vous ferez, puisque vous avez ferme intention de tenir votre serment ! »

« Je ne sais comment le serment fut arrangé, ajoute le sénéchal, mais les émirs se tinrent pour satisfaits du serment du roi et des autres riches hommes qui étaient là.

La nouvelle de la délivrance du roi ne suffit pas à

effacer le coup porté au cœur de Blanche par tant de désastres, et l'arrivée du comte de Poitiers et du comte d'Anjou, en lui apprenant la résolution du roi de rester un an encore en Orient, acheva de la briser ; elle écoutait silencieuse et triste la suite des faits racontés par ses fils.

Avant de délivrer les prisonniers bien empressés de sortir de prison, on voulut les faire manger et on leur donna des biscuits de fromage rôtis au soleil, et des œufs durs peints de diverses couleurs pour leur faire honneur.

Le roi fut conduit au rivage par 20,000 Sarrasins l'épée à la ceinture et le suivant à pied. Saint Louis s'embarqua sur une galère génoise avec le comte d'Anjou, son frère, quelques grands seigneurs et le sire de Joinville. Le comte de Poitiers était resté comme otage jusqu'au payement de la rançon.

Le comte de Flandre, le comte de Soissons, Pierre Mauclerc, retournèrent en France ; le duc de Bretagne mourut pendant la traversée.

Pour le payement de la rançon « on commença à faire le payement le samedi et le dimanche toute la journée jusqu'à la nuit ; on les payait à la balance, et chaque balance valait dix mille livres. Quand vint le dimanche au soir, les gens du roi qui faisaient le payement mandèrent qu'il leur manquait bien trente mille livres.

« Je dis alors au roi qu'il serait bon qu'il envoyât quérir le commandeur et le maréchal du Temple (car le grand maître était mort), et qu'il le requît de lui prêter trente mille livres pour délivrer son frère..... »

Mais ils prétendirent ne pouvoir en prêter, n'ayant que des dépôts d'argent qu'ils ne pouvaient rendre qu'à ceux qui les avaient *baillés*, et alors le maréchal du Temple déclara au roi qu'il pouvait prendre ce qu'il voudrait, parce que ce que le roi avait à Acre les dédommagerait grandement.

Alors le sire de Joinville dit au roi qu'il était prêt à aller prendre cet argent.

« Je m'en allai vers une des galères du Temple, la maîtresse galère, et quand je voulus descendre dans la sentine de la galère, là où le trésor était, je demandai au commandeur du Temple qu'il vînt voir ce que je prendrais, et il n'y daigna pas venir. Le maréchal dit qu'il viendrait voir la violence que je lui ferais. Sitôt que je fus descendu là où le trésor était, je demandai au trésorier du Temple, qui était là, qu'il me baillât les clés d'une huche qui était devant moi ; et lui, qui me vit maigre et décharné de la maladie, et avec l'habit que j'avais en prison, dit qu'il ne m'en baillerait pas. Et j'aperçus une coignée qui était là à terre ; alors je la pris et dis que j'en ferais la clef du roi. »

Devant cette menace, les clefs du trésor furent remises au sénéchal, qui y prit l'argent nécessaire, et « je commence à crier au roi : Sire, sire, regardez comme je suis garni. » Et le saint homme me vit bien volontiers et avec grande joie. »

La loyauté de saint Louis se montre ici tout entière : « Monseigneur Philippe de Nemours dit au roi qu'on avait fait mécompte aux Sarrasins d'une balance de dix mille livres. Et le roi se fâcha très-fort, et dit qu'il voulait qu'on leur rendît les dix mille livres, parce qu'il leur avait promis de payer les deux cent mille livres avant qu'il partît du fleuve. Alors je marchai sur le pied de monseigneur Philippe, et dis au roi qu'il ne le crût pas parce qu'il ne disait pas vrai ; car les Sarrasins étaient les plus grands attrapeurs qui fussent au monde, et monseigneur Philippe dit que je disais vrai, car il ne le disait que par moquerie. Et le roi dit qu'une telle moquerie était malencontreuse : « Et je vous commande, dit-il à monseigneur Philippe, sur la foi que vous me devez, comme mon homme que vous êtes, si les dix mille livres ne sont pas payées, que vous les fassiez payer. »

La rançon payée, le roi se rendit sur son vaisseau qui était en mer ; mais, connaissant la mauvaise foi des Sarrasins, tous étaient inquiets du comte de Poitiers, lorsqu'on entendit Philippe de Montfort crier au roi : « Sire, sire, parlez à votre frère le comte de Poitiers, qui est sur cet autre vaisseau. » Alors le roi s'écria : « Illuminez, illuminez. »

Un pauvre pêcheur étant allé dire à la comtesse de Poitiers (les princesses étaient restées à Damiette), qu'il avait vu le comte de Poitiers délivré, elle lui fit donner vingt livres parisis.

La reine Marguerite avait aussi montré un grand courage et une forte résolution à Damiette. Sur le point d'accoucher, elle avait demandé à un vieux chevalier de lui couper la tête avant qu'elle tombât au pouvoir des Sarrasins ; à quoi il avait fait cette belle et simple réponse : « Je l'avois déjà bien pensé, que je vous occirois avant qu'ils nous eussent pris. »

Là aussi elle avait soutenu le courage de la comtesse d'Artois, dont elle partageait la douleur. Le prince qui naquit à Damiette fut surnommé Tristan à cause du moment douloureux où il venait au monde, et aussitôt sa naissance, voyant venir les croisés restés à Damiette et qui allaient s'enfuir, elle les conjura de lui rester fidèles au moins jusqu'à ce qu'elle fût relevée, et ils répondirent : « Madame, comment ferons-nous, car nous mourrons de faim en cette ville. » « Je ferai, répondit-elle, acheter tous les vivres en cette ville et je vous nourrirai tous dès à présent aux dépens du roi. » Alors ils lui octroyèrent qu'ils resteraient volontiers. La reine fit acheter pour trois cent mille livres de vivres, et, obligée de rendre la ville aux Sarrasins, à peine remise, elle se fit transporter à Acre pour y attendre le roi. Le prince y arriva le 14 mai après une pénible traversée, car la terrible maladie qui l'avait déjà atteint reparut et s'augmentait encore des douleurs que son cœur royal renfermait. Le désastre de cette belle armée si pleine d'ardeur lorsqu'elle s'embarquait à Aigues-Mortes; la mort de ce frère si tendrement aimé, et enfin le souvenir de la France qu'il ne reverrait peut-être plus et où il avait laissé une mère, objet de ses plus vives affections, cette sœur Isabelle dont le cœur était si uni au sien, ses trois enfants et cette belle couronne de France, qu'il avait déposée pour la remplacer pour toujours peut-être par la couronne d'épines du Christ : telles étaient ses pensées, tandis que ses deux plus jeunes frères, le comte de Poitiers et le comte d'Anjou, jouaient aux échecs sur le pont du navire. Le roi, étonné de ne plus les voir près de sa personne, s'informa de ce qu'ils devenaient : apprenant qu'ils passaient des heures entières à jouer, il se lève avec peine et trouvant le comte d'Anjou qui jouait avec messire Gauthier de Nemours, saisissant les dés et les tables, il les lance dans la mer en jetant l'argent sur les genoux de messire Gauthier.

Marguerite de France, Béatrix, Jeanne de Toulouse et enfin la triste veuve de Robert de France, Mahaut de Brabant, versaient des larmes au milieu de l'allégresse que faisait éclater l'arrivée du roi.

De nouveaux malheurs vinrent encore accabler les croisés : un vaisseau de guerre apportant des sommes immenses envoyées par Blanche de Castille, et auxquelles Isabelle de France avait contribué (dès le départ du roi, la pieuse princesse entretint dix chevaliers de la société de son frère), fut englouti dans les flots. A cette nouvelle désastreuse, saint Louis s'écria: «Ni cette perte, ni trente autres, ô mon Dieu, ne sauroient me séparer de la fidélité que je vous dois ! »

Ce fut alors que Blanche de Castille, difficilement maîtresse des esprits après les révoltes des pastoureaux, écrivit au roi pour le prier avec instance de revenir promptement. Le roi réunit son conseil : les princes, ses frères, les principaux seigneurs, le légat, étaient de cet avis. Mais le sire de Joinville, s'unissant au comte de Jaffa, osa contredire les princes eux-mêmes; les priant

de tenir la campagne un an encore, afin de faire délivrer les pauvres prisonniers, qui, disait-il, n'en sorti-
ront jamais sans cela.

Cette considération toucha tous les assistants, car
tous avaient quelque parent, quelque ami dans les fers ;
mais laissons Joinville nous faire connaître lui-même la
suite de ce conseil.

Cependant le roi ne dit rien, et chacun attendit
anxieux sa suprême décision. Le sire de Joinville, qui
dînait à la table du souverain, en donne ce récit naïf :
« Il ne me parla pas du tout tant que le repas dura, ce
qu'il n'avoit pas coutume de faire... et je croyois vraiment qu'il étoit fâché contre moi...

« Tandis que le roi ouït ses grâces, j'allai à une
fenêtre grillée, qui étoit en renfoncement vers le
chevet du lit du roi, et je tenois mes bras passés
parmi les barreaux de la fenêtre... Au moment où
j'étois là, le roi se vint appuyer sur mes épaules et me
tint ses deux mains sur la tête, et je crus que c'étoit
monseigneur Philippe de Nemours, qui m'avoit causé
trop d'ennui ce jour-là pour le conseil que j'avois donné
au roi, et je dis ainsi : « Laissez moi en paix, monsei-
« gneur Philippe ! »

« Par aventure, en faisant tourner ma tête, la main
du roi me toucha au milieu du visage, et je reconnus
que c'étoit le roi à une émeraude, qu'il avoit au doigt,
et il dit : « Tenez-vous tout coi ; car je veux vous de-
« mander comment vous, qui êtes un jeune homme,
« vous fûtes si hardi que vous m'osâtes conseiller de
« demeurer, contre tous les grands hommes et les

« sages de France, qui me conseilloient de m'en aller.
« —Sire, fis-je, j'aurois une mauvaise pensée dans le
« cœur, que je ne vous conseillerois à aucun prix de
« l'exécuter. — Dites-vous, fit-il, que je ferois une
« mauvaise action si je m'en allois? — Oui, sire, fis-je,
« que Dieu me soit en aide! » et il me dit : « Si je de-
« meure, demeurez-vous? » Et je lui dis : « Oui, si je
« puis, à mes frais ou aux frais d'autrui. — Or, soyez
« tout aise, me dit-il, car je vous sais bien bon gré de
« ce que vous m'avez conseillé ; mais ne le dites à per-
« sonne toute cette semaine. »

Le dimanche suivant Louis fit part de sa détermination de rester en Orient, offrant à chaque chevalier
des gages suffisants pour rester avec lui ; ceux qui ne
pouvaient se résoudre à rester se retiraient en pleurant.

Le roi décida que ses frères retourneraient en
France.

Les frères du roi et leurs femmes s'embarquèrent
pour la France dans les premiers jours d'août 1250,
recommandant leur royal frère au dévouement du sire
de Joinville.

« Après ces choses, dit le sénéchal, les frères du roi
et les autres riches hommes qui étoient en Acre pré-
parèrent leurs navires. Au moment de partir d'Acre,
le comte de Poitiers emprunta des joyaux à ceux qui
s'en allèrent en France, et à nous qui demeurâmes il en
donna bien et largement. L'un et l'autre frère me priè-
rent beaucoup que je prisse garde au roi ; et ils me
disoient qu'il ne demeuroit personne en qui ils espéras-
sent autant qu'en moi.

« Quand le comte d'Anjou vit qu'il faudroit s'embarquer sur le vaisseau, il montra une telle douleur que tous s'en étonnèrent, et, toutefois, il s'en vint en France. »

Le comte de Poitiers arriva si malade, qu'une grave attaque de paralysie mit ses jours en danger. De ces quatre beaux princes partis le cœur si vaillant trois ans plus tôt, l'un avait laissé sa vie aux mains des infidèles, le roi était encore aux prises avec tous les dangers auxquels il n'avait échappé qu'avec tant de peine, les maladies, les trahisons, les défaites, les navigations périlleuses, et ceux qui revenaient portaient en eux la trace des souffrances de la croisade. C'en était trop, quelle que fût la force d'âme de Blanche de Castille, qui avait si admirablement conduit cette nouvelle régence et dont un des derniers bienfaits fut d'affranchir les jeunes filles des serfs qui ne pouvaient, à cause de leur servitude, se marier.

Mais la mère était trop cruellement éprouvée ; une grande faiblesse se déclara bientôt, et, voyant sa fin approcher, elle se fit, selon les habitudes d'humilité d'autrefois, étendre sur la paille et expira dans ces sentiments de piété qui l'ont fait approcher de la sainteté. C'était le 1er décembre, anniversaire du couronnement de saint Louis ; autour de la couche pénitente de la reine de France se trouvaient sa fille Isabelle, la douce compagne de ses inquiétudes, de ses souffrances pendant cette croisade, celle qui ne devait se relever d'auprès du lit de mort de sa mère que pour s'ensevelir elle-même sous le voile religieux ; puis, les princes, ses fils, les enfants du roi, l'impératrice d'Orient.

Unissant les gloires de ce monde que Dieu lui avait données en partage et le symbole de son ardente piété, Blanche de Castille fut revêtue de l'habit des religieuses de Cîteaux, sur lequel on plaça le manteau et la couronne royale ; elle fut ainsi transportée à l'église de Maubuisson où elle fut ensevelie au milieur du chœur, et Guillaume de Nangis la proclama « la plus sage de toutes les femmes, celle avec qui toutes sortes de bénédictions entrèrent au royaume de France ! »

CHAPITRE III

FIN DE LA CROISADE.

Douleur de saint Louis à la nouvelle de la mort de sa mère. — Saints pèlerinages du roi. — Départ pour la France. — Vie des châtelaines pendant l'absence des croisés. — Incidents de la navigation royale. — Débarquement à Hyères. — Pèlerinage à la Sainte-Baume. — Réunion de la famille royale à Vincennes. — Entrée du roi à Paris et le *Te Deum* à Saint-Denis. — Résolution d'Isabelle d'embrasser la vie religieuse.

Saint Louis était loin de penser à un retour prochain ; son zèle pour la cause chrétienne en Orient prenait au contraire chaque jour une plus grande étendue, lorsque la nouvelle de la mort de Blanche de Castille vint le surprendre au milieu des vastes projets qu'il formait pour la Syrie.

En voyant entrer dans son appartement le légat, le chancelier de France, et Geoffroy de Beaulieu son confesseur, saint Louis fut saisi d'un douloureux pressentiment, et ses pensées se portèrent vers la France, où il avait laissé sa mère si vénérée, sa sœur Isabelle si tendrement aimée, enfin ses trois petits enfants ; sur laquelle de ces têtes si chères la main de Dieu s'était-elle appesantie ? Il n'en fallait pas douter, c'était une nouvelle cruelle qui allait lui être annoncée. Sans dire un mot, le roi ouvrit la porte de son oratoire, il contempla un instant le crucifix, et, se tournant vers son confesseur, son ferme regard seul l'interrogea. Après avoir rappelé au roi les grâces que Dieu lui avait faites, la résignation que tout chrétien doit à sa sainte volonté, Geoffroy de Beaulieu prononça le nom de Blanche de Castille. Alors saint Louis se prosterna devant la croix, prononçant ces saintes paroles: « Il est bien vray, ô toi cher père Jésus-Christ, que j'aimois ma mère sur toute créature de ce siècle mortel. Il est bien vray, mais que votre saint nom soit béni ! » Malgré cette chrétienne résignation la douleur filiale du roi fut telle, que pendant deux jours nul ne le vit que son confesseur qui ne le quitta pas ; le troisième jour le royal affligé fit demander le sire de Joinville devenu son fidèle et plus cher confident. « Quand je vins devant lui en sa chambre, là où il étoit seul, et qu'il me vit, il étendit les bras et me dit : « Ah ! sénéchal, j'ai perdu « ma mère !... — Sire, je ne m'en étonne pas, fis-je, car « elle devoit mourir ; mais je m'étonne que vous, qui « êtes un homme sage, ayez montré si grand deuil ; car « vous savez que le Sage dit que, quelque chagrin que « l'homme ait au cœur, rien ne lui en doit paraître sur « son visage ; car celui qui le fait en rend ses ennemis « joyeux, et en chagrine ses amis. »

« Madame Marie des Vertus, très-bonne dame et trèssainte femme, me vint dire alors que la reine montroit un très-grand deuil, et me pria que j'allasse vers elle pour la réconforter ; et quand je vins là, je trouvai qu'elle pleuroit, et je lui dis qu'il disoit vrai celui qui dit que l'on ne doit pas croire aux femmes : « Car c'étoit « la femme que vous haïssiez le plus, et vous en mon- « trez un tel deuil ! » Elle me dit que ce n'étoit pas pour la reine qu'elle pleuroit, mais pour la peine que le roi avoit du deuil qu'il montroit. »

Dans de telles circonstances le départ pour la France ne pouvait être longtemps différé. Le dernier acte du roi en Orient avait été de visiter le Thabor et Nazareth, pèlerinage auquel il s'était préparé par un jeûne sévère au pain et à l'eau.

« Le 25 mars 1252[1], escorté de ses chapelains, il s'était mis en route pour la terre sainte : il traversa silencieusement les environs de Nazareth, couverts de nopals, tristes comme ceux de Jérusalem et peuplés aussi de loups et de chacals. Apercevant au loin les murs de la ville, il descendit de son palefroi, se pros- terna, et demeura longtemps en oraison, la face contre terre. Il entra ensuite dans l'église bâtie par sainte Hélène, et regardée comme la plus belle de l'Orient. Tandis qu'il s'agenouillait, lui et ses compagnons, de- vant l'autel élevé sur la même place où, 1252 ans au- paravant, s'opéra l'un des plus merveilleux mystères, on entonna une messe solennelle, « suivie de glorieuses « vêpres et matines. L'office eust entièrement lieu à

---

[1] Villeneuve.

« chant et deschant avec accompagnement d'orgue et
« de trille. »

Le royal pèlerin, quoique très-fatigué, communia
devant l'hôtel disposé à côté des deux colonnes, dont
l'une indiquait le lieu où l'ange Gabriel salua Marie,
et l'autre, la place du vase d'élection. Jamais, depuis le
mystère de l'Incarnation, Dieu n'avait été honoré en ce
lieu avec plus de dévotion et d'édification. Les plus
beaux ornements de diverses couleurs que Louis faisait
porter avec lui, et dont il prenait un soin particulier,
ajoutèrent encore à l'éclat de cette touchante solennité
à laquelle présidait un cardinal romain.

Saint Louis dut s'arrêter et ne pas aller adorer le
Saint-Sépulcre. Le roi, qui en avait grand désir, hési-
tait, encouragé par la trêve récente et par les assuran-
ces que le khalife de Damas lui faisait donner que son
pèlerinage serait protégé par ses émirs; mais le roi
n'agissait jamais sans consulter son conseil. Un des
barons fit cette juste et franche réponse : « Sire, le
plus grand roi de la chrétienté peut-il franchir les
remparts de Jérusalem s'il n'a totalement délivré la
Terre-Sainte? Se trouverait-il après lui un seul prince
qui voulût se croiser de nouveau pour tenter cette conquête? Comme à vous, un simple pèlerinage leur suf-
firait. »

« Tout l'honneur du moyen âge paraît se résumer
dans ce sentiment qui arrêta en effet saint Louis : la
vue de Jérusalem esclave ne pouvait être supportée par
l'œil d'un roi de France croisé pour sa délivrance ! Il

le comprit, et se contenta d'envoyer de riches présents aux religieux gardiens du Saint-Sépulcre[1]. »

Après la mort de Blanche, tous pressaient le roi de fixer le terme du départ ; cependant le monarque résolut de passer l'hiver en Syrie, et son embarquement fut fixé pour le jour de Pâques, 12 avril 1254.

Les travaux de Sidon, la dernière des places à fortifier, touchaient à leur fin ; elle était déjà ceinte de bons remparts, de fossés, de hautes tours, et la présence du roi en cette cité ne devenait dorénavant plus nécessaire.

Saint Louis s'embarqua à Acre le jour de Saint-Marc, anniversaire de sa naissance, ce qui fit dire gaiement au sire de Joinville « qu'il pouvait bien dire qu'il étoit *René* quand il échappoit de cette périlleuse terre. »

De tous les princes croisés, il ne restait en Palestine que le roi, la reine et les trois enfants nés pendant la croisade : Jean Tristan, Pierre d'Alençon et la petite princesse Blanche, âgée de quelques mois.

Le roi s'embarqua aux acclamations d'une foule immense, qui s'écriait : « Vive le père des chrétiens ! »

Pendant que la nef royale s'achemine vers la France, prévenant son retour, écoutons le dernier écho de la croisade.

Dans les châteaux, dans les chaumières, tout aussi bien que dans le royal palais de Vincennes, ce fut grande *liesse* quand on apprit le retour du roi et la fin de la croisade.

Les châtelaines passaient, au fond de leur manoir,

[1] Villeneuve.

une vie austère partagée entre la prière, la garde de leurs enfants et le soin des pauvres, pendant le temps que leurs époux guerroyaient en terre sainte. Le pont-levis ne se levait plus que devant quelque pèlerin, et souvent c'était le chevalier lui-même qui venait surprendre les siens : surprise dangereuse par l'émotion subite qu'elle causait. C'est ainsi que la noble épouse de Geoffroy de Châteaubriand, le voyant arriver au moment où elle pleurait sa mort faussement annoncée, tomba sans vie à ses pieds.

Les seuls parents ascendants et les collatéraux jusqu'au quatrième degré visitaient la châtelaine pendant son veuvage temporaire. Les matinées étaient consacrées à la prière ; les seules distractions de la noble dame se passaient dans le parc où, entourée de ses enfants, elle portait le grain aux oiseaux de chasse et allait visiter les belles meutes, luxe du temps. Les fidèles animaux semblaient comprendre l'absence de leur maître, et léchaient tristement les mains de la châtelaine, tandis que les enfants joyeux et insouciants les entraînaient dans les allées du parc.

Puis on rentrait, les enfants apprenaient à lire dans de beaux manuscrits de la Bible tout enluminés, dont l'aumônier leur expliquait la sainte morale ; ou bien encore, conduits par un jeune page, ils s'exerçaient à monter à cheval, à tirer de l'arc et aux autres exercices du corps, si justement estimés dans l'éducation au moyen âge. La châtelaine, entourée de ses filles, brodait de riches tentures, le plus souvent destinées à l'ornement de la chapelle du château.

Pendant le dîner, l'aumônier lisait l'Évangile ou la Vie des Saints ; ensuite venait l'*heure de la charité :* une poterne du château ouvrait sur le bourg, et c'était là que la noble dame, accessible à tous, allait elle-même au-devant des pauvres, les soulageant de bonnes paroles, de larges aumônes, et les amenant au château lorsqu'ils avaient quelques plaies à panser.

Puis la cloche appelait à la chapelle où la prière commune réunissait maîtres et serviteurs ; à « huit heures les portes étaient verrouillées, et ni pour or, ni pour argent, aucun serviteur n'eût été assez hardi pour laisser entrer quelqu'un au château, où il n'y avait plus jusqu'au lendemain ni bruit ni lumière[1]. »

Lorsque quelque pèlerin ou quelque parent frappait à la porte seigneuriale, on l'introduisait dans une grande salle où se trouvait toujours dressée la table hospitalière.

« Au fond de la salle reluisait l'étain des buffets ; sur les meubles voisins étaient des bassins où les sangsues prédisaient l'orage, et le bocal où la grenouille des bois annonçait le beau temps en sortant de l'eau limpide, et le mauvais temps en y rentrant.

« Au-dessus de la cheminée, au fronton de pierre sculptée, étaient placés, sur des crans à étages, les lances, les masses d'armes et les glaives. Dans les angles de cette vaste salle étaient des meules de foins verts, et les sacs de mouture qu'attendait le moulin banal. Des faisceaux de colonnes finement sculptées

---

[1] Marchangy.

ornaient l'embrasure des fenêtres, dont les vitrages blancs, découpés en losanges, étaient encadrés dans d'autres vitrages couleur de pourpre...

« Les solives de la salle étaient peintes d'azur et d'or. Des anneaux d'acier y tenaient suspendues les couronnes de feuilles d'argent gagnées dans les tournois, les armures conquises sur l'ennemi, les palmes rapportées d'Égypte et de la Syrie...

« Le fauteuil du suzerain était plus élevé que les autres siéges. D'un côté était le poteau échelonné des éperviers et des faucons ; de l'autre se reposaient les lévriers. C'était sur ce trône que le suzerain rendait la justice et recevait foi et hommage[1]... »

Au repas, les serviteurs s'asseyaient à la table du suzerain, mêlés à ses fils.

Cependant la nef royale se dirigeait non sans péripéties vers le rivage de France ; elle avait, dès le départ, failli faire naufrage ; la tempête fut telle, que les ondes furieuses se brisaient contre les flancs du vaisseau qu'elles semblaient vouloir ouvrir.

La reine, assise près de ses enfants endormis, répondait aux nourrices effrayées qui voulaient les éveiller :

« Hélas ! si nous devons périr, qu'ils aillent à Dieu tout endormis ! » La reine, suggérée par Joinville, fit un vœu à saint Nicolas, et la tempête cessa.

Un peu plus tard, au milieu de la nuit, le feu éclata dans la chambre de Marguerite de Provence, et la pauvre princesse, qui craignait beaucoup le roi, éteignit

---

[1] Marchangy.

à elle seule le commencement d'incendie. Mais Joinville fit conseiller à la reine de le conter elle-même tout de suite au roi. Le prince ordonna que désormais le sénéchal ne se coucherait qu'après les feux éteints et après être venu en assurer le roi. Saint Louis, malgré sa grande piété, était fort sévère ; il pensait avec justice que douceur sans fermeté est plus vice que vertu ; mais avec quelle haute et sainte philosophie il savait rapporter tout à Dieu ! Après cette terrible menace de naufrage, il dit ces belles paroles : « Notre Dieu nous a bien montré son grand pouvoir, car un de ces petits vents faillit noyer le roi de France, sa femme et ses enfants, et toute sa compagnie ! Or, nous lui devons savoir gré et rendre grâces pour le péril dont il nous a délivrés. Quand de telles tribulations, ou de grandes maladies, ou d'autres persécutions adviennent aux gens, les saints disent que ce sont les menaces de Notre-Seigneur ; car de même que Dieu a dit à ceux qui réchappent de graves maladies : « Ores, vous voyez « bien que je vous eusse fait mourir, si je l'eusse voulu ; » ainsi peut-il nous dire : « Vous voyez bien que je vous « eusse noyés, si je l'eusse voulu ! » Le saint dit : « Seigneur Dieu, pourquoi nous menaces-tu ? Car si tu nous avais tous perdus, tu n'en serais déjà pas pour cela plus pauvre ; et si tu nous avais tous gagnés, tu n'en serais pas plus riche pour cela. » D'où nous pouvons voir, fait le saint, que ces menaces que Dieu nous fait ne sont pas pour accroître son profit ou pour détourner notre dommage, mais seulement à cause du grand amour qu'il a pour nous, il nous éveille par ses menaces, pour que nous voyions clair à nos défauts et que nous ôtions ce qui lui déplaît : faisons-lé ainsi, fit le roi, et nous ferons sagement. »

La nef royale aborda enfin, après dix semaines de traversée, à un port à deux lieues du château d'Hyères, qui était au comte de Provence (Charles d'Anjou), frère du roi. « La reine et tout le conseil, dit Joinville, furent d'accord que le roi descendît là, parce que la terre étoit à son frère.

« Le roi nous répondit qu'il ne descendroit pas de son vaisseau jusques à tant qu'il viendroit à Aigues-Mortes, qui étoit en sa terre. Le roi nous tint de la sorte le mercredi et le jeudi, que nous ne pûmes jamais le vaincre.

« Dans ces vaisseaux de Marseille, il y a deux gouvernails, qui sont attachés à deux barres de fer si merveilleusement, qu'aussi vite que l'on auroit tourné un roussin, l'on peut tourner le vaisseau à droite et à gauche. Le roi étoit assis, le vendredi, sur l'une des barres des gouvernails, et il m'appela et me dit : — Sénéchal, que vous semble de cette affaire ? et je lui dis : — Sire, il seroit bien juste qu'il nous en advînt comme il fit à madame de Bourbon qui ne voulut pas descendre en ce point, mais se remit en mer pour aller à Aigues-Mortes, et demeura, depuis, sept semaines sur mer. Alors le roi appela son conseil et leur dit ce que je lui avois dit ; tous furent d'avis qu'il descendît... Le roi se rendit au conseil : de quoi la reine fut très-joyeuse. »

Sans nous arrêter au séjour de saint Louis en Provence, suivons-le au pèlerinage célèbre de la Sainte-

Baume, qui n'est autre que le lieu sauvage où sainte Madeleine se réfugia après la résurrection du Sauveur pour y passer la dernière année de sa vie dans la plus austère pénitence. « Une grande forêt y conduit et prépare les pèlerins au recueillement et à la prière. On en voit, à toute heure du jour et de la nuit, traverser cette forêt, avenue imposante du désert, où l'on dit que Madeleine avait été en ermitage dix-sept années... Un chemin âpre et difficile, digne chemin de pénitence, taillé sur les flancs d'un roc élevé, aboutit à la grotte célèbre où la sainte pleura ses péchés... »

Telle était la Sainte-Baume au moyen âge. Les pèlerins y venaient à toute heure du jour et de la nuit récitant des litanies, ou chantant de naïfs cantiques en l'honneur de Madeleine, de Marthe et de Lazare, les patrons de la Provence, où tous les trois s'étaient réfugiés.

« La montagne de la Sainte-Baume est couverte de plantes aromatiques. Le jour de la Saint-Jean, les Provençaux viennent en foule sur cette montagne odorante, bien longtemps avant l'aurore...

« Femmes, vieillards, enfants, cueillent les herbes miraculeuses auxquelles on attribue mille vertus. Pendant plusieurs jours, les marchés de toutes les villes de Provence sont couverts de ces simples merveilleux ; on les conserve en des flacons d'huile d'olive, où elles se convertissent en un baume qu'on appelle *oli rouge*, employé avec succès pour les brûlures et un grand nombre de maladies. »

Suivi de toute sa cour, Louis IX se rendit à cheval

à l'antique forêt, et vint s'agenouiller à la chapelle de Madeleine, placée sur la crête de la montagne.

En un instant ce site sévère fut animé par une foule de prélats, de princes, d'hommes d'armes dont les lances se détachaient brillamment sur le vert sombre des arbres de la forêt, et les chants guerriers se mêlaient aux pieux cantiques qu'accompagnait le son argentin de la cloche de l'ermite.

Ce fut une grande joie pour la reine Marguerite de revoir cette chère Provence qui lui rappelait les souvenirs les plus doux de sa vie, ceux de son heureuse enfance baignée de soleil et de poésie...

Saint Louis, en traversant la France, s'arrêta dans chaque ville importante pour y octroyer quelque charte ou quelque édit. Il y avait dès lors un grand nombre de pèlerinages connus, et le roi se plaisait à prier dans ces lieux célèbres avant de venir reprendre les rênes du gouvernement.

Enfin, le cortége royal aperçut les collines qui entourent Paris; mais il n'entra pas dans la ville, et se rendit d'abord à Vincennes.

Isabelle de France y attendait le roi; ses habits de deuil rappelaient la mort récente de Blanche; aussi plus de douleur que de joie, plus de larmes que de sourires, présidèrent à l'entrevue de la famille royale, dans laquelle se faisait sentir la place vide du comte d'Artois, le plus aimé des frères du roi.

Ce ne fut pas sans une vive émotion que saint Louis et Marguerite embrassèrent les trois enfants qu'ils retrouvaient après six ans d'absence. L'aîné des jeunes

princes, âgé seulement de onze ans, se distinguait déjà
par une maturité d'esprit, un sens droit, une conscience pure où se reconnaissaient les soins que Blanche
de Castille avait pris tout particulièrement de lui ; et
le roi pouvait, en reposant ses yeux sur ce jeune héritier du plus beau royaume *après celui du ciel*, regarder
avec sécurité l'avenir de la France ; hélas ! l'avenir n'appartient pas toujours à ceux qui semblent tenir entre
leurs mains toutes ses promesses !

Cependant il fallut s'arracher au calme de Vincennes,
aux souvenirs de douce tristesse, aux joies intimes,
pour reprendre *le métier de roi*, qui ne fut jamais une
sinécure. Saint Louis, ne pouvant se refuser plus longtemps aux regards de son peuple, entra dans Paris
le 7 septembre.

La ville pavoisée de drapeaux et de banderoles, les
fanfares et les cris d'allégresse, faisaient ressortir davantage la tristesse que le roi ne pouvait dissimuler.
C'était la première fête française dans laquelle sa mère
n'était pas à ses côtés ; les épreuves de la croisade,
les souffrances des maladies et de la captivité, avaient
marqué profondément leurs traces sur son front pâle ;
une austérité de plus en plus grande se montrait dans
son attitude et ses vêtements : « une robe de camelot,
fourrée de poil de chèvre, des éperons et des étriers
d'acier uni, » telle était la sainte simplicité de ce roi
rentrant dans sa capitale au milieu d'une foule parée
de couleurs éclatantes, couverte de fleurs et de bijoux.

Ce fut en grande pompe que le roi traversa Paris
pour se rendre au moustier de Saint-Denis, accompagné

de sa royale famille et suivi de la foule immense. Là, un *Te Deum* fut chanté pour remercier Dieu de son retour, et le roi offrit à l'abbaye des tissus précieux rapportés d'Orient, et destinés à orner les châsses des saints martyrs.

Isabelle de France s'était jointe à la famille royale dans les fêtes de Paris et les prières de Saint-Denis; c'était la dernière fois qu'elle jouait son rôle de princesse. Depuis longtemps déjà sa résolution était prise; et, sans la croisade, elle se fût donnée plus jeune au Dieu qui aime qu'on lui sacrifie les prémices de la jeunesse; mais son devoir alors était pour sa mère si cruellement affligée par le départ de ses fils; puis elle avait, fidèle gardienne, veillé sur le dépôt précieux de la jeune princesse Isabelle, laissée à ses soins par Blanche mourante; maintenant sa mission à la cour était terminée, et rien ne pouvait plus retenir ce cœur que les attraits d'en haut appelaient à la solitude et à la pénitence.

Elle alla donc trouver son frère, et, selon sa coutume, elle se prosterna devant lui; puis, s'étant assise à sa prière, elle lui exprima sa sainte résolution, remercia d'abord le roi de toutes les bontés dont il l'avait toujours comblée; elle lui rappela que, si sa qualité de fille unique l'avait retenue près de Blanche, Dieu ayant brisé ce lien sacré, elle croyait devoir se rendre à son appel. Saint Louis, voyant sa sœur mener à la cour une vie tellement sainte qu'elle pouvait faire rougir plus d'une religieuse au fond de son cloître, ne s'était, paraît-il, jamais attendu à cette douloureuse séparation;

et sa surprise fut telle, qu'un historien du temps dit qu'il demeura *bouche béante et langue percluse*. Cependant, se soumettant à la volonté de Dieu, il lui accorda la permission qu'elle réclamait de son frère et de son roi, mettant à sa disposition telle somme qu'il lui plairait pour bâtir le monastère où elle voulait se retirer.

CHAPITRE IV

RÈGNE DE SAINT LOUIS ENTRE LES DEUX CROISADES.
ISABELLE A LONGCHAMPS.

Les amis du roi. — Justice de saint Louis. — Le roi dans sa famille. — Mariages et fiançailles des Enfants de France. — Mort du fils aîné de saint Louis. — Fondation du monastère de Longchamps. — Maladie d'Isabelle. — Pose de la première pierre (1258). — Les trois colombes ; paroles de Marguerite de Provence. — Inauguration du monastère. — Titre donné à la sainte maison : *l'Humilité de Notre-Dame.* — Discours du roi. — Ses dons à la communauté de Longchamps.

La partie la plus intéressante du règne de saint Louis est certainement celle qui se place entre les deux croisades qu'il entreprit. Laissant notre sainte héroïne se préparer, dans la retraite et le recueillement, au grand acte de sa complète séparation du monde, demeurons au milieu de cette famille qu'elle vient de quitter non sans déchirement, près de ce frère qu'après Dieu et sa mère, elle a tant aimé : parler du frère, n'est-ce pas encore parler de la sœur ? Leur piété, leur tendresse, leur sainte émulation dans le service de Dieu n'en firent en quelque sorte qu'une même âme, et si leurs destinées furent différentes, elles tendirent constamment au but suprême : se rejoindre près de Dieu !

Louis eut la voie active, Isabelle la voie contemplative ; elle priait pour la France, tandis que son frère la gouvernait. Souvent, en retrouvant dans cette étude Louis et Isabelle, il nous est venu à la pensée cet autre Louis qui fut un saint aussi, et cette autre Isabelle, Madame Élisabeth, unie avec le roi martyr de cette même affection fraternelle, la plus douce, comme la plus pure des affections, qui commence sur les genoux d'une mère et n'a pas besoin de se transformer pour continuer dans le ciel.

Après cette sœur si aimée, saint Louis paraît avoir donné la plus grande part de son cœur au sénéchal de Champagne, le loyal Joinville.

La noble affection qui unissait le maître et le serviteur était née au milieu des souffrances de la croisade : et ce qui naît dans la souffrance a de plus fortes racines que ce qui naît dans la joie.

Le roi et le sujet nous présentent de véritables contrastes, qui se retrouvent non-seulement dans leur nature et leur caractère, mais aussi dans leur piété : ce sont deux âmes sérieusement chrétiennes et remplies de l'esprit chevaleresque du moyen âge qu'un des écrivains de notre époque appelle justement *une véritable civilisation* ; et cependant que de fois le sénéchal et son royal ami discutent ensemble ! avec quelle loyauté et quelle respectueuse hardiesse Joinville donne à saint Louis des conseils que le roi est d'abord souvent éloigné de suivre, et auxquels pourtant il se rend presque toujours, comme nous l'avons vu pendant la croisade ! Mais, lorsqu'il s'agit des questions religieuses, la foi toute simple de Joinville qui sert Dieu de tout son cœur, *à la bonne franquette*, peut-on dire en rappelant l'expression pittoresque de saint François de Sales, s'abaisse devant cette sublime sainteté du roi qui élève toutes ses pensées si au-dessus des choses de la terre !

Laissons Joinville nous raconter lui-même l'un de ces entretiens religieux auxquels saint Louis se plaisait fort.

Il m'appelle une fois, et me dit : « Vous êtes un homme de sens si subtil que je n'ose vous parler de choses touchant à Dieu, et j'ai appelé les moines qui sont **ici** parce que je vous vais faire une demande. »

« La demande fut telle : « Sénéchal, fit-il, qu'est-ce « Dieu ? » Et je lui dis : « Sire, c'est si bonne chose, « que meilleure ne peut être. »—« Vraiment, fit-il, c'est « bien répondu ; car la réponse que vous avez faite est « écrite en ce livre que je tiens à ma main. Or, je vous « demande, fit-il, ce que vous aimeriez mieux, ou d'être « lépreux ou d'avoir fait un péché mortel ? » Et moi, qui jamais ne lui mentis, je lui répondis que j'aimerois mieux en avoir fait trente que d'être lépreux. Quand les moines furent partis, il m'appela tout seul, me fit asseoir à ses pieds, et me dit : « Vous parlâtes « en étourdi et en fou ; car il n'y a pas de lèpre aussi

« laide que d'être en péché mortel, parce que l'âme
« qui est en péché mortel est semblable au diable ; c'est
« pourquoi il ne peut y avoir de lèpre si laide. Et il est
« vrai que quand l'homme meurt il est guéri de la lèpre
« du corps ; mais quand l'homme qui a fait le péché
« mortel meurt, il ne sait pas, ni n'est certain qu'il ait
« eu un tel repentir, que Dieu lui ait pardonné. C'est
« pourquoi il doit avoir grand'peur que cette lèpre ne
« lui dure tant que Dieu sera en paradis. Aussi, je vous
« prie, fit-il, autant que je puis, d'habituer votre cœur,
« pour l'amour de Dieu et de moi, à mieux aimer que
« tout mal advînt à votre corps par la lèpre et toute
« autre maladie, que si le péché mortel venoit dans
« votre âme. »

« Il me demanda si je lavois les pieds aux pauvres le
jour du Jeudi-Saint.

« — Sire, dis-je, quel malheur ! les pieds de ces vi-
ains, je ne les laverai pas.

« — Vraiment, fit-il, ce fut mal dit, car vous ne devez
pas avoir en dédain ce que Dieu fit pour notre enseignement. Je vous prie donc, pour l'amour de Dieu
d'abord et pour l'amour de moi, que vous vous accou-
tumiez à les laver. »

L'esprit religieux de l'époque amenait souvent les
entretiens sur de semblables sujets. C'est ainsi que,
pendant le séjour du roi d'Angleterre en France, les
deux princes discutèrent ce qui était le plus excellent,
d'entendre la parole de Dieu ou de la méditer : saint
Louis, qui goûtait extrêmement la prédication, préférait à tout un bon sermon ; mais Henri III répondait

qu'il aimait mieux encore s'entretenir avec Dieu que de l'entendre louer.

C'est dans un de ces entretiens que saint Louis dit cette magnifique parole :

—Si j'ai pu faire quelque chose pour le service de Notre-Seigneur Jésus-Christ (il était question de la croisade), combien n'en ai-je pas été récompensé ! Il a daigné me faire supporter avec patience tous mes malheurs, et tel bienfait vaut mieux à lui seul que l'empire du monde !

Si le titre de saint est au-dessus de tous ceux de la terre, l'histoire a donné à saint Louis un de ces noms qui sont grands aussi, en le surnommant le justicier ; et, en effet, le fils de Blanche de Castille avait ce véritable culte de la justice et ce religieux respect d'une des plus hautes prérogatives de la royauté, de celle qui rapproche le plus l'homme de Dieu : le droit de juger. Louis IX ne l'exerçait qu'entouré des plus sages conseils. Ceux de Joinville sont toujours prêts ; plus d'une fois il rappelait à son royal maître ce qu'il avait osé lui dire au moment de sa rentrée en France : « Tandis que le roi séjournait à Hyères, afin de se procurer des chevaux pour venir en France, l'abbé de Cluny, qui fut depuis évêque d'Olive, lui fit présent de deux palefrois, qui vaudraient bien aujourd'hui cinq cents livres, un pour lui et l'autre pour la reine. Quand il lui eut fait ce présent, alors il dit au roi :

« —Sire, je viendrai demain vous parler de mes affaires.

« Quand vint le lendemain, l'abbé revint, le roi l'ouït

très-attentivement et très-longuement. Quand l'abbé
fut parti, je vins au roi et lui dis :

« — Je veux vous demander, s'il vous plaît, si vous
avez ouï plus débonnairement l'abbé de Cluny, parce
qu'il vous donna hier ces deux palefrois ?

« Le roi pensa longuement et me dit :

« — Vraiment oui.

« — Sire, fis-je, c'est parce que je vous donne avis et
conseil que vous défendiez à tous vos conseillers jurés,
quand vous viendrez en France, de rien prendre de
ceux qui auront affaire par-devant vous ; car soyez certain que, s'ils prennent, ils en écouteront plus volontiers et plus attentivement ceux qui leur donnent, ainsi
que vous avez fait pour l'abbé de Cluny.

« Alors le roi appela tout son conseil et leur rapporta
aussitôt ce que je lui avais dit, et ils lui dirent que je
lui avais donné un bon conseil. »

Qu'admirer davantage de saint Louis ou de Joinville ?
Heureux les rois qui ont de tels amis et qui savent les
écouter !

Cette exacte justice, on le sait, saint Louis la rendait
presque toujours lui-même, et le *chêne de Vincennes*
est resté populaire comme devait l'être plus tard la
poule au pot d'Henri IV.

« Maintes fois il advint qu'en été le roi alloit s'asseoir
au bois de Vincennes après sa messe, et s'accotoit à un
chêne, et nous faisoit asseoir autour de lui ; et tous ceux
qui avoient affaire venoient lui parler sans empêche-
ment d'huissiers ni d'autres gens, et alors il leur de-
mandoit de sa propre bouche :

« — Y a-t-il ici quelqu'un qui ait sa partie?

« Et ceux qui avoient leur partie se levoient, et alors il disoit :

« — Taisez-vous tous et on vous expédiera l'un après l'autre.

« Et alors il appeloit monseigneur Pierre de Fontaine et monseigneur Geoffroi de Villette, et disoit à l'un d'eux :

« — Expédiez-moi cette partie.

« Et quand il voyoit quelque chose à amender dans la parole de ceux qui parloient pour autrui, lui-même l'amendoit de sa bouche. Je vis quelquefois, en été, que, pour expédier ses gens, il venoit dans le Jardin de Paris, vêtu d'une cote de camelot, d'un surcot de tiretaine sans manches, un manteau de taffetas noir autour de son cou, très-bien peigné et sans coiffe, et un chapeau de paon blanc (de plumes de paon) sur sa tête ; et il faisoit étendre des tapis pour nous asseoir autour de lui ; et tout le peuple qui avoit affaire par devant lui se tenoit autour de lui debout, et alors il les faisoit expédier de la manière que je vous ai dit avant pour le bois de Vincennes[1]. »

Ce *Jardin de Paris* dont parle Joinville était le jardin du Vieux Palais des comtes de Paris, qui, agrandi par Louis IX, prit le nom de Grand-Châtelet. On sait que ce Grand-Châtelet est maintenant le Palais de Justice.

La justice consciencieusement rendue, les intérêts

____
[1] Joinville.

de tous respectés et défendus, et par suite le commerce étendu et encouragé, ce fut le grand et sérieux progrès d'une époque où la féodalité était encore si forte et les droits de tous si peu compris ; nous ne pouvons qu'indiquer ces changements auxquels le roi justicier donna tous ses soins et dont l'importance dépasse l'histoire intime que nous nous sommes proposé d'écrire. Nous nous contenterons de rappeler que l'extrême vigilance du roi ne se laissait tromper ni arrêter par aucun prétexte ; plus l'oppresseur était puissant et riche, plus la sévérité royale était exacte à s'exercer. Mais ce que Louis IX redoutait plus que tout, c'était la possession illégitime des biens anciennement confisqués par la couronne ; Philippe Auguste, entre autres, avait été peu scrupuleux à cet égard ; son petit-fils poussa peut-être la loyauté trop loin en rendant à l'Angleterre une partie de ses anciennes possessions sur le territoire français. Toujours est-il qu'un certain nombre de familles, et même de communes, rentrèrent dans leurs biens ; ceux des familles éteintes furent distribués aux pauvres. En autorisant le roi à disposer en leur faveur de ces héritages égarés, le pape ajoute à son décret ces paroles de juste éloge pour saint Louis : « Nous nous réjouissons jusqu'au fond de l'âme de voir que le Seigneur, semblable à l'étoile du matin, ne se couchant jamais afin d'éclairer les hommes, a versé en votre cœur les trésors infinis de sa grâce, a rempli votre âme de la clarté des vertus et des lumières de la justice. »

Le saint roi, si bon père pour ses sujets, veillait lui-même avec un soin religieux sur sa jeune famille ; il se rappelait les leçons de Blanche de Castille, et cherchait à donner à ses enfants ce que lui-même avait reçu de sa mère : l'héroïsme de la vertu. Le cœur de l'homme semble ne pouvoir porter à la fois qu'une affection à cette limite extrême qu'on appelle la passion, dernier mot de l'amour comme de la souffrance : c'est qu'hélas ! aimer, c'est presque toujours souffrir ; cette passion chez saint Louis fut l'amour filial ; après Dieu, elle domina tout dans ce grand cœur, et nuisit peut-être à la part que Marguerite de Provence était en droit de réclamer. Joinville trouve le roi sévère pour elle. Pour n'en citer qu'un trait : lorsque Marguerite revenant de Jaffa par mer à Sayette débarqua, le sénéchal quitta le roi pour aller au-devant d'elle : « Quand je revins au roi, qui étoit en sa chapelle, il me demanda si la reine et les enfants étoient bien portants, et je lui dis que oui ; et il me dit : « Je savois bien, quand vous « vous levâtes de devant moi, que vous alliez au-devant « de la reine; et pour cela j'ai fait attendre après vous « pour le sermon... »

Et pourtant Marguerite fut grande et courageuse à Damiette, et toutes les fois qu'elle est appelée à agir, elle montre unis le courage et la prudence; elle est touchante dans son amour maternel, elle l'est plus encore dans la manière dont elle partage les douleurs de son royal époux. Il est à regretter qu'elle n'ait pas eu, elle aussi, son intime historien : c'eût été sûrement une noble vie à montrer.

La jeune famille royale était très-nombreuse, et

saint Louis réunissait souvent à sa table tous ses enfants, même les plus jeunes, leur faisant porter le vendredi, en souvenir de la sainte couronne d'épines, des
chapels de roses.

Le soir, il les faisait venir « devant lui, dit Joinville,
et leur rapportoit les faits des bons rois et des bons
empereurs, et leur disoit qu'ils devoient prendre exemple sur de tels hommes. Et il leur rapportoit aussi les
faits des mauvais princes qui, par leur luxure, et par
leurs rapines, et par leur avarice, avoient perdu leurs
royaumes. »

« — Et je vous rappelle ces choses, faisoit-il, pour que
« vous vous en gardiez, afin que Dieu ne se courrouce
« pas contre vous. » Il leur faisoit apprendre leurs heures de Notre-Dame, et leur faisoit dire leurs heures du
jour pour les accoutumer à ouïr leurs heures quand ils
gouverneroient leurs terres. »

Peu de temps après le retour du roi, la princesse Isabelle, sa fille aînée, épousa le jeune roi de Navarre,
Thibaut ; de magnifiques noces s'étaient faites à Melun (1255) ; elles furent suivies des fiançailles du
comte d'Artois, âgé de dix ans, avec Amicie de Courtenay ; de celles de Louis de France, le jeune héritier de la couronne royale, avec Bérengère de Castille, sa cousine. Ces fêtes rendirent à la cour la gaieté
et les splendeurs qu'elle ne connaissait plus depuis
la mort de Blanche de Castille et la retraite de la sœur
du roi.

Louis de France n'était âgé que de seize ans ; ce
prince avait appelé sur lui la sollicitude spéciale de son

père, non-seulement comme héritier du royaume, mais encore par les sérieuses vertus qui rayonnaient sous l'auréole d'une merveilleuse innocence. Sa piété, sa droiture, sa grandeur d'âme, rappelaient la jeunesse de saint Louis, et le roi remerciait le ciel d'avoir ainsi comblé de ses dons le futur souverain, car il eût redouté de confier ses peuples au second de ses fils, Philippe, dont le caractère ne lui inspirait que peu de confiance ; c'est ainsi que jugent les hommes, et que les plus saints se trompent en croyant lire dans le livre de la Providence ! Au milieu de cette juste sécurité, au moment des épousailles, qui devaient être suivies du couronnement, à Reims, du prince, le souffle terrible de la mort vint éteindre les flambeaux de l'hyménée, et sa cruelle main briser la couronne prête à se poser sur ce jeune front ; violente comme lorsqu'elle frappe ceux qui ne devraient pas mourir, ceux qu'il semble que la jeunese et l'amour maternel devraient pouvoir lui disputer, en quelques jours elle enleva à la France ce rejeton de la plus noble race, que le pape Alexandre IV appelait déjà le futur appui de l'Église et de la religion. C'était à cet enfant que le saint roi avait dit une fois, se sentant lui-même fort malade: « Beau fils, je te prie que tu te fasses aimer au peuple de ton royaume ; j'aimerois mieux qu'un *Escot* vînt d'Écosse ou quelque autre lointain estranger qui gouvernât le royaume bien et loyalement que si tu le gouvernois mal et en reproches ! »

L'abbaye de Saint-Denis s'ouvrit tristement devant le blanc cercueil fleurdelisé porté sur les épaules de Henri III, et suivi des barons d'Angleterre et de France.

Il est des douleurs devant lesquelles les plus héroïques courages s'abaissent, les natures les plus fortes s'avouent vaincues; et la Grâce triomphant dans les âmes ainsi brisées ne s'exprime que par le silence de l'homme qui reconnaît son néant devant Dieu; la mort de Louis de France fut un de ces coups imprévus, terribles avertissements pour les cœurs éloignés, épreuves suprêmes pour les cœurs fidèles; aussi, aucun des historiens de saint Louis ne rappelle-t-il, à cette occasion, quelques-unes des grandes paroles de résignation chrétienne que le monarque avait prononcées au milieu des plus profondes douleurs de sa vie, même à la mort de sa mère. Un deuil immense s'étendit sur la cour tout entière, et le roi chercha ses meilleures consolations auprès de sa sœur, qui regrettait vivement le jeune prince, qu'elle avait maternellement aimé, et auquel elle avait prodigué tant de soins pendant la croisade.

La dernière fois que nous avons entrevu notre héroïne, — car son humilité ne permet guère que de l'entrevoir dans les principales circonstances de sa sainte vie, — elle venait d'obtenir du roi, son frère, la permission de se retirer de la cour et de fonder un monastère. Sa charité, son amour des pauvres, lui avaient suggéré la pensée d'élever un hôpital; mais son confesseur, le chancelier Hemery, l'en dissuada : « Le docteur Hemery, dit le père Caussin, donna conseil à Madame Isabelle de faire un couvent de filles, ce qui était pour lors très-bien avisé, vu le petit nombre de mendiants et la facilité d'avoir les premières nécessités de la vie; » tandis que beaucoup d'âmes aspiraient au repos de la solitude, et qu'à la suite de la croisade grand nombre de veuves et d'orphelines désiraient se consacrer à Dieu et passer le reste de leur vie à prier pour ces vaillants croisés, qui, morts au service de la cause sainte, avaient cependant peut-être à expier bien des rapines, bien des scandales dans ce lieu où il faut s'acquitter jusqu'à la dernière obole. Payer par les bonnes œuvres et la pénitence une partie de cette dette de l'autre vie, n'est-ce pas l'un des plus beaux priviléges de la foi catholique?

La règle de saint François d'Assise fixa les regards de la princesse : son amour de Dieu se sentait assez grand pour embrasser le sacrifice le plus complet. Le saint fondateur n'avait pas d'abord pensé que des femmes pourraient jamais accepter l'effrayante rigueur de son Ordre. Mais Dieu en avait décidé autrement : ses ardentes prédications, sa vie, qui semblait un miracle perpétuel, enthousiasmèrent aussi bien les femmes que les hommes; et, entre elles, « la trèssainte vierge Claire fut la première plante du champ très-fructifiante, laquelle, comme fleur blanche et nouvellement plantée au jardin de sainte religion, donna odeur de sainte vie et de toutes vertus; et comme une estoille resplendissante et embrasée comme feu, laquelle se nomme l'estoille journalle, icelle vierge, sacrée de son bon gré, se fist fille spirituelle du saint homme François, et se rendit à luy obédiente en toutes choses, donnant exemple de saincteté et de bonne vie à toutes les aultres vierges, qui, par son odeur et saincte conversation, se rendirent avec elle au service de Dieu et dessouls l'obédience du benoist François. Elle fust mère des pauvres dames de l'Ordre de saint Damyen d'Assise[1] (1156). »

Cependant saint Louis, en octroyant à sa sœur la permission d'adopter l'austère vie des filles de saint François, exigea que la règle en fût mitigée. Isabelle se soumit comme toujours à l'avis du roi, qu'elle regardait comme son *chevetain*, selon l'expression d'Agnès d'Harcourt, c'est à-dire comme son conseiller suprême, et le directeur absolu de toutes ses affaires les plus importantes. Saint Louis désigna six ecclésiastiques de grand mérite pour revoir la règle des Clarisses ; parmi eux se trouvait un modeste capucin, qui devait être plus tard le docteur séraphique, saint Bonaventure.

Tout le temps de ce travail, la princesse, inquiète et désireuse que la volonté de Dieu se montrât dans les décisions qui allaient être prises, fut en proie à une fièvre violente qui ne cessa qu'à la nouvelle des bulles d'Alexandre IV confirmant et approuvant ces changements ; le vicaire de Jésus-Christ avait parlé, la foi d'Isabelle était rassurée.

Dès lors il ne resta plus qu'à poser les fondements du monastère, et un jour les longues plaines (Long-

---

[1] *La Vie et Légende de monsier sainct Franzoys*, publiée par le prince A. Galitzin.

champs), qui se trouvaient au bord de la Seine et sé-
parées de Paris par le bois de Boulogne, furent couvertes d'un monde nouveau pour elles ; jusque-là elles
n'avaient été guère fréquentées que par les malfaiteurs,
ce qui les avait fait surnommer *coupe-gorge*, et aujourd'hui c'était la cour, entourée des grands dignitaires de l'Église, qui, à la suite de la Croix, y déployait de saintes splendeurs ; l'évêque de Paris planta
l'emblème sacré du salut au milieu de la plaine dé-
serte ; et alors, au chant de pieux cantiques, saint
Louis s'avança et posa la première pierre ; la reine le
suivit et posa la seconde, le jeune prince Louis la troisième, et l'humble fondatrice, les yeux modestement
baissés, toute troublée et tout heureuse, posa la quatrième : « Lors, au-dessus du lieu, on aperçut voler
en l'air trois colombes blanches, des plus belles et
rayonnantes qui se soient jamais vues ; et ce qui étonna
davantage les spectateurs, ce fut quand ils apprirent
qu'il n'était point mémoire d'y en avoir jamais vues
de semblables... Et sur l'apparition des trois colombes,
la reine Marguerite prit notre sainte par la main et lui
dit : « Voyez-vous ces oiseaux? ils signifient, je m'assure, que la sainte Trinité est au commencement de
votre œuvre. »

L'édifice avança promptement, puisqu'en deux ans
il fut habitable. Au mois de juin (1260), la veille de
la fête de saint Jean-Baptiste, la cour s'y transporta de
nouveau pour y installer les religieuses. Déjà Louis
de France n'était plus depuis quelques mois; lui seul
manquait au pieux appel, et tous étaient tristement

impressionnés en se rappelant avec quelle piété il avait pris part à la pose de la première pierre deux ans auparavant.

La communauté se composait de soixante *sœurs mineures ;* plusieurs d'entre elles, déjà religieuses, avaient été détachées d'un couvent de Reims, afin d'initier les nouvelles novices aux pratiques de la règle ; ces dernières étaient presque toutes de fort grandes dames appartenant à la cour, attachées aux princesses, et que l'héroïque exemple d'Isabelle avait entraînées.

Ces nouvelles religieuses se présentèrent en habits somptueux, à l'exemple de sainte Claire, que saint François d'Assise avait fait venir parée magnifiquement à l'église de la Portioncule, le dimanche des Rameaux, couvrant lui-même cette splendeur mondaine du sac et de la corde sous lesquels la noble fille devait à tout jamais s'ensevelir. Cet usage antique, qui à lui seul résume la transformation du cœur qui quitte tout pour ne plus posséder que Dieu, aux yeux duquel la beauté de l'âme seule existe, avait été aboli par le septième concile de Constantinople ; remis en honneur par sainte Claire, il se pratique encore dans la plupart des ordres religieux.

Isabelle vit avec grande joie tant d'âmes se vouer à Dieu ; mais, plus humble qu'elles toutes, elle voulut imiter, dans la mesure possible, l'extrême humilité du saint fondateur de son Ordre, qui, effrayé de la grandeur du sacerdoce dont il disait : « Si je rencontrais un ange et un prêtre, je saluerais le prêtre le premier, » resta diacre toute sa vie. Isabelle de France, adoptant la règle de ses religieuses, n'en prit cependant pas l'habit, afin surtout d'échapper aux dignités qu'on lui eût sans aucun doute imposées.

Humble et soumise à la supérieure comme la dernière des sœurs, pauvrement vêtue, ayant coupé ses magnifiques cheveux, que ses femmes dès son enfance recueillaient comme de futures reliques, elle s'ensevelit dans un silence perpétuel que n'interrompaient que rarement les visites de la famille royale; telle est du moins l'opinion des plus sérieux historiens.

Dans le jour si désiré de l'inauguration du monastère, le roi, la reine, les princes, l'auguste fondatrice, ne voulurent aucun signe de distinction et s'assirent au même rang et sur de pauvres siéges comme les religieuses.

Isabelle décida que la sainte maison serait consacrée sous le titre d'Humilité de Notre-Dame, et Agnès d'Arcourt, qui l'avait suivie dans sa retraite, lui demandant pourquoi elle avait choisi ce titre, elle répondit : « Parce que je n'ai jamais ouï parler de personne qui le prît, ce dont je m'émerveille, et il me semble qu'ils ont laissé le plus beau nom et le meilleur qu'ils pussent prendre; c'est le nom auquel Notre-Seigneur élut Notre-Dame à être sa mère; c'est pour cela que je l'ai pris pour ma maison. »

Le saint roi, très-instruit dans les matières religieuses, voulut lui-même, dit l'historien Rouillard, faire le discours d'inauguration. Ce discours fut fort long, il remplit vingt-quatre pages in-octavo. Nous y trouvons une belle pensée attribuée à Pascal;

après avoir comparé l'homme extérieur et charnel à l'homme intérieur et spirituel, le saint roi s'exprima ainsi : « Si, selon l'avis du Mercure Trismégiste, grand prêtre et grand roi tout ensemble, Dieu pouvait être appelé une sphère intellectuelle, dont *le centre est partout et la circonférence nulle part*, à cause qu'il a le monde pour son siége et que son regard n'est circonscrit par aucun lieu, etc.... » Saint Louis en tire une subtilité un peu longue qui attribue la perfection à la forme ronde ; c'était dans l'esprit du temps où les sermons renfermaient tant d'étranges raisonnements.

Mais il s'y trouve aussi de gracieuses et naïves pensées : « Vous plaît-il que je vous dise la pensée qui m'échut au cœur, lorsque, en l'année 1239, j'eus cet honneur que de porter la sainte couronne d'épines depuis le bois de Vincennes jusqu'à Notre-Dame, et de là à ma Sainte-Chapelle ? J'étais nu pieds, par révérence ; je tins ce joyau sacré entre mes mains ; mes frères, le comte d'Artois et le comte de Poitou, par bon office, me supportaient, l'un le bras droit et l'autre le bras gauche, pour me garantir d'une lassitude qui m'était néanmoins plus agréable que tout aise et repos qu'on saurait désirer.

« Je contemplais cette sacrée couronne, faite de cette grosse ronce que les Grégeois appellent *philantrôpé* ou amatrice des hommes, lui ayant donné ce surnom par forme d'attribut, à cause qu'elle a des crochets si aigus et si tenaces, qu'il n'y a ni étoffes ni robe qui en approche à laquelle incontinent elle ne s'agrafe et s'accroche avec telle ténacité, que, quelque effort qu'on fasse pour s'en dépêtrer, il faut qu'il lui en demeure sa part et son lopin.

« Et alors, me disais-je en moi-même : O Dieu, puisqu'il vous a plu de vous faire couronner de cette *philantrôpé* ou amour pour les hommes, et que cet amour si excessif vous a coûté tant de peines et de tourments, oh ! que stupides et insensés seraient les hommes qui ne s'efforceraient de vous rendre le réciproque, sinon par effet, à cause de leur nature trop faible, du moins par un retour de bonne volonté !

« Couronne qui surpasse l'excellence de toutes celles d'or fin, de toutes celles de pierres précieuses, et toutes ces désirées guirlandes qui ont été ou sont en vogue ! Elles sont, la plupart, données pour loyers de meurtres, de saccages et d'autres tels désordres qui arrivent par les guerres ; et la vôtre est par l'exercice de philanthropie, de charité, par la conservation du genre humain... »

Les dons qu'il plut au roi de faire dès le jour de cette solennelle inauguration au monastère de sa sœur bien-aimée furent vraiment royaux. La communauté fut dotée de tous les étangs qui l'entouraient, exemptée de tous les impôts, chauffée aux frais de l'État par des livrées de bois de la forêt de Fontainebleau et du bois de Boulogne ; ce qui nous fait penser qu'un des articles mitigés dut être celui du chauffage, car la règle des Clarisses n'admet, ordinairement, de feu qu'à la cuisine et à l'infirmerie. Enfin, le roi avança à sa sœur *six vingt livres parisis*, somme très-importante alors.

Au moment de se retirer, après avoir demandé à toutes les religieuses de prier chaque jour pour la France et la famille royale, saint Louis posa sur l'autel une admirable châsse d'or renfermant un morceau de la vraie croix, et un reliquaire de cristal et d'argent ciselé contenant une épine de la sainte couronne.

Et dans ces plaines, où jadis on n'entendait que chants d'orgie, de pures voix chantèrent jour et nuit les louanges de Dieu, et le sang des victimes innocentes s'écoula, sous les instruments de la pénitence, uni au sang de Jésus-Christ, là où le meurtre avait plus d'une fois rougi le sol d'un sang fratricide.

CHAPITRE V

LA COUR DE SAINT LOUIS.

Coup d'œil rétrospectif sur la cour de saint Louis avant la croisade. — La cour après la croisade; les frères du roi; les plaisirs de la cour; trouvères et troubadours; drames historiques et religieux; Marie de France; le *Roman de la Rose*. — Anecdotes. — La cour après la mort de Louis de France; pensée du roi de se faire moine; la reine refuse son consentement; bonnes œuvres de cette princesse; la grande confrérie hospitalière de Notre-Dame. — Vie sainte du roi; ses hôtes habituels; la journée du roi. — La prédication au treizième siècle. — Les exercices du carême. — La Sainte-Chapelle; fondations royales. — Les arts au treizième siècle; Charles d'Anjou et Cimabué.

Avant de nous retrouver une dernière fois à la cour de saint Louis, rappelons-en les diverses transformations. Lorsque le jeune roi avait épousé Marguerite de Provence, la cour avait un aspect singulièrement austère. Blanche de Castille, jalouse de la vertu de ses fils, éloignait d'eux toute mollesse et tout plaisir touchant à la galanterie; elle fortifiait leur âme par

les pratiques d'une sérieuse piété, et elle voulait que
leur santé se développât par tous les exercices du
corps ; mais point de tournois, point de musique profane, point de poésie tendre et langoureuse ; la force
morale, la force physique, de vrais chrétiens capables
de devenir des saints, de véritables chevaliers prêts à
soutenir les fatigues des combats ; des esprits justes et
droits, des consciences pures : tels sont les caractères
que nous retrouvons dans les fils de Blanche, quelle
que soit du reste leur nature personnelle.

Marguerite de Provence avait apporté au milieu de
cet air sain, mais un peu âpre, les doux parfums du
Midi ; elle était venue jeune, enfant, enjouée, poétique,
et sa piété méridionale n'avait pas été troublée par les
éloges des troubadours, ni par les plaisirs « du gai savoir. » Elle apportait à la cour de France un charme in-
connu jusque-là ; l'austérité de saint Louis, la sévérité
de Blanche de Castille, l'éloignement où la jeune reine
se trouva de tout ce qui touchait au gouvernement,
cette cour sans femmes, amenèrent un changement
complet dans son existence.

Aussi les premières années de son mariage furent-
elles assez tristes ; à part les fêtes dans lesquelles elle
paraît à la suite de Blanche, son nom est à peine pro-
noncé ; mais l'amour maternel donna enfin un noble
but à sa vie, et Marguerite s'occupa exclusivement de
l'éducation de ses enfants.

Au retour de la Croisade, sans s'immiscer davantage dans les affaires de l'État, on sent cependant que,
n'ayant plus Blanche de Castille entre Louis et elle,

son rôle de reine sera moins borné. C'est le moment
où la cour de France eut le plus d'éclat. La poésie y
fut cultivée, même dans la famille royale, par Charles
d'Anjou en particulier.

Le croirait-on, les deux talents les plus estimés à
cette époque sont ceux de « bon danseur » et de chan-
sonnier ; aussi, « les maîtres mimeurs et les professeurs de ballets » étaient-ils fort nombreux. La famille royale était très-unie : le monarque et ses frères
ne se quittaient guère, et les princesses entouraient la
reine avec un empressement affectueux.

Le comte Alphonse et Jeanne de Toulouse résidaient
ordinairement à Vincennes, quoiqu'ils eussent leur
hôtel près du Louvre. « Alphonse se rendait chez le roi
son frère accompagné d'un connétable, de chambellans, d'écuyers, de sergents d'armes, d'arbalétriers
et d'une foule de gentilshommes et troubadours des
Marches, du Poitou et du Languedoc où ce prince était
adoré : « C'étoit, disaient-ils, un vray miroir de che-
« valerie, chaste et pieux, généreux, bon aux bons,
« comme son frère ; grand justicier aux méchants. »

« Moins puissant alors, moins connu, moins aimé,
Charles d'Anjou attirait néanmoins un grand nombre
de poëtes méridionaux dans sa résidence de l'hôtel
Saint-Paul. Un cortége brillant escortait également ce
prince et Béatrix au palais de Louis, où ils retrouvaient les autres princes du sang, les grands vassaux,
l'élite de la chevalerie de France [1]. »

____

[1] Villeneuve.

Les belles salles du Louvre se remplissaient souvent ainsi de tout un monde de princes et de seigneurs. Le « fauteuil royal, sculpté en oiseaux ou animaux fantastiques, » était occupé par le souverain près duquel Marguerite se tenait assise sur un siége élevé ; les enfants de France, les frères du roi auxquels se joignaient presque toujours quelques princes d'Angleterre ou de Savoie, se pressaient autour d'eux. Enfin, ducs, comtes, barons, prélats, abbés, clercs de tous rangs et gentilshommes se montraient en grande foule dans ces réunions.

« Les trouvères et les troubadours de profession se plaçaient en dessous, sur des tréteaux ou escabelles en bois travaillé, ou sur de larges bancs longs de vingt pieds, décorés de colonnettes torses et de sculptures délicates. » Ces trouvères avaient des talents différents selon la contrée d'où ils venaient : ceux du midi s'accompagnaient de la cithare, sorte de guitare souvent sculptée dans l'ivoire et ornée d'argent ; ceux de Normandie étaient des « diseurs, » c'est-à-dire qu'ils racontaient des récits plus ou moins fantastiques, des légendes, des voyages merveilleux ; les bardes bretons récitaient en vers des ballades d'une poésie brumeuse et pleine de fées et de miracles ; les Allemands se rapprochaient du même genre dans leurs chants quelquefois héroïques, rappelant les hauts faits des héros germaniques du moyen âge, ces hommes de fer, ces hardis habitants de véritables nids d'aigles bâtis au sommet des montagnes qui dominent le Rhin ; des harpes d'argent, des vielles, accompagnaient les chants. Il se joignait à ces poëtes des jongleurs habiles dans mille tours inexplicables.

L'un des plus célèbres des troubadours fut *Rute-bœuf;* il maniait habilement la satire, et, après les désastres de la croisade, il osa composer le chant suivant :

« J'étois donc monté sur destrier vers la Saint-Remi, et je marchois le long d'un vergier songeant à nos pauvres chrétiens d'Aixe ou de la Terre sainte, lorsque ainsi tout pensif, j'entendis deux chevaliers causer en cette façon :

« Le Croisié. — Bel ami, Dieu nous appelle aux saints lieux pour les défendre contre la profanation des infidèles. »

« Le Descroisié. — N'est-ce pas? j'iray au prix de mon sang conquérir un pays loingtaing, dont on ne m'abandonnera rien quand on en sera le maistre, et je laisserai ici, en garde aux chiens, mon fief, ma femme, mes enfants? seroit folie quitter 100 sols pour en gagner 40 en solde?

« — Mais la providence de Dieu pourvoyera à tout; il rendra le centuple de ce qu'on perd pour lui.

« — C'est pourquoi tous ceux qu'on envoye à Rome ou à Saint-Jean de Compostelle s'en reviennent nuds, sans serfs ni varlets.

« — Mais peut-on se sauver en s'ébattant dans la joie et le plaisir? Considérez le roi de France qui prend le bourdon, quitte ses enfants et son royaume... Il abandonne certes plus que nous !

« — Sire, je dors toutes les nuits, je vis d'intelligence

avec mes voisins, et par saint Pierre ! je veux mener longtemps ce train joyeux ici avec mes amis. Si le soudan veut m'attaquer, il trouvera ma bannière et mes armes ! Je traverse volontiers un ruissel, le saute et le passe hardyment. Mais, d'ici à Saint-Jean-d'Acre, l'eau est par trop profonde et le canal trop large. Dieu est partout ! et pour moi en France, autant que pour vous à Jérusalem. »

Cependant il faut bien que la religion l'emporte et le *Décroisié* se laisse convaincre de prendre la croix [1].

Des drames se jouaient devant la Cour rappelant des épisodes de la terre sainte, particulièrement la mort du comte d'Artois répondant à Dieu au moment de mourir :

> Seigner, si je suis jeune ayez point en dépit ;
> On a vu bien souvent grand cœur de corps petit !

D'autres scènes étaient empruntées aux souvenirs des gloires nationales, de Roncevaux, des guerres de Lombardie. Marie de France venait y lire ses poëmes mélancoliques et ses fables ; Guillaume de Lorris des fragments du *Roman de la Rose :* on y cherchait, paraît-il, de pieuses allégories ; et, du reste, ce sont les époques de foi qui se scandalisent le moins des libertés de langage.

Enfin citons les représentations des saints mystères, qui étaient si vives, que les malheureux qui jouaient

---

[1] Discussion du Croisié et du Descroisié.

le rôle des martyrs en étaient souvent malades et es-
tropiés.

Les princes, les princesses, les seigneurs, portaient
de brillants costumes, qui faisaient mieux ressortir
l'extrême simplicité du roi ; mais Louis, sévère pour
lui-même, montrait une grande bonté et indulgence
pour les autres. Le trait qu'en rapporte Joinville en
fait foi.

« Le saint roi fut à Corbeil un jour de Pentecôte,
là où il y avoit quatre-vingts chevaliers. Le roi descendit après dîner au préau sous la chapelle, et il par-
loit à l'entrée de la porte au comte de Bretagne...
Maître Robert de Sorbon vint me querir là et me
prit par le bout de mon manteau, et me mena au
roi ; et tous les autres chevaliers vinrent après nous.
Alors je demandai à maître Robert : « Maître Robert,
« que me voulez-vous ? » et il me dit : « Si le roi s'as-
« seyoit dans ce préau, et si vous alliez vous asseoir sur
« un banc plus haut que lui, je veux vous demander
« si on vous en devroit bien blâmer. » Et je lui dis que
oui. Et il me dit : « Donc, vous faites chose bonne à
« blâmer quand vous êtes plus noblement vêtu que le
« roi ; car vous vous vêtez de fourrures et de drap vert,
« ce que le roi ne fait pas. » Et je lui dis : « Maître Ro-
« bert, sauf votre permission, je ne fais rien à blâmer si
« je me vêts de fourrures et de drap vert ; car c'est
« l'habit que me laissèrent mon père et ma mère. Au
« contraire, vous faites chose à blâmer : car vous êtes
« fils de vilain et de vilaine, et vous avez laissé l'habit
« de votre père et de votre mère, et vous êtes vêtu de

« plus riche camelin que le roi ne l'est. » Et alors je
pris le pare de son surcot et du surcot du roi et je lui
dis : « Or, regardez si je dis vrai. » Et le roi entreprit
de tout son pouvoir de défendre maître Robert par ses
paroles.

« Après ces choses, monseigneur le roi appela monseigneur Philippe et le roi Thibaut, et s'assit à l'entrée
de son oratoire, et mit la main à terre et dit : « Asseyez
« vous ici bien près de moi, pour qu'on ne nous en-
« tende pas. » — « Ah, sire ! firent-ils, nous n'oserions
« nous asseoir si près de vous. » Et il me dit : « Sé-
« néchal, asseyez-vous ici. » Ainsi fis-je, et si près de
lui que ma robe touchoit la sienne, et il les fit asseoir
après moi, et leur dit : « Vous avez vraiment mal fait,
« vous qui êtes mes fils, et qui n'avez pas fait du
« premier coup tout ce que je vous avois commandé ;
« et que cela ne vous advienne jamais ! » Et ils dirent qu'ils ne le feroient plus. Et alors il nous dit qu'il
nous avoit appelés pour se confesser à moi de ce qu'il
avoit à tort défendu maître Robert contre moi. « Mais,
« fit-il, je le vis si ébahi qu'il avoit besoin que je l'ai-
« dasse. Et toutefois ne vous tenez pas à ce que j'en ai
« pu dire pour défendre maître Robert ; car, ainsi que
« le sénéchal le dit, vous devez vous bien vêtir et pro-
« prement parce que vos femmes vous en aimeront
« mieux, et vos gens vous en priseront plus. Car, dit le
« Sage, on se doit parer en vêtements et en armures de
« telle manière que les prud'hommes de ce siècle ne di-
« sent pas qu'on en fasse trop, ni les jeunes gens de ce
« siècle qu'on en fasse trop peu. »

Le mariage de la reine de Navarre, fille aînée du roi, et les fiançailles de Louis de France, avaient, nous l'avons vu, ajouté encore aux plaisirs de la cour, lorsque la mort imprévue du jeune prince y amena une transformation complète. Les réunions brillantes cessèrent, excepté dans des jours de solennité obligatoire où le roi dut recevoir à sa table les barons. Louis et Marguerite adoptèrent une existence tout intime et de plus en plus religieuse; le roi même, se rappelant d'anciens désirs de perfection qui dataient de son retour de la croisade, alors qu'un religieux, frappé de son éminente piété, avait osé lui dire : « Sire, ne seriez-vous pas bien aise de pouvoir chaque jour tenir entre vos mains le Dieu porté dans le sein de la Vierge Marie?— Sans doute, répondit le prince, il n'est personne qui ne doive désirer tel bonheur. » Le moine alors cita l'Évangile : « Si quelqu'un abandonne son père et sa mère, ou sa femme et ses enfants, pour l'amour de moi, il recevra le centuple par la vie éternelle... Déjà, Sire, vous avez beaucoup souffert pour Jésus-Christ, vous avez même exposé votre vie pour sa gloire, il ne vous reste qu'à tout abandonner pour porter notre croix, c'est-à-dire notre habit, par là vous parviendrez au sacerdoce et mériterez de tenir chaque jour Notre-Seigneur entre vos mains. » L'exemple de détachement que venait de donner Isabelle, sa sœur bien-aimée, le sentiment immense du néant des grandeurs de ce monde qu'il éprouva devant le cercueil de son fils, semblèrent à Louis un nouvel appel de Dieu; et son âme, comme toute autre âme cruellement frappée, n'eut d'autre désir que celui du repos et de la solitude. Il n'eut plus qu'une pensée : s'ensevelir sous le manteau d'un des ordres qu'il aimait tant, que ne pouvant se décider entre les deux il disait : « Si je pouvais me partager en deux, je le ferais de bon cœur; » l'ordre de Saint-Dominique et celui de Saint-François.

Il fallait pour cette retraite le consentement de la reine, et cette sage princesse sut retenir le roi, non par des larmes de tendresse, mais par un refus invariable. « La Providence, dit Geoffroy de Beaulieu, confesseur du roi et frère prêcheur, ne permit pas que Louis se défendît contre les sages raisons de Marguerite, et sa facilité à s'y rendre est peut-être une des circonstances qui prouvent le mieux combien le caractère de sa piété était raisonnable et assujettie aux règles de la prudence chrétienne. »

Cependant cette seule pensée de s'éloigner d'elle ajouta beaucoup à la tristesse de Marguerite; car, quoiqu'elle craignît le roi, elle l'aimait tendrement et ne savait pas être séparée de lui. La reine chercha dans la charité un refuge à tant de souffrances; ses aumônes avaient toujours été considérables; ce n'était pas assez pour elle de donner cet or qui coûte si peu aux rois, la reine voulut se donner elle-même : elle se mit à la tête « de la Grande Confrérie Hospitalière de Notre-Dame, » formée en 1168, mais dont les femmes ne firent partie que sous la régence de Blanche de Castille, qui la première y fut admise, et s'adjoignit « cinquante bourgeoises. » Le but de cette association était de distribuer en commun des secours aux pauvres, et de faire eusemble « de dévotes oraisons. » Elle formait une compagnie bien réglée, utile fusion de la noblesse et de le bourgeoisie.

« Tous les deux ans les membres de la confrérie banquettaient en grande modestie et sobriété. »

La reine, suivie de quelques associées, allait visiter les malades dans les hôpitaux, distribuant elle-même ses aumônes ; il lui était accordé à peu près six mille francs pour ses distributions habituelles ; de plus, elle nourrissait quatorze pauvres chaque jour et dix-huit le jeudi, assistant presque toujours à leur repas, veillant à ce qu'ils fussent bien servis, ne dédaignant pas de couper elle-même la viande et le pain des infirmes ; quand le roi était absent, la reine recevait, en outre, dix mille francs par an et deux cent cinquante francs par jour pour de plus grandes charités. C'est entre les pauvres, ces enfants de Dieu, et ses propres enfants encore au nombre de sept, que la reine de France trouva l'adoucissement à la plus cruelle, à la plus amère douleur.

Le roi de son côté ne chercha plus que dans les exercices d'une piété croissante une diversion à ses souvenirs déchirants. Ses seuls plaisirs étaient ceux de saintes amitiés.

Ce noble sentiment de l'amitié « qui, fondé sur la beauté de l'âme, naît dans des régions plus libres, plus pures et plus profondes que toute autre affection que l'âge n'affaiblit point, parce que les âmes n'ont pas d'âge, » s'adressait justement à des hommes comme le pape Clément IV, jadis sénéchal de Beaucaire, puis secrétaire de confiance du roi. Il avait voulu se faire chartreux, mais saint Louis l'en avait détourné ; ayaut cependant embrassé l'état ecclésiastique, il dut sa prompte élévation à l'amitié du roi de France. A peine les fêtes de son entrée à Rome étaient-elles terminées, qu'il écrivait au roi : « Il me fut doux autrefois de vous appeler mon maître, rien n'était plus juste ; il m'était beau, honorable de vous donner le nom d'ami, rien n'était plus vrai. Depuis mon élévation, je vous nomme fils, nom plus tendre, et dont la douceur exprime seule, en effet, toute ma tendresse pour vous ! » Le sire de Joinville semble presque le seul laïque qui continue à faire partie de l'intimité royale ; son dévouement sans bornes et son esprit subtil et naïf tout à la fois lui valaient cette juste exception ; il se trouvait souvent à la table royale près de Robert de Sorbon avec lequel, comme nous avons déjà eu occasion de le remarquer, il n'était pas toujours en parfaite intelligence, et le roi surveillait, paraît-il, leurs entretiens. Un jour qu'ils parlaient à voix basse : « Parlez haut, leur dit-il, afin que vos compagnons ne puissent croire que vous médisez d'eux, et qu'on vous entende si vous parlez de choses qui doivent plaire ; dans le cas contraire, vaut mieux garder le silence. » Saint Thomas d'Aquin était aussi l'un des hôtes habituels de la table royale : le descendant des comtes de Lombardie, qui appartenait à l'ordre des frères prêcheurs, cet homme devenu si illustre et qui fut la grande lumière de l'Église, présentait dans son extérieur un aspect tout particulier. « Il était d'une haute stature, d'une figure agréable, d'un regard triste et doux ; mais sa grosse tête, sa taille arrondie, son front large et chauve, la pâleur de son visage, sa distraction habituelle, lui donnaient quelque chose de taciturne, » qui lui valut de ses camarades, comme on le sait, le surnom de Bœuf. « Ce bœuf, avait répondu le professeur, beuglera si haut, que tout le monde entendra sa voix ! »

Constamment absorbé dans ces grandes questions théologiques qu'il sut résoudre avec tant de force et de clarté, il oubliait souvent, à la Cour, le milieu auguste où il se trouvait. C'est ainsi qu'un jour il s'écria en frappant sur la table : « Voilà un argument décisif contre Manès ! » Le Prieur des Dominicains, qui dînait également avec le roi, l'ayant rappelé à lui-même, Thomas se confondait en excuses. « Non-seulement vous êtes pardonné, reprit le roi en souriant, mais je veux que sur-le-champ un de mes scribes écrive l'argument décisif. » — Il raconta un jour au roi, qu'entrant dans la chambre du pape Innocent IV au moment où l'on achevait de compter devant lui une somme considérable, le pape s'était écrié : « Vous le voyez, l'Église n'est plus au siècle où elle répétait : Je n'ai ni or ni argent. — Aussi, reprit Thomas, ne peut-elle plus dire au paralytique : « Levez-vous et marchez. »

Saint Bonaventure demandant un jour à Thomas d'A- quin : « De quelle bibliothèque tirez-vous votre étonnante science ? » saint Thomas lui montra le crucifix !...

La journée de saint Louis était vraiment celle d'un fervent religieux. Se levant de grand matin d'une couche austère (un matelas posé sur une planche), et qu'il avait quittée à plusieurs reprises la nuit pour prier, le roi de France commençait sa journée par l'assistance au saint sacrifice de la messe pour lequel il avait un tel respect, que quelque nouvelle importante qu'on eût à lui donner, son aumônier seul avait le droit de lui parler entre l'évangile et la secrète. C'était à genoux sur le pavé qu'il entendait la messe, et presque toujours deux dont une pour les morts.

Le principal repas du roi avait lieu entre sexte et none ; il mangeait sans faire aucune remarque sur ce qui lui était servi ; il pratiquait toujours quelque mortification soit en repoussant un mets qu'il aimait, soit en mêlant de l'eau aux sauces parfumées dont on relevait les viandes.

Un chapelain était présent au repas du roi, pour dire les grâces, et un autre veillait à faire porter les dessertes aux pauvres. Louis était si sobre, que ne buvant jamais son vin pur, il le mesurait dans un verre vant de le verser dans sa coupe, objet d'art admirable dont l'intérieur émaillé d'argent était semé de fleurs de lis d'or au milieu desquelles se détachait une L couronnée. Le sire de Joinville n'avait pas les mêmes habitudes que le roi et prétendait que les médecins lui défendaient de *tremper* son vin. Saint Louis le surprenant lui disait : « Ils vous trompent, car si vous ne trempez votre vin, tandis qu'estes jeune et veuillez le faire en vieillesse, les gouttes et maladies d'estomac vous prendront ; de plus, si vous buvez votre vin tout pur en votre vieillesse, vous enivrerez chaque jour, chose vilaine pour vaillant homme. »

Le roi ne sortait jamais sans faire le signe de la croix et tous les jours il récitait le bréviaire ; lorsque le temps lui manquait, il se le faisait lire pendant qu'il était à cheval.

Le service de la Cour était dès lors assez important, le roi avait seize chambellans ; mais il paraît qu'ils n'étaient pas fort exacts à leur devoir, car un matin, pas un ne se trouvant à l'appel de Louis, il dut se servir seul. Le soir les voyant entrer tout tremblants, le bon prince se contenta de les regarder l'un après l'autre, puis il dit simplement : « Amis, obligez-moi de ne pas me laisser tout seul une autre fois. »

Cette extrême douceur se montra plus encore dans une autre circonstance : le roi avait rapporté d'Orient une sorte de goutte qui le faisait cruellement souffrir, lui ôtant tout appétit et tout sommeil. La fin de la crise se marquait par un gonflement extrême de la jambe droite. Un jour, en le soignant, un de ses valets, qui tenait une bougie allumée, laissa tomber quelques gouttes de cire sur la jambe nue et sensible. Le roi n'exprima sa douleur que par ces mots : « Certes ! pour moindre chose, mon aïeul vous mit dehors du palais. » En effet, Philippe Auguste avait autrefois renvoyé le même valet parce qu'il avait mis trop de bois dans son feu.

Il n'était presque pas de jour que le roi n'entendît la parole de Dieu, qu'il tenait en grand respect et qu'il encourageait de telle sorte, qu'on peut dire que la renaissance de l'éloquence sacrée au treizième siècle lui dut beaucoup. Depuis le sixième siècle, une décadence marquée s'était produite dans l'art de la prédication, porté si haut par saint Augustin, saint Ambroise, saint Jean Chrysostome.

Le zèle, sans doute, ne manqua jamais dans l'Église ; mais l'ignorance d'un clergé recruté parmi les barbares augmentait tous les jours, et les efforts des conciles n'amenaient guère de changements dans ce regrettable état de choses. Lorsque Dieu, prenant son peuple en pitié, suscita ces deux hommes étonnants qui s'appelaient Dominique et François d'Assise, saint Bernard, seul au douzième siècle, avait fait entendre sa grande voix appelant la France entière en Orient, mais réservant toute autre parole pour ses religieux.

Saint Dominique, afin de mieux marquer sa mission, appellera ses disciples *frères prêcheurs*, et saint François, sous le nom plus modeste de *frères mineurs*, créera la prédication populaire, celle qui doit enthousiasmer les masses.

Ce mouvement que les deux nouveaux ordres avaient donné fut suivi par les évêques, les curés, qui, depuis longtemps, négligeaient l'instruction religieuse de leurs paroissiens ; les chanceliers, les chantres, les chanoines, les docteurs de Sorbonne, les religieux d'ordres anciens : on peut dire que tout le monde prêcha, et que l'on prêcha partout.

La parole de Dieu descendit de la chaire des cathédrales ; elle se fit entendre dans les salles des palais et des châteaux, au milieu des fêtes publiques ; annoncée par une grosse cloche, elle réunissait bientôt un nombreux auditoire, toujours divisé en deux : d'un côté, les hommes, de l'autre, les femmes ; et lorsque, comme cela arrivait souvent, le discours se faisait en plein air, une corde les séparait, et les nobles dames se faisaient apporter des pliants par leurs valets.

Le prédicateur ne commence jamais son discours sans jeter un coup d'œil sur son auditoire, car il ne prêchera « pas de la même façon à tout le monde ; il faut parler autrement aux prud'hommes qui aiment Dieu et le servent de tout leur pouvoir, autrement à ceux qui le négligent, autrement aux clercs, autrement aux laïques, autrement aux pauvres, autrement aux riches, et à chacun en sa manière. » Les catégories se multiplient ou plutôt se subdivisent tellement qu'on arrive à en compter cent et quelques !

Ce n'est généralement pas par la douceur que le prédicateur prétend toucher son auditoire et ramener les pécheurs.

« Quand il prêche, dit Jacques de Vitry, le prêtre doit se montrer très-dur. » Cette dureté s'exerçait surtout dans les sermons aux clercs. « Un prêtre devrait rougir, dit un moine qui avait été trouvère, de paraître en public bien peigné, avec une allure molle. Regardez, il devrait donner aux autres l'exemple de la modestie, de la gravité, de la mortification, et le voilà paré avec un soin minutieux... *les mains chaussées, les pieds gantés...* Toute la journée il est en quête d'un miroir ; il se promène, l'habit immaculé, l'âme toute souillée ; ses doigts resplendissent de l'éclat des anneaux, ses yeux de celui du sourire. »

Il semble que tout puisse se dire en chaire, et que personne ne soit à l'abri de la vérité.

« Le roi, dit un moine, c'est celui qui gouverne bien. » Et encore : « Un roi illettré n'est qu'un âne couronné. »

Et le même Élinaud, l'ancien trouvère : « C'est une insigne fausseté, ce qui est écrit dans le Code (droit romain), que toutes les volontés du prince ont force de loi. »

Les grands ne sont pas plus épargnés dans ces temps de féodalité :

« Les châteaux, s'écrie Humbert de Romans, ont été construits jadis pour servir de refuge aux malheureux dans le temps des incursions ennemies. Mais, hélas ! ils servent maintenant, pour l'ordinaire, d'asiles aux pillards et aux brigands. »

La magistrature d'alors, la riche bourgeoisie, ne sont pas ménagées. Enfin viennent les marchands.

« Les marchands d'étoffes se vantent de rattraper sur la bure ce qu'ils perdent sur l'écarlate. Ils ont une aune pour vendre, et une pour acheter ; mais le diable en a une troisième, avec laquelle, suivant le proverbe, il leur aunera les côtes. »

On croirait lire une étude de notre époque ; voici un trait qui la peint encore mieux, à propos des mariages d'argent :

« Les pasteurs, dit Jacques de Vitry, devraient publier les bans du seigneur un tel avec la bourse de dame Marie ou de toute autre ; et le jour des noces, ce n'est pas la fiancée qu'on devrait conduire à l'autel, mais bien son argent ou ses vaches. »

Les prédications à propos de la toilette des femmes ne semblent pas moins contemporaines. C'est à Gilles d'Orléans, chancelier de l'Université, que nous en empruntons quelques passages :

« Regardez ses pieds, sa chaussure est si étroite qu'elle en est ridicule; regardez sa taille, c'est pis encore. Elle serre ses entraillés avec une ceinture de soie, d'or, d'argent, telle que Jésus-Christ ni sa bienheureuse Mère, qui était pourtant de sang royal, n'en ont jamais portées. Levez les yeux sur sa tête, c'est là que se voient les insignes de l'enfer ; ce sont des cornes, ce sont des *cheveux morts*... Elle ne craint pas de se mettre sur la tête les cheveux d'une personne qui est peut-être dans l'enfer ou dans le purgatoire... Elle a plus de queues (dentelures du bas des robes) que n'en a Satan lui-même, car Satan n'en a qu'une, et elle en a tout autour d'elle... »

La danse du temps nous paraîtrait bien innocente; on ne connaissait que de simples rondes; cependant les prédicateurs la condamnaient si bien, qu'un jour le « curé de Vermenton ne s'en tint pas aux paroles. *La maîtresse* de l'endroit était venue danser avec ses compagnes devant le parvis à l'heure de la messe. Étienne de Ludot sort de l'église, suivi des fidèles indignés; et, comme les danseuses ne tenaient compte de ses exhortations, il saisit le voile de celle qui menait la ronde; mais non-seulement le voile, mais la chevelure qui en était couverte lui restent dans les mains, et la malheureuse s'enfuit de honte. »

S'il faut en croire un vieil auteur anonyme, malgré

la foi et la piété du moyen âge, l'auditoire n'était guère plus attentif que de nos jours :

« J'ai souvent, dit-il, ouï des hommes et des femmes qui revenaient du sermon. Le bon prêcheur s'était exténué le corps et rompu la tête à leur enseigner la voie de vérité ; mais ce qui leur était entré par une oreille, par l'autre oreille était sorti. L'un disait à l'autre : Dieu ! sainte Marie ! comme ce prud'homme a bien prêché !

« —Et qu'a-t-il dit ?

« — Par ma foi, je n'en sais rien ! »

Les prédicateurs s'apercevaient souvent de cette inattention, et il faut avouer qu'ils employaient tous les moyens, et souvent de singuliers moyens pour la réveiller.

« Voulez-vous que je vous parle maintenant de la femme honnête ? dit un jour Jacques de Vitry ; je vais vous parler de cette vieille que j'aperçois endormie... Pour Dieu, si quelqu'un a une épingle, qu'il la réveille ; ceux qui dorment au sermon se gardent bien de dormir à table. »

La naïveté et la simplicité du moyen âge sont le caractère principal de l'éloquence sacrée sous le règne de saint Louis.

C'est ainsi qu'un des orateurs célèbres de la chaire y raconte l'histoire de Perrette, qu'il termine par ce trait original ; la vente de son porc lui permet d'acheter un poulain, qu'elle élève jusqu'à ce qu'il puisse la porter :

« Alors je le monterai, se dit-elle, et je partirai au

galop pour le conduire au pâturage : « Io ! io !... » pensant ainsi, elle commença à sauter en battant des mains, et frappant du pied la terre en cadence, comme si elle eût eu des éperons, de façon qu'elle brisa son vase, et ayant répandu le lait, s'en retourna les mains vides et plus pauvre qu'auparavant. »

L'usage était de terminer les sermons par une prière pour le roi, les évêques, les curés, la paix, les malades, les défunts :

« Ne priez pas pour mon père, dit un jour un clerc à la fin de son prône ; il était usurier, sa mémoire est donc maudite. »

Ceci était saisissant ; d'autres fois, quoique rarement, c'est au sentiment, à la tendresse même que le prêtre a recours :

« Jésus inclina sa tête, et mit hors du corps son âme. Ha ! chrétien sincère, regarde, regarde comme il a le chef incliné pour te baiser, les bras étendus pour t'embrasser !... »

Lorsqu'il se trouvait dans l'auditoire quelque prêtre, ou même quelque laïque instruit, souvent il se formait comme une conversation entre lui et le prédicateur. Robert de Sorbon rapporte qu'à un sermon prêché devant le roi de France, le prédicateur ayant dit qu'au moment de la Passion tous les apôtres abandonnèrent Notre-Seigneur, et que la foi s'éteignit dans leur cœur, un ecclésiastique d'un rang éminent qui l'écoutait se leva, disant que c'était une erreur, que les apôtres n'avaient abandonné leur maître que de corps et non de cœur ; la discussion continuant, saint Louis se leva :

« La proposition n'est point fausse, dit-il, on la trouve bel et bien écrite dans les Pères ; apportez-moi le livre de saint Augustin. » Et le roi montra, au commentaire de l'évangile de saint Jean, ces mots : *«Fugerunt relicto eo corde et corpore.* »

Mais le temps où la piété de saint Louis et de la famille royale se montrait dans tout son éclat, c'était pendant la sainte quarantaine. Le roi, qui ne communiait que six fois par an publiquement, multipliait à cette époque ses pieuses dévotions ; ses fréquentes confessions devenaient presque journalières, et après chaque absolution il se faisait donner par son confesseur plusieurs coups d'une discipline de fer.

Cet instrument de pénitence était d'un usage général à cette époque, et l'on voit citer parmi les cadeaux que le roi fit à sa fille, la reine de Navarre, « un coffret d'ivoire bien ouvré, renfermant de petites chaînes de fer, longues d'une coudée, avec une lettre de sa main, où il disait : « Chère fille, je vous exhorte à vous bien « discipliner et souvent, tant pour vos propres péchés « que pour les péchés de votre *chestif* père. »

« Redoublant d'austérité, de ferveur, de prières, le vendredi saint, Louis assistait aux matines durant la nuit : puis, avec un de ses clercs, il récitait dans sa chambre tout le psautier, attendant, sans se coucher ni dormir, les premières clartés du jour. Alors, nu-pieds, vêtu très-simplement, il s'en allait, quelque temps qu'il fît, suivi d'un petit nombre de serviteurs, visiter toutes les églises de Paris ou de la ville dans laquelle il se trouvait. Absorbé dans de pieuses méditations, il marchait sur les pierres, au milieu de la boue, dans les ruisseaux, ne songeant qu'à la sainteté du jour, ou à distribuer de sa main d'abondantes charités aux indigents accourus sur son passage.

« Après ces longues stations, il rentrait au palais, souvent épuisé de fatigue et toujours à jeun ; mais sans prendre aucun repos, ni aucune nourriture, il se rendait au sermon de la passion, ensuite à l'office.

« Au moment de l'adoration, lui et ses enfants, nu-pieds, habillés en pauvres, quittaient leurs siéges et s'avançaient sur les genoux jusqu'aux marches de l'autel ; là, le monarque adorait la croix si humblement « qu'il n'y avait cœur qui ne se fendît. »

« Le même jour, en commémoration de la Couronne d'épines, il paraissait à la Sainte-Chapelle, vêtu de ses ornements royaux, la tête ceinte d'un diadème éblouissant de pierreries, le manteau fleurdelisé sur les épaules ; et ses enfants, magnifiquement vêtus, portaient des couronnes ou chapels de fleurs, comme tous les vendredis. Il faisait alors ouvrir le trésor et exposait lui-même à la vénération des fidèles le fragment de la vraie croix venue d'Orient. » La Sainte-Chapelle est le bijou et le chef d'œuvre, en miniature pourrait-on dire, de l'architecture du douzième siècle. L'architecture religieuse fut l'art principal au moyen âge et « les maîtres des pierres vives, » ainsi nommait-on les architectes, étaient plutôt les évêques, les abbés, les moines que de véritables architectes ; aussi leur foi et leur génie religieux ont-ils semblé prendre leur modèle dans un monde nouveau, le monde de la pensée, le monde de la méditation, le monde de l'âme enfin, que l'architecture antique ne pouvait connaître.

De là ces flèches admirables qui semblent porter la prière à travers les nuages jusqu'à Dieu; ces voûtes aériennes dont l'œil n'aperçoit pas la fin, et qui parlent de l'immensité, et ces merveilles de sculpture pour tout ce qui se rapporte aux sacrements depuis le baptistère jusqu'à l'autel.

L'abbaye de Royaumont fut l'une des premières fondations de saint Louis qui, ainsi que ses frères, aidait les moines et les ouvriers à voiturer la chaux et le mortier (1227). Le roi y établit cent quatorze religieux de Cîteaux. Louis dépensa 1,700,000 francs à cet édifice, « somme immense à une époque où 15 livres de rente suffisaient pour entretenir honnêtement un ecclésiastique. »

Le pieux monarque aimait à passer à Royaumont plusieurs jours par année, suivant tous les exercices de la communauté. Il y soignait les religieux malades, et l'on raconte que, l'un deux étant lépreux et abandonné de tous, le roi se plaisait à l'habiller, à panser ses ulcères; et la légende veut que l'attouchement du saint roi l'ait guéri. C'est à Royaumont que se trouvaient les tombes des enfants royaux : la première, Blanche, si longtemps désirée et qui vécut si peu ; son frère, Jean de France, second fils de saint Louis, mort enfant; et enfin ce fils aîné, ce prince, emporté au moment où le roi reposait avec tant d'amour ses regards sur cet adolescent si pur et si digne de succéder à saint Louis ! Ces monuments étaient surmontés, selon l'usage du moyen âge, de la statue sculptée et coloriée de ceux qui attendaient là le réveil du dernier jour.

La Sainte-Chapelle fut commencée en 1239, lorsque la France obtint la couronne d'épines. Elle fut confiée au plus célèbre architecte du temps, Pierre de Montreau.

Elle touchait le propre palais du monarque, et si nous n'en faisons pas la description, c'est que la réparation qui en a été faite permet maintenant de juger ce chef-d'œuvre, tel qu'il était au treizième siècle.

La musique sacrée faisait retentir la voûte gothique du *Stabat Mater*, du *Pange lingua* de saint Thomas, du *Dies iræ*. Rien depuis n'a égalé ces grands cris de l'âme, ces chants de douleur et d'amour divin auxquels il faut joindre le fameux cantique *del Sole* de saint François d'Assise. Ce fut saint Louis qui multiplia les orgues ; et dans ses chapelles particulières il voulut que les messes fussent chantées à double et triple voix. Le premier orgue envoyé en France par Constantin Copronyme à Pépin, en 757, était dans l'église de Sainte-Corneille à Compiègne. Le roi écartait autant qu'il le pouvait la musique profane des plaisirs de la Cour, excepté pendant les repas, car il tenait à recevoir royalement. Comme on le voit, tout semble se rapporter dans les arts de cette époque à l'idée religieuse : ce qui explique que la peinture n'ait laissé d'autres traces que ces émaux merveilleux qui décoraient les châsses des saints ; que ces vitraux, dont tous les efforts modernes ne peuvent égaler les vives couleurs et les riches dessins. La France était en cela fort en retard sur l'Italie. Lorsque Charles d'Anjou accepta la couronne de Sicile, si fièrement refusée par le roi pour le comte d'Artois, et ensuite pour ses trois fils cadets, mais qu'il permit à Charles d'accepter sur les instances d'Urbain IV, tout en pressentant les suites funestes de cette faiblesse, puisqu'il regardait la royauté de son frère comme une usurpation ; lorsque Charles d'Anjou, disons-nous, entra à Florence qui lui décernait le protectorat pendant dix ans ; « les magistrats voulant lui faire le plus grand honneur le conduisirent dans la maison et à l'atelier d'un jeune peintre hors de la porte Saint-Pierre. » Ce jeune peintre de vingt-sept ans, c'était Cimabué, il achevait en ce moment son tableau de la Madone, conservé dans l'église de Santa Maria Novella ; et la ville entière de Florence répétait : Un ange est descendu du ciel pour peindre cette tête vraiment angélique de Marie dans l'Annonciation !

Suivi d'une cour nombreuse, des magistrats, du clergé, de la milice, des corps des métiers, le frère du roi de France se rendit donc à l'atelier de l'artiste, unit son admiration à celle des Florentins, quoique profondément étonné de cette manière de le fêter et de le recevoir. En quel autre temps le culte de l'art fut-il poussé à ce point de croire honorer un souverain en le conduisant dans l'atelier d'un artiste de génie ?

CHAPITRE VI

Origine de la magistrature ; le nouveau parlement ; la baillée
des roses ; le jugement du sire de Coucy. — La Cour des
comptes ; ordre mis dans les monnaies ; les monnaies percées.
— Les diverses classes de la société : noblesse, bourgeoisie,
commerce, les corps de métiers. — Le servage. — Ordonnances royales. — Population des campagnes. — Monuments
élevés en France par saint Louis. — Paris au treizième siècle ;
les chevaliers du guet, le couvre-feu, les cris de Paris, le pilori, le bourreau, les recluses ; la cité, Notre-Dame, l'Hôtel-
Dieu, le palais. — Fondations de saint Louis autour de Paris.
— Les demeures royales. — Annonce d'une nouvelle croisade.

Avant de retracer les dernières années des saintes
vies de Louis IX et d'Isabelle, jetons un coup d'œil sur
la transformation que le règne du fils de Blanche de
Castille fit subir à son époque.

En pleine féodalité, saint Louis prétendit faire régner la justice : non content de la rendre lui-même,
comme nous l'avons vu, il voulut lui donner une gran-

deur et une importance qui survécussent à son règne et en fissent une institution vraiment française ; pour cela il créa le *nouveau Parlement*, cour judiciaire suprême qu'il réunit dans son propre palais.

« Trois grands vassaux étaient de droit membres du Parlement : le duc de Bourgogne, le connétable, et le comte de Saint-Pol ; trois prélats : l'archevêque de Narbonne, l'évêque de Paris, l'évêque de Térouane, en faisaient aussi partie ; dix-huit chevaliers, dix-sept clercs, étaient généralement appelés au Parlement, ainsi que d'autres personnages.

« Les plaids du roi se tenaient en deux salles distinctes. Les affaires qui avaient pour objet l'état général du royaume se traitaient dans la première, tandis que, dans l'autre, Louis faisait rendre la justice par des ecclésiastiques ou des laïques pris dans le sein de son conseil privé. »

Les nobles ne sachant pas toujours écrire, « le roi admit dans ses tribunaux trois laïques lettrés, siégeant en robe, sous le nom de « maistres des requestres. » Le nombre de ces conseillers rapporteurs, dont l'influence parut de jour en jour plus efficace, s'augmenta indéfiniment dans la suite, et ils furent toujours pris dans l'ordre de la bourgeoisie, ou parmi les ecclésiastiques d'un rang subalterne. Insensiblement ils devinrent juges eux-mêmes, et éloignèrent à la fois du Parlement la noblesse et le haut clergé, « car les chevaliers, dit Pasquier, ne vouloient point changer les espées en escriptoires. » Alors se forma la noblesse dite de robe, la *magistrature*, appelée ainsi du nom que saint Louis donnait aux simples citoyens bourgeois des villes et communes qu'il réunissait en conseil chaque fois qu'il se plaisait dans ses voyages à rendre lui-même la justice ; il les appelait « magistrats. »

Un usage, qui ne semble pas en rapport avec la gravité des fonctions du Parlement, mais qui prouve que la poésie peut charmer les choses les plus sérieuses, voulait que les ducs et pairs qui avaient leurs pairies dans le ressort du Parlement de Paris, princes, fils de France et rois de Navare, offrissent, trois fois par an, des roses aux membres de cette cour de justice. « Le pair qui devait présider cette solennité faisait joncher d'herbes odoriférantes, de fleurs et surtout de roses, toutes les chambres du Parlement. »

Un déjeuner réunissait avant l'audience les présidents, les conseillers et les officiers de la cour. Puis le pair président devait faire porter devant lui, dans chaque chambre, un grand bassin d'argent, rempli de roses artificielles et de couronnes ornées d'armoiries : cette gracieuse cérémonie était égayée par des joueurs de harpes et de flageolets. On appelait cet usage la *baillée des roses.* Le pair auquel ce devoir était échu se rendait ensuite à la grand'messe avec le Parlement entier et ordonnait aux musiciens d'aller faire de la musique chez les présidents avant leur dîner.

Les fleurs jouaient alors un grand rôle dans toutes les cérémonies religieuses et patronales, dans les fêtes royales, dans les tournois : aussi voyait-on, aux environs des grandes villes, des champs de roses de plusieurs arpents, ce qui était d'un effet charmant en sortant de ces cités aux rues étroites et sombres. Les fleurs étaient une des grandes dépenses de cette époque : on s'en couronnait dans les festins, on les semait sur les tables et les planchers : heureuse pensée de cacher sous des roses les tristes réalités de la vie !

Saint Louis voulut que le Parlement étendît sa puissance même sur les grands vassaux, ce qui était un des actes les plus justement audacieux qui pût être tenté à cette époque. Le jugement du sire de Coucy vint donner cette force universelle à la magistrature française. Pour la première fois, le Parlement féodal fut appelé à procéder par information juridique contre un grand du royaume. Le sire de Coucy, usant de son droit de vie et de mort, avait fait pendre trois jeunes gens qui, fort innocemment et par ignorance, avaient chassé sur les terres de ce seigneur. Le roi traduisit ce puissant vassal devant le Parlement ; mais chaque seigneur, tremblant pour lui-même, selon la parole d'un d'entre eux : « Après la sentence rendue contre Coucy, il ne reste plus au roi qu'à nous faire pendre tous, » abandonnant la justice, se mit du côté de l'accusé ; le roi resta presque seul défenseur des pauvres victimes. Il montra contre le Parlement féodal une admirable fermeté, osant, malgré une si imposante opposition, dire au sire de Coucy qui, à ses genoux, implorait sa grâce :

« Si je croyais que Dieu m'ordonnât de vous faire mourir de mort, la France entière, notre parenté même, ne vous sauverait pas ! »

La sentence qui accordait la vie à ce puissant coupable fut fort sévère. Il perdait bois et rivières, autrement dit chasse et pêche, droit de faire emprisonner et de mettre à mort.

Son emprisonnement devait durer jusqu'à son départ pour la Terre-Sainte ; mais un don de 204,000 francs envoyés aux chrétiens d'outre-mer le dispensa de cette clause.

Enfin il dut faire bâtir trois chapelles mortuaires en mémoire des âmes de ses victimes.

C'est ainsi que Louis IX fit surgir la suzeraineté royale au-dessus de toutes les autres, chose difficile et pour laquelle il fallut une rare sagesse, car les fiefs importants étaient nombreux et les grands vassaux fort jaloux de leurs innombrables et souvent vexatoires priviléges. Saint Louis les attaqua autant qu'il put, et son arme la plus forte fut cette législation générale qu'il parvint à établir malgré une si pressante opposition.

Les princes étrangers, frappés de la sagesse éclairée du roi de France, et souvent engagés avec leurs voisins dans des différends qui jusqu'alors ne s'étaient terminés que par de sanglants combats, recoururent avec bonheur à l'arbitrage de ce monarque : c'est ainsi que se terminèrent les difficultés du roi de Navarre et du duc de Bretagne, des barons d'Angleterre et de leur souverain, du roi d'Arménie et du prince d'Antioche.

Une institution non moins importante que celle de la magistrature, celle de la Cour des Comptes, est également due à saint Louis. Elle fut la conséquence naturelle de l'ordre que le roi voulut établir dans les monnaies.

Plus de quatre-vingts barons possédaient le droit de faire frapper des *monnaies noires* ou de cuivre ; le souverain seul en pouvait faire battre d'or ou d'argent. Il est vrai que les monnaies des châtelains n'avaient cours que dans leur domaine, et que, seule, celle du roi de France conservait sa valeur dans tout le royaume ; cependant les abus étaient si grands, que dans le royaume très-chrétien une quantité de monnaies à l'effigie de Mahomet étaient en circulation.

Saint Louis mit un tel ordre dans ses finances, que, malgré sa rançon énorme, les monnaies de son règne, qui s'appelaient *agnels d'or* et *gros tournois d'argent*, n'éprouvèrent jamais d'altération. Après la mort et la canonisation du saint roi, le peuple attachait au cou des malades un si grand nombre de ces pièces, auxquelles il attribuait une vertu miraculeuse, qu'un siècle après, presque toutes celles qui existaient encore étaient percées.

La Cour des Comptes, il est inutile de le dire, examinait les comptes de l'État, et ses maîtres portaient à la ceinture de grands ciseaux, emblème de leur droit de retrancher ce qu'ils jugeaient excédant.

Toutes les classes de la société se ressentirent des grandes institutions de saint Louis, auxquelles il faudrait ajouter un nombre énorme de règlements de toute sorte, tendant à civiliser la France entière.

En effet, saint Louis n'oublia les intérêts d'aucun de ses sujets. Tout en combattant les abus de la noblesse, il voulut rendre un juste hommage à cette classe où l'honneur tenait lieu de tout, et pour laquelle un titre valait plus que des trésors : il tint à lui donner cette juste satisfaction, qu'un vilain ne pût pénétrer illégalement dans son sein.

« Si quelqu'un, dit l'ordonnance du roi, s'est fait chevalier sans être noble de père et de mère, il ne peut l'être de droit. Ainsi le roi, ou le baron de qui il relèverait, le pourrait très-bien faire prendre, trancher ses éperons sur un fumier, et saisir ses meubles. »

A côté de la noblesse, se fortifiait de jour en jour la bourgeoisie, dont on a trop affecté d'ignorer l'importance sous l'ancienne monarchie. Elle était déjà puissante sous saint Louis, qui lui donna une véritable grandeur, en formant dans son sein la seconde noblesse, la noblesse de robe, la magistrature, qui semble maintenant encore avoir conservé ces mœurs exceptionnelles de simplicité, ces vies sérieuses, ces intérieurs de famille, où l'affection des parents pour les enfants est tempérée par une sorte de dignité ; où les enfants gardent vis-à-vis de leurs parents un respect qui va s'effaçant de jour en jour ; ces mœurs étaient celles de l'ancienne bourgeoisie.

Puis on descend un échelon, et l'on trouve le commerce, où se rencontre constamment la bourgeoisie par les prévôts et les échevins qui, souvent même, sont anoblis.

Tout n'était pas confondu alors, comme aujourd'hui, et parmi les marchands, les six corps de métier institués par Philippe Auguste, se voyaient l'objet d'une considération particulière et méritée. C'étaient les drapiers, les épiciers, les merciers, les fourreurs, les bonnetiers et les orfévres.

Ils avaient leurs statuts et leurs règlements, leurs costumes de fête et de confrérie, leurs bannières, leurs places spéciales dans les processions et toutes les cérémonies publiques, leur fête patronale. Leur vieillesse, s'ils étaient sans famille, et que le commerce leur eût été contraire, se réfugiait dans les hôpitaux fondés par eux et pour eux seuls. Ils avaient certains priviléges, dont ils étaient fort jaloux, et des armoiries collectives.

Leurs syndics garantissaient les rapports commerciaux contre la fraude, et la tutelle des maîtrises donnait aide et protection au plus humble ouvrier.

Louis IX encouragea le commerce et l'agriculture de tout son pouvoir, excitant les nobles eux-mêmes à s'en occuper.

Un grand obstacle au commerce était alors la rareté des routes et leur peu de sûreté. Trois grands chemins traversaient la France ; mais ils étaient tellement infestés de brigands, qu'il fallait des intérêts bien sérieux pour se décider à voyager. Ces routes principales étaient :

« Le Romeros, ou Romieux, celui des pèlerins de Rome ; le Français venant d'Espagne à Paris par le Béarn ; et enfin, le chemin des Templiers, qui traversait les Pyrénées, par la célèbre vallée de Roncevaux. » De sorte qu'on ne traversait ces chemins redoutables qu'en recommandant « sa pauvre âme à Dieu de la cour célestiale. » Saint Louis organisa une continuelle inspection des grandes voies, multipliant les bacs, les ponts ; bâtissant ou excitant les fidèles à bâtir des hospices, des abbayes, des monastères, des chapelles, des ermitages qui éloignaient les brigands et secouraient les voyageurs.

Le roi voyageait beaucoup ; les immenses travaux d'architecture, qu'il faisait entreprendre dans toute la France, étaient un prétexte à visiter lui-même ses principales villes. Jusqu'alors les voyages du roi, de même que ceux des grands vassaux, étaient une épreuve véritable pour les pays qu'ils traversaient. Saint Louis, ne voulant pas être à charge à ses sujets, lorsqu'il se rendait au milieu d'eux, payait toute sa dépense de ses deniers, et afin qu'aucun dommage n'eût été commis sans être promptement réparé, à la suite du roi passait un personnage important, qu'on ne pouvait tromper, tel que l'archidiacre de Paris, chargé de recueillir les plaintes et d'y faire droit immédiatement.

Dès que le saint roi entrait dans une ville, sa première pensée était pour Dieu et les pauvres ; après avoir prié dans l'église, il se rendait à l'hospice ; devenu par sa charité « expert médecin » et par sa sainteté sachant parler de Dieu mieux que clerc de son royaume, il pouvait apprendre à ceux qui souffraient, comment il faut souffrir, lui à qui aucune douleur ne fut épargnée. La vue des plaies, l'odeur suffocante des salles des hôpitaux, éloignaient ceux de sa suite, tandis qu'il ne paraissait pas s'en apercevoir ; il « traitait les pauvres comme une bonne mère ses enfants. »

La terrible maladie du moyen âge, véritable épreuve de cette époque artistique et chevaleresque, ce fut la lèpre rapportée d'Orient par les premiers croisés, et contre laquelle il n'y avait nul remède pour ceux qui en étaient atteints, de sorte que l'humanité voulait qu'on fût cruel envers eux pour épargner les populations, en les séparant de tout contact, car la lèpre se gagnait facilement ; de là des hôpitaux spéciaux pour les lépreux : des léproseries.

La cérémonie qui précédait la séparation du lépreux des autres hommes se faisait ainsi : on récitait pour lui l'office des morts, puis on le conduisait au cimetière, et le prêtre, répandant trois fois de la terre sur sa tête, lui annonçait qu'il était séparé du monde, et que désormais il eût à observer les règles suivantes :

De n'entrer dans aucune maison, si ce n'est dans sa hutte élevée à 20 pieds au moins des chemins et habitations, laquelle hutte devait être brûlée après la mort réelle du malheureux, ainsi que ses vêtements. Il ne lui était permis de paraître dans la ville pour quêter que le jour de la Pentecôte, de Noël, de la Toussaint et le dimanche gras, ayant à la main une crecelle (*tartarelle*), dont le bruit devait prévenir les habitants, et, s'il parlait, ce devait être *au-dessous du vent*.

Défense lui était faite de boire jamais dans une autre coupe que la sienne, de ne jamais toucher même au parapet d'un pont sans mettre des gants. Les léproseries étaient un grand bienfait pour ces malheureux qu'elles réunissaient, leur épargnant ce supplice d'une en-

tière solitude, et leur assurant les soins que récla-
maient leurs maladies. Saint Louis, qui se rappelait
que Notre-Seigneur avait été comparé à un lépreux,
avait grande charité pour ces affligés, et ne craignait
pas de les soigner lui-même ; il avait accordé à la lé-
proserie de Salée tout le vieux linge de sa chambre,
de celle de la reine et de ses enfants.

L'amour de saint Louis pour les pauvres et ceux qui
souffraient ne pouvait pas rester indifférent aux abus
encore si grands du *servage*. Aboli moralement par le
christianisme, légalement par l'autorité royale sous
Louis le Gros, il existait encore de fait sous saint Louis
d'une manière barbare : ainsi tout Français marié à
une esclave le devenait aussitôt ; toutefois l'enfant
d'un serf et d'une femme libre naissait libre. A côté
d'abus si criants, il y avait une quantité de droits
vexatoires, parmi lesquels nous ne citerons que celui-
ci : lorsque la voiture d'un paysan versait au milieu
d'une route, il lui fallait la permission du seigneur
pour la relever, sous peine de l'amende énorme de
60 livres.

Saint Louis rendit tout d'abord cette ordonnance générale, qu'exigeait le simple titre de chrétien, que tous
ses sujets pouvaient se marier sans permission, ni
clause avilissante ; il abolit le plus d'usages vexatoires
qu'il put ; et n'ayant pas le droit d'obliger les grands
vassaux et nobles ou clercs possédant fiefs à libérer
leurs serfs, même contre des redevances ou sommes
d'argent, il leur donna l'exemple en le faisant sur ses
domaines personnels, et cet exemple fut généreuse-

ment suivi ; à chaque grande fête de l'année, quelque seigneur accordait la liberté à un grand nombre de serfs ; ce qui augmenta d'année en année la population libre des campagnes, la plus heureuse de toutes, celle qui vit davantage selon les lois de la création, par conséquent la plus forte de corps, la plus saine de cœur, la plus difficile à être corrompue, et au moyen âge la plus sincèrement religieuse, trouvant dans les fêtes de l'Église, dans les saintes traditions de chaque contrée, dans ses coutumes naïves, la distraction du travail, l'union des membres de la famille, la bénédiction sur la terre, l'espérance des biens éternels.

Sous l'impulsion royale, la France se peupla d'une grande partie des monuments historiques qui l'embellissent encore. Ces travaux immenses n'eussent jamais pu se réaliser sans les corporations religieuses qui s'y consacraient, et dont l'une, entre autres, celle *des Frères pontifes*, construisit une quantité de ponts si utiles pour aider aux rapports commerciaux des diverses parties de la France.

Eude de Montreuil, le célèbre architecte, ne quittait guère le roi ; son génie s'était admirablement assimilé les ressources que pouvait lui offrir l'art mauresque, et il avait construit lui-même les murailles de Jaffa. Son chef-d'œuvre, en France, fut l'église Notre-Dame de Mantes dont la hauteur des voûtes et la légèreté des piliers étaient d'une telle hardiesse, que l'architecte en fut effrayé lui-même, doutant que la vaste voûte fût suffisamment soutenue.

C'est ainsi que s'élevèrent pendant le treizième siècle, en outre de l'abbaye de Royaumont, dont nous avons déjà parlé, les cathédrales de Chartres, d'Amiens, de Rouen, de Strasbourg. La capitale de la France appela spécialement la sollicitude royale.

Paris proprement dit n'était guère encore que la Cité; le Louvre lui-même ne devait être renfermé dans la capitale que sous Charles V, au quatorzième siècle. Les rondes des chevaliers du guet armés de torches enflammées, les lois sévères sur le *couvre-feu* que la cloche de Notre-Dame sonnait, et après lequel aucune lumière extérieure ne devait se montrer, ne suffisaient pas à assurer la tranquillité de la ville : les rues coupe-Gueule et celle de la Martellerie, qui avaient emprunté leurs noms des crimes qui s'y commettaient, furent fermées par des portes, et des chaînes étaient tendues chaque soir dans presque toutes les voies de la ville. Paris, qui commençait à peine à porter ce nom, était fort digne de garder celui de Lutèce, car ses rues mal pavées offraient une boue épaisse, à laquelle s'ajoutait, dans les temps de pluie, des flaques d'eau qui rendaient la circulation par moments impossible. Malgré tous les changements qui ont transformé le Paris du temps de saint Louis, nous retrouvons cependant çà et là quelques traits de sa physionomie toute particulière, tels que *les cris de Paris*. Au treizième siècle, comme aujourd'hui, ils réveillaient impitoyablement la ville ; seulement les denrées d'alors étaient différentes : on entendait crier : le miel, les *ronisoles* ou couennes de cochon grillées, les alises, l'églantine; il y avait aussi comme maintenant les pommes, les poissons, les oublies. On criait encore le jonc frais, le savon d'outre-mer.

Les garçons baigneurs criaient que les bains étaient chauds et qu'il fallait se hâter. Les bains furent un des luxes du moyen âge. C'étaient les lieux de réunion les plus fréquentés, on en trouvait à chaque pas. Les hôtels avaient des bains particuliers; les seigneurs et les dames prenaient chaque jour un bain avant le dîner; les bourgeois, plusieurs par semaine ; en invitant à dîner ou à souper, on invitait en même temps à se baigner.

Enfin, de temps en temps, deux cris douloureux rappelaient aux hommes la charité pour les vivants, la charité pour ceux qui ne sont plus. *Du pain ! du pain !* criait la voix aiguë des écoliers pauvres ; du pain ! implorait la voix douce et humble de la petite sœur chargée de cette pénible besogne pour les ordres de filles ; du pain ! répétait la voix monotone du frère mendiant ; du pain ! demandait le gardien des prisons..... Puis l'aumône pour l'autre vie : *Priez Dieu pour les trépassés !* Ce cri s'entendait de loin en loin dans la matinée, répété par les bedeaux des paroisses qui parcouraient chaque quartier. Le culte de ceux qui ne sont plus est resté bien vif au cœur des Parisiens ; mais nous doutons que la ville moderne, la ville du plaisir, voulût être réveillée par ce cri de l'éternité, que cependant, plus qu'au moyen âge, elle a besoin qu'on lui rappelle.

En se promenant au treizième siècle dans Paris, on

pouvait de temps en temps se croire en face d'un incendie, tant les flammes s'élevaient brillantes et activées dans les carrefours ; c'est que la ville était loin d'être saine : des maladies épidémiques s'y déclaraient souvent ; on les attribuait aux miasmes des boues de Paris constamment remuées par le passage des chariots, celui des troupeaux, des chevaux que montaient les nobles, des mules qui portaient les magistrats, des simples ânes sur lesquels les marchandes parcouraient la ville ; et ces feux étaient faits pour assainir l'air ; l'homme créé pour le bien et le bonheur veut toujours trouver la raison de la maladie et de la douleur.

Une précaution charitable était recommandée à tous ceux qui avaient été atteints de l'épidémie, ou dont quelque parent en était encore malade ; il ne devait sortir que portant à la main un bâton blanc, afin qu'on s'éloignât de lui.

Il fallait aussi se garantir des *coupe-bourses* nombreux et habiles qui, en plein midi, vous enlevaient votre bourse et votre manteau, avec l'adresse de nos modernes pick-pokets.

Le *pilori* devait cependant effrayer ces malfaiteurs : « C'était une tour élevée d'un étage, à huit fenêtres, devant lesquelles le patient était enchaîné au moyen d'un cercle de fer, tournant comme la meule d'un moulin, et dans lequel ce patient était contraint de tourner aussi, ayant la tête et les mains passées dans les trous qui y étaient pratiqués. »

Puisque nous avons parlé du pilori et du condamné,

disons un mot du bourreau. Saint Louis avait voulu qu'il y eût des bourreaux féminins : car les châtiments de ce temps n'étaient pas toujours d'accord avec la pudeur.

Les droits du bourreau étaient nombreux, et malgré cela c'était une tâche généralement repoussée : droit de passage, droit sur les têtes des porcs, sur les chasse-marées, sur les gâteaux de l'Épiphanie, etc. ; mais il ne pouvait rien toucher qu'avec une longue cuiller de fer-blanc, et son vêtement rouge le désignait à la répulsion de tous.

. N'oublions pas, dans ce trajet rapide à travers Paris, de nous arrêter devant ces petites grilles où une figure humaine, presque toujours une figure de femme, nous apparaît comme dans un cadre : c'est une recluse, elle y est entrée jeune, peut-être à la suite d'un crime ignoré, d'une douleur sans consolation, ou sous l'impulsion d'un excès d'amour de Dieu et d'immolation ; elle y vieillira, elle y mourra sans voir jamais, qu'à travers sa grille : du côté de l'église, les splendeurs du culte ; du côté de la rue, le passant charitable qui lui apportera du pain, de l'eau, des racines, sa seule nourriture ; quelque étrange que soit sa vie, quelque apparente folie il y ait à se murer ainsi tout vivant, le peuple respectait ces âmes qu'il disait faites des *rognures des saints*.

La Cité, cœur de Paris, qui chaque jour tendait à s'agrandir, réunissait « le siége de la religion, du pouvoir et de la justice. » Notre-Dame, dédiée primitivement à Saint-Étienne, fut vantée dès le sixième siècle par Fortunat. Tous les rois se plurent à doter et enrichir cette cathédrale de la capitale du royaume ; elle fut réédifiée sous Philippe Auguste : dirons-nous qu'elle fut terminée sous saint Louis? non sans doute, mais elle fut singulièrement avancée et embellie, on peut à peine dire qu'elle soit terminée, puisque notre siècle y travaille encore. Je n'ai nul besoin d'en faire la description : qui ne connaît Notre-Dame de Paris, sinon par lui-même, du moins par la gravure et les tableaux de toutes sortes. Au moyen âge elle était élevée au-dessus du sol par un majestueux perron de quinze degrés : on sait qu'aujourd'hui on descend pour y entrer. Il y avait à cette époque, à l'entrée de la cathédrale, un modeste berceau, dans lequel on déposait les pauvres enfants que leurs mères abandonnaient : le chapitre les faisait recueillir et élever ; leurs petits cris accueillaient, dans l'église, l'entrée des fidèles qui se détournaient pour placer une obole dans le tronc destiné à cette belle œuvre !

Durant les beaux jours, on exposait les enfants trouvés le long du mur, espérant que quelque âme charitable serait entraînée à les adopter.

C'est près de la cathédrale que s'élève l'Hôtel-Dieu, que saint Louis fit restaurer. Personne n'oubliait l'Hôtel-Dieu : le chanoine et l'évêque en mourant lui laissaient leur lit complet, le roi lui donnait la paille mêlée de fleurs qui couvrait le plancher de sa chambre et de son palais chaque fois qu'il allait coucher hors Paris. Saint Louis imitait son aïeul par des fondations nombreuses et des dons de toutes sortes. Pendant le carême, la boucherie se tenait à l'Hôtel-Dieu pour montrer que les malades seuls devaient manger de la viande.

Les grandes boucheries de Paris étaient fort importantes, on les regardait comme des fiefs, dont les uns appartenaient à la communauté des bouchers, les autres à différents monastères du seigneur.

C'était le jeudi gras qu'avait lieu la promenade du bœuf gras au son des violons : sa tête était décorée d'une branche de laurier cerise. Sur son dos s'étalait un riche tapis sur lequel était assis un enfant, tenant un sceptre d'or et une épée nue : on l'appelait, ce pauvre petit, qui n'aurait pas tué un oiseau, le *roi des bouchers* : de notre temps, nous l'appelons l'Amour : à part cela, la cérémonie du moyen âge et la nôtre étaient identiques ; le cortége vêtu à la romaine se rendait au palais du roi et chez les principaux magistrats.

Le Palais était le second monument de la Cité; tel que nous le voyons, tel il était alors quoique plus restreint, car chaque roi qui l'habita l'agrandit: De ses fenêtres, on voyait jusqu'aux coteaux de Meudon. C'est dans l'enceinte du palais qu'était construite la Sainte-Chapelle. Le jardin du roi s'étendait jusqu'à la rivière : c'était une espèce de métairie où il y avait blés, vignes, légumes, volières, viviers, où les princes se plaisaient à pêcher. « L'extrémité du jardin était inculte et marécageuse. On dit que sainte Geneviève y venait souvent recueillir des plantes pour guérir les malades de la Cité. On montrait aussi un banc de pierre, sous trois ormeaux, où sainte Clotilde apprenait à lire aux enfants de Clodomir, lorsque Clotaire, voulant les faire tuer, les demanda à cette princesse sous le prétexte de les faire proclamer sur le pavois. »

Ce fut sous les ombrages de ce jardin que saint Louis rendit souvent la justice.

Paris s'agrandissait : tous les jours, une abbaye, une communauté, un établissement charitable attirait quelques habitants fuyant la cherté ou le bruit de la ville ; un village se formait, puis s'étendait du côté de Paris dont il devenait un faubourg, jusqu'à l'époque inévitable où l'enceinte reculée le faisait entrer dans son sein, et formait un quartier nouveau. Saint Louis plaça autour de la capitale un grand nombre de ces jalons de développement à venir. C'est ainsi que s'élevèrent le couvent des Haudriettes pour les pauvres veuves, le collège de la Sorbonne, celui des Prémontrés... Le grand couvent des Carmes fut fondé au retour de la croisade, place Maubert, pour les religieux que le roi avait ramenés du Mont-Carmel ; il lui donna une magnifique croix de procession dont l'orfévre Louis Bouvait était l'auteur : ce fut le premier artiste qui reçut des lettres de noblesse de Philippe le Hardi

Il exécuta aussi la châsse de sainte Geneviève, dont les reliques reposaient encore dans une œuvre de bois sculpté par saint Éloi ; la translation dut être faite pendant la nuit, car les Parisiens, fanatiques de leur sainte patronne, n'auraient pas permis qu'on touchât à ses restes précieux, et cependant la vieille châsse menaçait de tomber en poussière.

L'abbaye de Sainte-Geneviève avait une grande importance : elle était le chef-lieu d'une congrégation à laquelle appartenaient plus de six cents maisons religieuses. L'abbé électif portait le titre de général. La simple, mais belle église, avait pour principal et presque unique ornement la châsse de sainte Geneviève, placée sur le maître-autel; cette châsse était, comme nous l'avons dit, un chef-d'œuvre de Louis Bouvait, ciselée en or et en argent, couverte de pierreries, supportée par les statues de quatre vierges de grandeur plus que naturelle et tenant en main des candélabres : entourée de lampes continuellement allumées, elle offrait au regard émerveillé un foyer de lumières et de richesses devant lequel des âmes pieuses ne cessaient de s'agenouiller.

Dans les cas d'épidémies ou de calamités publiques on la portait processionnellement, confiée par les chanoines au prévôt des marchands et aux échevins contre des otages considérables. La procession de la châsse de sainte Geneviève était une des plus belles cérémonies d'autrefois.

« La veille du jour où la châsse devait être descendue, les chanoines jeûnaient et priaient. L'abbé chantait les sept psaumes de la pénitence, puis ses religieux descendaient la châsse et venaient pieds nus la baiser tour à tour; alors sonnaient les cloches de toutes les églises. Paris encourtiné, c'est-à-dire couvert de courtines et de tapisseries, jonché de verdure et de fleurs, parfumé d'encens et d'autres aromates, était parcouru par la procession au passage de laquelle tous se prosternaient.

« La châsse, portée lentement, était entourée par des échevins et des magistrats, qui avaient baillé les otages ; précédée du clergé de Notre-Dame, elle était suivie de la bannière du clergé et des confréries de Saint-Marcel ; puis venaient les corps universitaires, les religieux de vingt abbbayes, et une foule de fidèles tous nu-pieds et quelques-uns même en chemise, en quelque saison que ce fût, avec des pierres enchâssées dans leurs chemises, soit pour empêcher que le vent ne les enlevât, soit pour aggraver la pénitence [1]. »

L'une des grandes fondations de saint Louis fut l'hospice des Quinze-Vingts élevé au milieu d'un grand bois limitrophe de Paris. On sait que les premiers aveugles, appelés invalides de Saint-Louis, furent des gentilshommes français prisonniers du Sultan qui leur avait fait arracher les yeux avant de leur rendre la liberté.

Les résidences royales reçurent aussi les embellissements et surtout les agrandissements nécessaires, car ni la peinture ni la sculpture ne les ornaient ; il semblait que les richesses artistiques fussent réservées aux demeures de Dieu. Le Louvre s'alliait bien par la grandeur de ses magnifiques appartements à la majesté de la cour de France : la salle de saint Louis, longue de douze toises sur sept de largeur, avait un dôme qui montait jusqu'à la toiture de l'édifice.

Au delà du Louvre se trouvait un lieu vide et marécageux qu'on appelait les *Tuileries*, parce qu'on

---

[1] Ducange

y faisait des tuiles ; c'était là que se tenaient les écor-
cheries de la ville !

De toutes les demeures royales, saint Louis préférait
Vincennes et Fontainebleau, où il fit d'importants
travaux, et entre autres de belles chapelles. Celle de
Fontainebleau, qui portait spécialement ce nom : *la
belle chapelle*, était desservie par sept moines de
l'ordre de la Rédemption qui devaient constamment
prier pour les âmes de Louis VIII et de Blanche de Castille. Dans la grande salle de leur couvent, saint Louis
réunissait les pauvres des environs de la ville et leur
servait lui-même à manger.

Au milieu de cette prospérité tous les jours croissante, de ces encouragements éclairés donnés aux arts
et aux sciences, de cette paix acquise par une rare sagesse, de ces royales largesses unies à de sérieuses
économies, de ce gouvernement enfin tout paternel et
conduisant notre patrie dans les voies d'une civilisation chrétienne, qui, sans bouleversements, la mettait
à la tête des autres nations, les échos de la France répétèrent le grand cri de la Croisade. Il tomba, ce cri,
comme un glas funèbre sur le cœur de chaque Français... la tristesse de tout un peuple était comme le
pressentiment des grands malheurs qui attendaient le
roi et la famille royale dans cette expédition, que Dieu
permit sans doute pour achever par une mort héroïque
la sainteté du fils de Blanche de Castille.

CHAPITRE VII

SAINTETÉ D'ISABELLE DE FRANCE.

Humilité héroïque. — Mortification. — Cinq années d'infirmités. — Grande extase. — Don des miracles. — Dernière maladie. — Mort de Madame Isabelle. — Départ du roi pour la
croisade; sa mort à Tunis; désastres de la famille royale. —
Canonisation du roi. — Béatification de Madame Isabelle de
France.

Retournons à Longchamps, nous y trouverons Madame Isabelle de France s'approchant chaque jour de
cet héroïsme des vertus qui s'appelle la sainteté.

On a remarqué que les saints élevaient l'édifice de
leur perfection sur la vertu qui leur coûtait le plus à
pratiquer, soit à cause de leurs dispositions naturelles,
soit à cause des obstacles qu'y apportait leur position
dans le monde.

Cette vertu chez les grands de la terre est nécessairement l'humilité, contre laquelle s'élèvent les honneurs, les richesses, de même que la beauté et les talents que souvent ils ont en partage, et que la flatterie

prend soin d'exagérer. Ces choses viennent de Dieu, sans doute, mais elles rappellent ce fruit du paradis terrestre créé par le bon Dieu comme les autres fruits et qui cependant devait donner la mort à celui qui le mangerait.

De ces obstacles les saints font des moyens.

Nous avons vu Isabelle de France s'exercer depuis l'enfance à cette vertu d'humilité : dans la solitude de Longchamps elle put la pratiquer jusqu'à ses divins excès.

La première chose à oublier, c'était sa royale naissance ; aussi eut-elle soin de ne prendre que des servantes du peuple, ignorantes des usages de respect dont on entoure les grands. Elle portait un manteau semblable au leur, et, n'eût été l'exquise délicatesse de ses traits, on ne l'eût point reconnue parmi ses filles de chambre : comme elles, elle ne portait jamais de gants, et ses mains fort belles en souffraient tellement, que sœur Agnès, en ayant pitié, exhortait la princesse à les couvrir au moins pendant les grands froids. « Non, répondait en souriant Isabelle, elles m'ont fait faire trop de péchés de vanité, qu'il faut expier. »

Lorsque Madame Isabelle prenait à la hâte sur un pauvre petit banc de bois un repas frugal, qui le jour de ses fréquents jeûnes consistait en légumes assaisonnés seulement de quelques grains de sel, elle faisait boire sa fille de service dans sa propre coupe.

Le camelot de ses robes était le plus commun, et si pendant les premiers hivers de sa vie de pénitence elle fit doubler ses vêtements de panne, elle se déshabitua bientôt de cette douceur, et malgré sa délicatesse, elle ne porta plus que la même robe, été et hiver, quelquefois deux ans de suite, jusqu'à ce que l'étoffe fût en lambeaux. Se faisant servir le moins possible, elle allumait elle-même son feu lorsque sa santé l'obligeait à en avoir, et cependant, craignant toujours d'a- . voir réprimandé les femmes de son service avec vivacité, il n'était guère de jour qu'elle ne leur demandât pardon à genoux.

Rien, dans la modeste chambre qu'habitait la princesse, ne pouvait rappeler les palais où elle avait été élevée ; elle l'avait voulue semblable à celles des religieuses : un lit dur et incommode, un escabeau et un crucifix, en faisaient tout l'ornement ; c'est là que les princes et le roi venaient voir leur sainte parente. Mais, de ces visites, il n'en était jamais question dans les courts entretiens d'Isabelle avec les religieuses, même avec Agnès d'Harcourt ; et si quelques-unes rappelaient le plus petit souvenir de la royale famille, la princesse détournait ce sujet doux à son cœur, mais dans lequel elle redoutait l'ombre d'une louange.

Lorsqu'on pénétrait dans cette sainte chambre, il semblait qu'on entrât dans une de ces demeures du ciel dont parle le Seigneur : le silence d'une méditation continuelle la remplissait d'une atmosphère qui n'était pas de la terre ; le visage resplendissant d'un calme intérieur que rien ne troublait, la fille de Blanche de Castille conversant avec Dieu n'avait pas les airs des discours des hommes : aussi gardait-elle de plus en plus ce silence que sa mère n'obtenait qu'elle rompît autrefois que pour les pauvres, par nécessité, par charité;... et alors les suaves pensées de son virginal amour de Dieu, les lumières étonnantes que reçoit l'âme en continuelle union avec Celui qui sait tout, sortaient de son cœur avec une abondance qui fortifiait et ravissait à la fois ceux qui étaient appelés à ces rares mais précieuses communications ; c'était surtout avec son frère qu'Isabelle se permettait ces épanchements ; et lorsque ces deux âmes, se stimulant aux saintes ardeurs de la piété, révélaient les grandes choses que Dieu se plaisait à opérer en eux, c'était vraiment l'entretien que doivent avoir les bienheureux dans le ciel, et saint Louis revenait toujours de Longchamps avec quelque renouvellement de ferveur et de piété.

Si, par humilité et pour éviter d'être nommée supérieure, — ce qu'aucune princesse du sang ne voulut accepter dans le couvent fondé par Madame Isabelle, — cette sainte princesse ne portait pas l'habit des filles de Saint-François, elle en pratiquait les austérités, qui, malgré les adoucissements exigés par le roi, étaient encore effrayantes. Jeûne, macération, sommeil interrompu par la prière, disciplines presque journalières et non point avec de faibles cordes, mais avec des chaînettes de fer aux pointes aiguës : celle d'Isabelle était un cadeau de saint Louis qui, nous l'avons déjà vu, affectionnait particulièrement ce genre de pénitence.

Le Jeudi Saint, elle lavait les pieds à douze pauvres femmes à qui elle donnait 30 pièces d'argent en souvenir du prix de la vente du Seigneur ; et, pour s'humilier davantage, elle voulait que ses servantes fussent au nombre de ces femmes.

Les communions fréquentes de cette véritable sainte étaient toujours précédées d'une confession spéciale faite avec beaucoup de larmes. Puis, au moment de s'agenouiller devant Dieu, elle s'agenouillait devant ses servantes pour leur demander pardon de ses vivacités et des scandales qu'elle leur avait donnés, convaincue, comme tous les saints, qu'elle n'était qu'une grande pécheresse.

Il semble que du moins une telle vie dût rassurer complétement sur son salut celle qui la pratiquait ; il n'en était rien, et dans une de ses rares confidences à sa fidèle Agnès, Isabelle lui avoua que, lorsque le soir en se couchant elle se figurait qu'elle se réveillerait peut-être dans l'éternité, sa frayeur, à la pensée du jugement de Dieu, lui donnait un tel frémissement, que son lit et ses habits tremblaient sous elle.

Cependant, Dieu, qui jugeait sa servante tout autrement qu'elle ne le faisait elle-même, avait hâte de rappeler à lui cette âme mûre pour le ciel ; il lui envoya comme dernière épreuve cinq années de cruelles maladies. Retenue constamment sur son lit par une fièvre brûlante, réduite à une telle maigreur que ses os sortaient de sa chair déchirée, Madame Isabelle, sans mouvement, sans murmure, sans regrets, acceptant l'anéantissement physique de son être, ne vivait plus que de prières ; des nuits entières se passaient en oraison ; et lorsque son état maladif l'empêchait de se prosterner, étendue sur sa couche, quelquefois même sur le plancher de sa chambre, les yeux ouverts, elle semblait voir les choses du ciel. Un matin Agnès d'Har-

court, entrant chez elle, la vit assise sur son lit, la tête
appuyée sur le chevet, dans une telle immobilité, que,
sans le léger mouvement de ses lèvres, elle l'aurait
crue déjà dans le sein de Dieu.

Eudes de Rouy, son confesseur, et maître Thomas
de Provins, son chapelain, furent appelés ; ils essayèrent de tirer la princesse de cet état extraordinaire, lui
parlant à voix élevée, remuant les pauvres meubles de
la chambre ; mais elle continua à ne donner d'autre
signe de sentiment que l'imperceptible mouvement de
ses lèvres. Alors ils s'approchèrent et entendirent ces
mots, à peine murmurés : *A Dieu seul honneur et
gloire !* C'était assez pour juger que cet état était vraiment surnaturel ; cette extase dura présque une journée,
durant laquelle, une fois seulement, elle tourna son
visage du côté des assistants : il semblait que ce beau
visage resplendît déjà comme celui des glorifiés, ses
joues étaient d'une teinte transparente et rosée, et il
y avait une telle lumière sur son front, que ceux qui
étaient là en furent éblouis.

Ce ne fut que le soir qu'elle revint à elle comme
quelqu'un qui arrive d'un tout autre pays, et sans ex-
plication, elle regarda les assistants avec son sourire
doux et aimable ; mais sœur Agnès avait résolu d'en
savoir plus long, et elle supplia si bien sa noble amie
de lui révéler quelque chose de ce qui s'était passé,
qu'Isabelle lui dit en secret ces courtes paroles : « Ne
vous avais-je point conté quelquefois les jubilations
que Dieu envoie à l'âme de laquelle il se voit aimé
tendrement et cordialement ? »

Au don de ravissement Dieu voulut ajouter le don des miracles ; les auteurs de la vie d'Isabelle portent à trois le nombre des malades qu'elle guérit miraculeusement avant sa mort. Nous rapporterons celui de ces miracles qui nous a particulièrement touchée.

Un *sergent* du roi saint Louis avait un pauvre enfant frappé d'une des plus cruelles infirmités, il était épileptique ; entendant parler de la sainteté de la princesse qu'il avait vue dès sa jeunesse si pieuse et si pure, ce pauvre père se dit que bien sûr Dieu ne pouvait rien lui refuser ; il part à cette pensée, il traverse le bois qui séparait Longchamps de Paris et vient se jeter aux pieds d'Isabelle, lui demandant de prier pour que son cher malade fût guéri. Isabelle, sans parler, lui fit un doux signe du regard et de la tête qui remplit le pauvre homme de confiance.

Il revint chez lui le cœur allégé et fut bien heureux en apercevant son enfant, qu'il avait laissé retenu depuis longtemps au lit par son terrible mal, venir à lu gaiement, sans que jamais depuis aucune attaque n'ait reparu.

Lorsqu'un temps assez long pour que la guérison eût été sérieusement constatée se fut écoulé, l'heureux père reprit, cette fois avec son enfant, le chemin de Longchamps pour remercier sa bienfaitrice, et comme il louait hautement les vertus de la sainte, dont les prières avaient été si vite exaucées, Isabelle, rompant son cher silence, lui dit : « Ce n'est pas moi chétive créature, par qui Dieu fait de telles œuvres... Allez-vous-en en paix, mais gardez-vous bien d'en rien dire à personne tant que je serai en vie. » En effet, le brave homme ne vint qu'après la mort d'Isabelle raconter ce miracle à Agnès d'Harcourt.

L'état maladif de la sainte princesse augmenta sensiblement dans ses dernières années, et au mois de février 1269, elle se sentit si faible, qu'elle voulut faire ses adieux à toutes les religieuses, leur donnant les plus saints avis, leur disant ces sages paroles :

« Je vous ai fondé une maison stable et permanente si vous gardez bien les vœux de votre profession, mais, ce que Dieu ne veuille ! de peu de durée si vous les transgressez. Ne pensez pas que toutes les sauvegardes du roi, mon seigneur et mon frère, ni l'assurance de messieurs mes parents, vous puissent donner tant d'appui ni de support que la seule protection divine... »

Plus que toutes les religieuses désolées, Agnès d'Harcourt pleurait amèrement. Fidèle compagne de la princesse, lui ayant été unie depuis l'enfance dans les grandeurs de la cour, et n'ayant voulu d'autre vie que la sienne dans la solitude sévère de Longchamps, elle perdait cette moitié d'elle-même, comme appelle saint Augustin l'âme de l'ami qui nous quitte et que l'on cherche partout, sans laquelle on ne sent plus que la moitié d'une vie en soi. La princesse aperçut la désolation de cette amie dévouée, et la consola avec tendresse. D'après les paroles qu'elle lui adressa, on doit penser qu'Agnès d'Harcourt était supérieure de la communauté, car elle lui recommanda le maintien de la règle et de la discipline. A elle aussi elle confie le soin de ce corps qu'elle va abandonner ; elle la charge de la faire revêtir après sa mort du costume des Clarisses. Puis la sainte, de plus en plus affaiblie, appelle sur cette communauté si chère la bénédiction du ciel, et, couchée sur la paille, elle reçoit l'extrême onction. Enfin, sans agonie, sans trouble, elle rend à Dieu une des âmes les plus pures qui aient traversé la terre, prononçant cette simple parole : « Mon Dieu, je vous recommande mon âme. » C'était le 23 février 1269 ; elle avait environ cinquante ans.

Saint Louis tenait un parlement à Tours, au moment de la mort de sa sœur. Il hâta son retour, et trouva la bienheureuse revêtue du saint habit des Clarisses, entourée de ses religieuses désolées. Le roi, profondément affligé lui-même, s'efforça de les consoler, leur promettant toute sa protection.

Le jour des funérailles d'Isabelle, neuf jours après sa mort (elle avait été ensevelie provisoirement), la foule entourait le chœur ; et comme son visage était resté parfaitement beau et semblait vivant, on le montra au peuple à travers la fenêtre grillée du chœur ; tous s'approchaient, essayant de faire toucher des anneaux, des ceintures, des objets de toute sorte à celle que l'on regardait déjà comme une sainte. La tombe se trouvait en partie dans le chœur, en partie dans l'église, afin que ceux qui viendraient y prier du dehors pussent le faire, ce qui n'aurait pu être si la tombe eût été tout entière dans l'intérieur du cloître. Elle avait obtenu, quelques années avant sa mort, un bref du pape permettant l'entrée du cloître à sa famille pour le jour de ses funérailles, et afin qu'ils pussent prier sur sa tombe.

Elle en avait fait la demande en termes touchants :

« Le désir d'imiter plus parfaitement le souverain Maître m'a séparée d'eux; mais ils ne sont jamais sortis de mon cœur, et j'ai toujours souhaité leur donner ce dernier gage de mon affection. »

Selon l'habitude des sépultures du moyen âge, Isabelle de France était représentée couchée sur la pierre du sépulcre, un livre, l'Évangile sans doute, sur la poitrine, vêtue en religieuse de Saint-François, avec le manteau royal semé de fleurs de lis, et une couronne sur la tête. L'épitaphe suivante en vers latins, traduits fort naïvement par un des anciens biographes d'Isabelle, Rouillard, entourait le tombeau :

Cette dame Isabelle, mère de ces saints lieux,
A relui, quand vivait, comme un astre des cieux;
Car, plus elle était grande et haute de lignage,
Tant plus s'abaissait-elle en tout temps de son âge;
Parlait peu, mais à point; et d'exacte rigueur,
Macérait sa chair tendre et sa forte vigueur,
O mes dévotes sœurs, ayez d'elle mémoire,
Puisque, laissant la cour et le monde et la gloire,
Elle vous transplanta, comme nouvelles fleurs,
Dans ce sacré verger de l'ordre des Mineurs.

Notre tâche est terminée : nous avons raconté, avec tous les détails que nous avons pu trouver, la vie d'une de ces princesses qui donnèrent, particulièrement au moyen âge, l'exemple étonnant du renoncement aux grandeurs et aux biens de ce monde pour vivre dans la pratique héroïque des plus grandes et des plus humbles vertus.

La vie modeste et cachée de notre héroïne se laisse à peine saisir de loin en loin ; mais elle nous a fourni l'occasion d'étudier de près cette admirable cour de Blanche de Castille et de Louis IX. Nous ne pouvons mieux honorer la mémoire de la sœur de saint Louis qu'en suivant son royal frère pendant le peu de temps qu'il doit lui survivre, afin d'assister à la fin héroïque d'un grand roi et d'un grand chrétien.

Aussitôt après la mort de Madame Isabelle, Louis IX reprit activement les préparatifs de la nouvelle croisade.

Ayant confié la régence, non point à Marguerite de Provence, étrangère toute sa vie à la politique, mais à Matthieu de Vendôme, abbé de Saint-Denis, et à Simon de Clermont, sire de Nesle, auquel il remit son scel particulier, formé d'une grande couronne à fleurs de lis, le 15 mars 1270, accompagné de Philippe, de Tristan, de Pierre de France, ses fils ; et de Robert d'Artois, son neveu, le roi alla à pied de son palais à Notre-Dame.

« Une multitude immense encombrait le passage, fondant en larmes à la vue du monarque, obligé de ralentir sa marche, tant on se pressait autour de sa personne. Saisi d'une émotion visible, il s'arrêtait à chaque pas, remerciant son peuple, répandant des aumônes, réclamant des prières. »

Marguerite n'accompagna pas le roi ; elle s'en sépara à Vincennes, ainsi que de presque tous ses enfants. Louis, brisé de l'émotion de la séparation d'une partie des siens, et depuis longtemps si faible qu'il ne pouvait supporter ni le cheval ni la voiture, se trouva dans un tel état, en arrivant à Paris, que le sénéchal de Champagne le porta dans ses bras de l'hôtel d'Auxerre au couvent des cordeliers. Là, le fidèle serviteur, qui n'accompagnait point son maître, lui dit adieu, couvrant ses mains royales de larmes et de baisers.

Le premier juillet 1270, le roi s'embarqua à ce même port d'Aigues-Mortes, où vingt-deux ans plus tôt (1248), il était parti plein d'espérance et de jeunesse pour sa première expédition d'Orient ; et, malgré le souvenir des malheurs de cette première entreprise, malgré tant d'épreuves supportées depuis son retour, malgré les années et presque la vieillesse, la foi du saint roi était restée la même, d'après ces paroles adressées à ses fils au moment du départ : « Mes enfants, considérez comment à l'âge où je suis parvenu, j'abandonne un royaume florissant et en paix, pour passer une seconde fois la mer. Les prières, les larmes de votre mère, que j'ai quittée si affligée, n'ont eu pouvoir de me retenir, ni de laisser un de vos frères et votre jeune sœur auprès d'elle ; et si votre jeune frère Robert eût pu supporter la mer, il n'en eût été dispensé. C'est assez vous le dire : là où est question de la cause et du service de Dieu, rien ne peut être mis en considération. Si donc, Philippe, pareille occasion se présente après moi, souviens-toi, ainsi que tes trois frères, que je me suis séparé d'une épouse, de mes enfants, de mon royaume,

par l'unique amour du Christ, et quand il le faudra,
faites de même. »

Nous retrouvons le roi à Tunis couché sur son lit de
mort. En effet, une affreuse épidémie ravage l'armée
des croisés, et déjà le jeune comte de Nevers, le prince
Jean Tristan, né à Damiette 21 ans plus tôt, a été emporté par le fléau. Louis IX se sentait si mal, qu'il reçut cette cruelle nouvelle avec la résignation de ceux
qui savent que la dernière séparation ne peut être longue : c'était le 3 août, et le 24 du même mois, le roi
faisait ses adieux à ses enfants et à ses neveux. Philippe
de France, à peine remis de cette effrayante épidémie
de fièvre et de dysenterie, qui en quelques heures en-
levait les plus forts, avait peine à surmonter sa faiblesse et sa douleur.

S'adressant à ce prince appelé trop tôt à lui succéder, le saint roi fit tout haut cet admirable testament :

« Cher fils, aie le cœur pieux aux pauvres et à leurs
misères, et les conforte et les aide autant que tu pour-
ras. Soulage-les de consolations et d'aumônes, et aie
le cœur compatissant envers tous ceux que tu pense-
ras estre en souffrance de cœur ou de corps.

« Sois roide à tenir justice ; fais-la à tous tes sujets,
et jusqu'à ce que vérité te soit bien connue ; s'il ad-
vient querelle entre un pauvre et un riche, soutiens de
préférence le pauvre au riche.

« Ayme dans le prochain le bien, et hais le mal.

« Prends garde à avoir bons baillifs et bons prévôts
en ta terre, fais souvent prendre garde qu'ils fassent
bien justice. »

Puis viennent de sages conseils sur la paix du royaume, les dépenses de la maison royale, toutes ces choses dans lesquelles le roi avait apporté un zèle minutieux et éclairé, qui avait tant contribué au bonheur de son peuple.

Ensuite il bénit chacun de ses enfants : là se trouvaient Philippe et sa jeune épouse Isabelle d'Aragon, et la fille si aimée du roi, Isabelle, reine de Navarre, à qui il confia des enseignements écrits pour la plus jeune de ses filles, restée en France, Agnès fiancée du duc de Bourgogne : c'est à la jeune reine qu'il fit ce doux adieu.

« Très-chère fille, pensez-y bien ! moult de gens se sont aucunes fois endormis en folles pensées de péché, et au matin ne se sont trouvés en vie ! La meilleure manière d'aimer Dieu, c'est de l'aimer sans mesure ! Il a bien mérité que nous l'aimions, puisqu'il nous a aimés le premier. »

Après eux, vinrent s'agenouiller pour recevoir la bénédiction de saint Louis : le roi de Navarre, Pierre de France, le comte d'Artois... et sur un lit de cendres le fils.aîné de l'Église reçut, avec grande foi, les derniers sacrements ; lorsque son confesseur, lui présentant la sainte hostie, lui dit : « Croyez-vous que ce soit le vrai corps de Jésus-Christ ? — Oh oui, et je ne le croirais mieux, même si je le voyais tel que les Apôtres le contemplèrent au jour de l'Ascension ! » L'évêque de Tunis, qui ne le quitta pas, déclara n'avoir en toute sa vie vu « fin si sainte, si dévote, d'homme de siècle ou de religion ! » Le 25 août, le ciel compta un habitant de plus.

On sait les désastres de la croisade, secret de Dieu qui, un siècle plus tôt, arrachait à saint Bernard d'impuissants gémissements : des peuples entiers, des rois entourés de toute leur royale lignée, partaient pleins de foi et d'espérance pour la conquête du sépulcre divin ; les papes les exhortaient, leur promettant la protection divine ; et des désastres, rien que des désastres étaient recueillis pour tant d'héroïsme !

Cette fois, la famille royale fut décimée : le roi de Navarre, Isabelle de France, Alphonse de Poitiers, Jeanne de Toulouse, et enfin la jeune reine Isabelle d'Aragon, moururent de maladie, d'accidents, ou de douleur. Philippe de France rentre à Paris entouré de cercueils, et sa malheureuse mère, Marguerite de Provence, fuit cacher ses larmes dans un cloître, où elle passe vingt-quatre ans à attendre, dans les prières et les bonnes œuvres, le moment d'être réunie à tant d'êtres aimés. Du moins du fond de sa retraite entendit-elle proclamer la sainteté de son royal époux, canonisé douze ans après sa mort (1290).

Ce ne fut que trois siècles plus tard, en 1521, que l'Église unit, dans un même culte, la sœur au frère, et déclara, d'après les miracles les plus authentiques, Isabelle de France *Bienheureuse !*

FIN.

NOTES EXPLICATIVES

NOTES

PREMIÈRE PARTIE

NOTES DU CHAPITRE PREMIER

Page 2. — *Le Louvre comme presque tous les domaines royaux....*

Lorsque le roi venait habiter la tour du Louvre, il jouissait d'un des droits du seigneur des anciens comtes de Paris qui voulait que, pendant son séjour, les Parisiens lui fournissent deux lits de plume.

Louis VII abolit cet usage à la naissance de son fils.

Depuis le Pont-Neuf jusqu'à Boulogne s'étendait une magnifique forêt, lieu habituel des chasses royales. Les défrichements successifs de ces bois furent l'œuvre des moines ; les abbayes entouraient Paris, et avec les maisons des vassaux, car tout abbé était seigneur d'un certain nombre de fiefs, elles formèrent bientôt de véritables faubourgs, auxquels elles donnèrent leur nom : le faubourg Saint-Denis, le faubourg Saint-Germain, etc.

Sous Philippe Auguste trois jardins entouraient le Louvre.

La signification moderne du mot jardin s'appliquerait fort mal à ceux d'alors. C'étaient de vastes préaux, de belles plaines émaillées de fleurs des champs. Des berceaux, des treilles, offraient de loin en loin leur modeste ombrage. Le plus grand des trois jardins du Louvre était orné de quatre pavillons, et au milieu s'élevait un monticule de gazon, figurant un trône et entouré de siéges. Cet ornement d'un jardin royal paraîtrait aujourd'hui bien vulgaire.

Les fruits et les légumes connus alors étaient cultivés avec soin dans de vastes potagers que de petites allées ralliaient au jardin de luxe, dont nous avons donné la description.

Philippe Auguste aimait beaucoup le Louvre, il y donnait les fêtes royales, et le lendemain de ces fêtes la verdure et les fleurs dont on jonchait les salles étaient portées aux hôpitaux.

D'une des fenêtres du Louvre le vainqueur de Bouvines, apercevant les rues de Paris au-dessus du Pont-Neuf, fut un jour frappé des nombreux inconvénients de cette épaisse couche de boue qui avait valu à la capitale de la France le nom de Lutèce qu'elle portait encore, et ordonna que de larges dalles fussent placées dans les principales rues.

Page 8. — ... *Celui à qui l'histoire devait donner ce beau nom naquit à Poissy le 25 avril 1215....*

Le sire de Joinville, remarquant le jour de Saint-Marc, où le roi était né, dit naïvement : « Ce jour on porte des croix aux processions en beaucoup de lieux, et en France on les appelle les croix noires. Ce fut donc comme une prophétie de la grande foison de gens qui moururent dans ces deux croisades, c'est, à savoir dans celle d'Egypte et dans l'autre, où il mourut à Carthage ; car maints grands deuils en furent en ce monde, et maintes grandes joies en sont au paradis par ceux qui dans ces deux pèlerinages moururent vrais croisés. »

Un des vitraux de l'église de Poissy représentait Blanche

de Castille dans son lit, au-dessus les fonts baptismaux avec ces vers de l'an 1500 :

> « Sainct Loys fut enfant de Poissy,
> « Et baptisé en la présente église,
> « Les fonts en sont gardés encore icy
> « Et honorés comme relique exquise. »

Les fonts baptismaux qui servirent au baptême de saint Louis se trouvent encore à l'église de Poissy.

NOTES DU CHAPITRE II.

Page 47. — *Le plaisir par excellence de cette époque, c'était la chasse....*

Ce fut saint Louis qui le premier accorda le droit de chasse à des bourgeois de quelques provinces ; jusque-là la chasse était restée un plaisir exclusivement réservé à la noblesse.

NOTES DU CHAPITRE III.

Page 58. — *Un coup d'œil sur la Provence.*

Page 59. — *Rien ne manquait au moyen âge à cette délicieuse contrée, commerce important, villes fortifiées, usages pittoresques....*

Les Provençaux se faisaient des présents de fruits et de poissons à l'époque de Noël. On appelait ces dons les *Calenos;* on les plaçait sur une table couverte de trois nappes, en honneur de la sainte Trinité ; on y plaçait également des gâteaux à l'huile et sucrés, appelés *poumpos taillados.*

Page 73. — *Les banquets au moyen âge étaient d'une grande magnificence.....*

Au moyen âge on dînait à neuf heures du matin, et le soir à cinq heures on soupait assis sur des bancs appelés alors *banques,* d'où est venu le mot *banquet.*

NOTES DU CHAPITRE IV.

Page. 87. — *Les jeunes et beaux chevaliers s'y montrèrent dans les costumes alors à la mode...*

Au treizième siècle on portait le *surcot* (sur cotte), manteau qui se plaçait sur les autres vêtements. Il était attaché sur l'épaule ou sur la poitrine par le *fermail,* le bijou de l'époque en or et souvent enrichi de pierreries.

Ce qui fit le grand luxe des vêtements au moyen âge, ce fut les fourrures dont on les doublait en été comme en hiver. Les couvertures de lits des gens riches étaient en fourrures. On appelait *vair* une fourrure de prix grise et blanche ; le mot *vair* signifie *varié en plusieurs façons.*

Saint Louis remplaça par pénitence, dans ses dernières années, le *vair* de ses vêtements et couvertures par de la peau de lapin. « Ses officiers, ayant acheté un habit d'été « pour la reine Marguerite, présentèrent le compte au mo-

« narque, mais il ne voulut rien payer pour la fourrure
« attendu qu'elle avait été ôtée d'un autre habit. Il ajouta :
« Ce que je fais peut consoler les pauvres, mais, bien plus,
« instruire les riches. »

Le sayon de peau, origine du surplis, était porté par tout le
monde. Les hommes du peuple avaient dès lors adopté la
jaquette et le ceinturon.

Les souliers à la poulaine, « découpés comme des fenêtres
« d'église, longs de deux pieds pour le noble ; quelquefois
« ornés de griffes ou de figures grotesques, » étaient l'étrange
chaussure des chevaliers, qui mérita, comme on le sait, les
censures de l'Église.

Sur ses habits, le chevalier attachait l'aumonière richement
brodée d'or avec des sujets allégoriques quelquefois fort
compliqués ; elle était souvent montée en or.

Les habits de cérémonie étaient magnifiques. Matthieu
Pâris raconte qu'à un tournoi mille chevaliers parurent
portant des habits faits de la soie du plus grand prix ; le lendemain tous avaient revêtu d'autres vêtements non moins
splendides.

Un des habits de Richard II, roi d'Angleterre, coûta
50,000 marcs d'argent (1,500,000 fr.).

Comparativement les toilettes des femmes étaient d'un
prix modeste ; cependant leur linge était très-fin, la toile
coûtait 4 francs 10 sous l'aune. Leurs tuniques montantes
étaient ornées à droite de l'écu de leur mari, à gauche de
celui de leur famille.

Les bijoux se perfectionnèrent beaucoup à la suite des
croisades ; les émaux arabes si merveilleux inspirèrent les
croisés, et les nombreuses pierres précieuses rapportées
d'Orient furent montées avec goût et richesse.

Un des modèles les plus remarquables de cette orfévrerie
était la crosse épiscopale du chancelier de saint Louis. L'or,
l'ivoire, le bronze doré, y sont réunis dans un travail d'une
grande délicatesse.

Page 95. — *Mais le plat d'honneur était le paon...*

Le paon était connu des Romains; mais sous Tibère il était encore un objet de luxe et un ornement des jardins, comme il l'est redevenu de nos jours ; un officier des gardes de Tibère ayant tué un des paons du jardin de l'empereur, il le fit mourir. Plus tard cet oiseau se multiplia de telle façon en Italie, que les Romains en mangeaient avec une voracité si grande, que plusieurs moururent à la suite d'excès de paon, dont la chair en effet est dure et peu digestive.

Page 96. — *Saint Louis convoqua un parlement à Chinon, ainsi que le ban général de la noblesse...*

Saint Louis disait qu'il croirait manquer à ses devoirs s'il prenait une détermination importante sans le consentement de ses barons. Les barons n'étaient nullement complaisants et s'opposaient souvent à la volonté royale; c'est ainsi que, lorsque le pape Innocent IV, poursuivi par Frédéric, demanda asile à la France, saint Louis le lui accorda à la condition que les grands vassaux y consentiraient ; mais ceux-ci refusèrent, et saint Louis dut revenir sur son hospitalière pensée. « Le roi, dit-il dans les ordonnances des « rois, ne peut mettre ban en la terre au baron sans son « consentement. »

L'opposition des vassaux conduisait jusqu'à la résistance armée. La constitution féodale confisquait les biens du baron qui refusait de marcher avec son sergent quand même c'eût été contre le roi.

Joinville, qui devait devenir le plus fidèle serviteur et ami de saint Louis, refusa, au commencement du règne de ce prince, de lui prêter serment de fidélité : « attendu que ne tenant aucune terre de la couronne, il ne lui devait pas serment. » Le suzerain du moyen âge, sachant que la révolte d'un de ses vassaux entraînerait sûrement celle de plusieurs autres, ne dépassait pas les limites de son pouvoir.

Si cependant un vassal s'était injustement révolté, tous les autres se liguaient avec leur commun suzerain pour le réduire, et, s'il eût évité le combat, les noms de traître et félon l'eussent flétri pour toujours.

Ce qui fait qu'un très-petit nombre de guerres privées furent injustement entreprises pendant la féodalité. « Le sire ne devait pas moins au vassal, que le vassal au sire. » Tel était l'adage du temps auquel se conformait la cérémonie de foi et hommage dans laquelle le vassal embrassait son seigneur et mettait ses mains dans les siennes. Le seigneur donnait l'investiture du fief en offrant à son vassal une épée nue, emblème de la défense qu'il lui devait désormais pour lui et sa terre. Celui qui manquait à ses solennels engagements rendait à l'autre sa liberté d'action. Un exemple s'en présenta pendant la minorité de saint Louis. « Le comte « de Bretagne annonça par un acte public, qu'ayant souffert « de la régente des offenses nombreuses et un déni de jus- « tice, il venait de déclarer au roi qu'il ne se considérait « plus désormais comme son vassal, qu'il abjurait son hom— « mage et qu'il le défiait. » (Martène.)

Avant de déclarer la guerre à son suzerain, le vassal devait en effet faire abjuration de l'hommage, de même que de son côté le suzerain ne rompait avec son vassal qu'après l'avoir « ajourné devant l'assemblée de ses pairs. » Tout Franc, par un privilége qui remonte à l'origine de la monarchie, devait être jugé par ses égaux. Lorsque le suzerain et le vassal se réconciliaient, l'hommage était renouvelé. — Le roi lui-même devait respecter les droits seigneuriaux ; ainsi saint Louis, en s'embarquant à Aigues-Mortes pour la croisade, dut payer le droit de péage exigé pour le passage du Rhône par le seigneur de la Roche de Glun.

Page 97. — L'oriflamme d'origine mystérieuse...

L'oriflamme remplaça au douzième siècle le pennon royal et eut toujours le pas sur l'étendard. Les chroniques diffèrent sur son origine : les unes disent que Dagobert la fit faire, les autres qu'elle fut apportée du ciel à Charlemagne.

L'oriflamme était en taffetas or et feu, ou rouge semé de flammes d'or, d'où son nom, et ornée de deux queues bordées de franges vertes. Elle était attachée à une lance dorée.

L'oriflamme était dans l'origine la bannière de l'abbaye de Saint-Denis ; c'est pour cela que celui qui la portait criait « Montjoie Saint-Denis. » Celui qui avait cet honneur ou plutôt cette dignité, car il la conservait toute sa vie, devait être « le chevalier le plus preux, le plus vaillant, le plus prudent. » Cette dignité était très-enviée, elle donnait le commandement de la troupe de chevaliers et gendarmes d'élite, à la tête de laquelle devait marcher la bannière.

Restée à Saint-Denis lorsque les Anglais se furent emparés de Paris, elle ne put partager la gloire de Jeanne d'Arc, et depuis ce temps son prestige disparut. Elle existait encore au seizième siècle, mais abîmée par les mites.

NOTES

SECONDE PARTIE

NOTES DU CHAPITRE PREMIER

Page 120. — Les chevaliers.... aperçoivent, brodée sur l'épaule de chaque vêtement nouveau, une longue croix d'or et de soie.

Les croisés de 1095 avaient adopté la croix rouge de drap ou de soie.

Après la première croisade on la porta de toutes les couleurs.

Les croix se posaient en relief sur l'épaule droite ou au front du casque ; elles devaient être bénites par le pape ou l'évêque.

Les jeunes chevaliers la portaient généralement sur la poitrine.

Au retour de la croisade, un croisé continuait à porter la croix, et s'il la quittait, c'était faire connaître qu'il renonçait à se croiser de nouveau ; mais cela arrivait très-rarement. Seulement, pendant l'intervalle des croisades, ceux qui con-

servaient la croix, la changeaient de place, l'attachant au
milieu du dos le plus ordinairement et quelquefois au cou.
Saint Louis conserva toujours la croix.

NOTES DU CHAPITRE II.

Page 134. — *Saint Louis donnait à dîner et à souper dans
son palais à cent vingt pauvres.....*

Le saint roi faisait ordinairement asseoir à sa propre
table trois pauvres, auxquels il donnait le reste de ses viandes. Il acheva une fois le potage qu'avait commencé un de
ces pauvres vieillards.

Une des aumônes du roi était soixante-huit mille harengs
aux pauvres de ses domaines.

Page 136. — *Les bannières variées.....*

L'emblème particulier de saint Louis était deux dragons.

Page 137. — *La chapelle du roi était sur le même navire,
conservant la sainte Eucharistie.....*

On conservait l'hostie en des tabernacles fort riches, appelés *custodes*, soit en verre, laboré d'or, en émail ciselé,
soit en bois sculpté, ouvrages byzantins d'un éclat inaltéra-
ble et non imités en Europe. Après les avoir couverts d'une
étoffe précieuse, on les plaçait sur un autel, dont le taber-
nacle renfermait un grand nombre de reliques, et autour
duquel couchaient les clercs. Là, se gardaient aussi les ornements de diverses étoffes et couleurs; les crosses en cuivre
travaillé, incrustées de pierres fines, ou en ivoire, montées
en vermeil, et les livres des Évangiles, renfermés dans des
étuis d'or, d'argent, ornés de pierreries.

Page 139. — *C'est à Nicosie que nous retrouvons le sire de Joinville...*

Jehan, sire de Joinville, descendait, selon la tradition, d'un frère de Godefroi de Bouillon. Il vécut jusqu'à 95 ans, vit les règnes de Philippe le Hardi et de Philippe le Bel; à 90 ans, il suivit le roi Louis X dans sa guerre contre les Flamands où il conduisit un chevalier et six écuyers.

Il avait rapporté de la terre sainte *la ceinture de saint Joseph*. Elle avait trois aunes de long et tricotée en fil ou en coton, couleur nankin clair. Elle fut renfermée dans une ceinture en soie blanche, semée de fleurs de lis bleues brodées, avec des ouvertures pour apercevoir la relique.

« Ce seigneur estoit de haute taille et extraordinaire, ro buste de corps, et il avoit la teste de grosseur desmesurée et au double des hommes de son temps. »

Le costume que donne à Joinville la collection des costumes français est fort riche; tout est blanc, même la chaussure, et brodé d'or. Le manteau, également blanc et brodé d'or, a un capuchon qui recouvre la tête et se termine par une longue cordelière d'or.

« Le château de Joinville était entouré de forts remparts, de trois bastions, et de plusieurs tours...

« Le jardin du château était beau, spacieux, planté d'orangers, de grenadiers et de citroniers. Il avait une terrasse pratiquée sur les flancs d'un rocher, et dont les murs, taillés à jour, étaient garnis de tourelles. On assure que deux fontaines de vin s'y trouvaient toujours prêtes à couler; un grand jeu de paume se voyait aussi dans l'enfoncement du roc. »

Il fut détruit pendant la révolution, le duc d'Orléans, à qui il appartenait, l'ayant vendu en 1790.

Page 144. — *Entre autres le terrible feu grégeois.*

Le feu grégeois fut inventé, dit-on, par Callimaque, architecte d'Héliopolis. Cette composition fut comprise parmi les secrets d'État.

L'eau ne l'éteignait pas, le sable et le vinaigre en venaient seuls à bout.

Un chimiste de Grenoble crut retrouver le feu grégeois sous le règne de Louis XV, qui en fit faire des expériences sur le canal de Versailles et dans quelques ports de mer. Ces expériences réussirent de façon à effrayer les marins les plus courageux, et Louis XV accorda une pension considérable et le cordon de Saint-Michel au chimiste Dupré, afin de s'assurer qu'il ne divulguerait pas son terrible secret.

Page 150. — *Mais Damiette seule sera ma rançon.....*

L'épitomé historical des grandes chroniques de France dit que les doyens, les chanoines et le chapitre de Rouen firent fondre l'argent du tombeau qui renfermait le cœur de Richard Cœur-de-Lion, pour contribuer à la rançon de saint Louis.

Page 156. — *Saisissant les dés et les tables, il les jette dans la mer....*

La passion du jeu de dés et d'échecs — les cartes ne furent inventées que sous Charles VI — fut telle au moyen âge, que saint Louis se crut obligé de les défendre.

Il y avait aussi le jeu de table, espèce de tric-trac. Les compartiments de celles des princes et des grands seigneurs étaient de jaspe et de cristal.

Page 160. — *Elle fut transportée à l'église de Maubuisson.....*

Épitaphe de Blanche de Castille, enterrée à l'abbaye de Maubuisson, sous l'habit religieux :

« C'est toi, noble Castille, qui vis s'élever de ton sein, comme une étoile qui brille dans les cieux, cette Blanche que la France pleure aujourd'hui. Fille du roi Alphonse, elle fut l'épouse du roi Louis. Pendant son veuvage et sa régence, le royaume fleurit en paix. C'est elle encore qui tint les rênes du royaume, durant les expéditions de son fils, et toujours avec le même bonheur. Enfin, elle vint se consacrer à Dieu dans cette retraite ; et celle qui fit, par ses soins vigilants, le salut et la prospérité de la France, celle qui fut si grande, n'offre plus, dans ce tombeau, qu'une humble religieuse. »

Le cachet de Blanche de Castille portait : « Un lis naturel, appliqué sur un champ, semé de fleurs de lis héraldiques ; et la légende circulaire, autour, porte ces mots de la sainte Écriture : *Lilium inter lilia.* »

NOTES DU CHAPITRE III.

Page 167. — *Au fond de la salle.....*

Dans les manoirs, les festins et les plaisirs se faisaient dans la grande salle gothique, dont les murs étaient ornés de tapisseries, représentant des sujets de chasse et des scènes de chevalerie ; le parquet était couvert de nattes, jonchées de fleurs. De hauts dressoirs, disposés en gradins et recouverts de drap d'or, supportaient des aiguières, des coupes ciselées ; et lorsque l'orfévrerie, encore peu prodiguée aux objets de table sous saint Louis, prit un développement subit le siècle suivant, ces dressoirs plièrent sous le poids d'une argenterie magnifique.

Page 168. — *La reine fit un vœu à saint Nicolas, et la tempête cessa.*

La *nef* promise en vœu par la reine à saint Nicolas était d'argent; « le roi, la reine et les trois enfants, tout d'argent, dit Joinville; les mariniers, le mast, le gouvernail et les cordes, tout d'argent; et les voiles, tout d'argent; et dit la reine que la façon avoit coûté 100 livres (1700 fr.) »

Page 171. — *Telle était la Sainte-Baume au moyen âge...*

La poésie a rarement eu plus de charme que dans cette description de la grotte de sainte Madeleine. Voici la traduction des vers de Balthazard de la Burle, valet de chambre de Monseigneur le cardinal de Bourbon :

« Bienheureux pèlerin, ne regrette pas ton voyage, ni d'être venu de trop loin, à l'ermitage que tu vois construit dans ce rocher ; admire comment en ce lieu sombre et caverneux une faible femme, craintive, habitait seule en cette Baume où elle était soumise au froid le plus glacial ! Jamais la chaleur n'y pénètre ; même pendant la canicule, les rayons du soleil n'arrivent que jusqu'à l'entrée; car le roc caverneux, ainsi qu'une cabane, courbe son humide front vers le nord, qui glace les eaux qui en découlent, excepté un seul côté, où la bienheureuse reposait à la chute du jour. Puis à l'aube, les anges l'enlevaient au plus haut du roc, après quoi ils la reportaient en son premier gîte, à sa grande satisfaction ; et de leurs mains elle recevait sa nourriture.

« Jamais, quelque froideur qui glaçât ces lieux, la sainte n'avait que ses cheveux pour vêtement, mais ils étaient si beaux, si blonds, si longs, qu'ils paraissaient comme un manteau d'or depuis la tête jusqu'aux talons. L'amour divin qui la consumait l'engageait à se contenter pour couche d'un rocher froid et dur, tout moisi de froidure ; la mousse lui servait de coussin et de plume, quoiqu'elle ne l'eût pas accoutumé dans sa jeunesse. Le lierre étendait son feuillage autour d'elle, et lui servait comme d'une couverture argentée, par les nombreuses traces rustiquement ouvragées des colimaçons. En tout temps la lune et les étoiles lui servaient de lampe pour l'éclairer. Ni l'horreur de la nuit, ni les cris des oiseaux sauvages, les braiements des bêtes fauves, la chute des rochers pendant la tempête, la foudre, les éclairs, rien ne l'effrayait. Elle s'y plaisait au contraire, tant l'amour de Dieu remplissait son âme ; ainsi elle vécut trente ans contemplant le Dieu qui, pour sa conversion, daigna ressusciter le Lazare ! » (Villeneuve)

NOTES DU CHAPITRE IV.

Page 181 — Tandis que le roi séjournait à Hyères, afin de se procurer des chevaux pour venir en France, l'abbé de Cluny... lui fit présent de deux palefrois...

Les 500 livres que ces chevaux valaient faisaient 900 fr. de notre monnaie ; on voit qu'ils n'étaient pas chers à cette époque, car ces palefrois choisis pour le roi étaient *vair*, nom de la fourrure gris et blanc de l'époque : ce qui répond à gris pommelé, couleur la plus estimée alors pour les chevaux.

NOTES DU CHAPITRE V.

Page 199. — Le comte Alphonse et Jeanne de Toulouse. .

Les lundi et mercredi de la semaine sainte de l'année

1267, Alphonse et Jeanne distribuèrent 15,000 fr. aux pauvres.

Page 199. — *La poésie fut cultivée même dans la famille royale...*

Saint Louis aida de tout son pouvoir les sciences et les lettres. On écrivit sur des papyrus jusqu'au douzième siècle. Le parchemin était cependant déjà connu et les moines d'Occident s'en servaient. Le plus ancien et le seul papier de linge connu avant le quatorzième siècle fut une lettre du sire de Joinville à Louis le Hutin, c'est-à-dire dans l'extrême vieillesse du sénéchal de Champagne.

L'encouragement aux lettres fut toujours un honneur dans les couvents, qui sauvèrent ainsi le peu de manuscrits classiques échappés aux invasions barbares. Le prieur de la Grande-Chartreuse disait dans ses statuts : « L'œuvre du copiste est une œuvre immortelle, et la transcription des manuscrits est le travail qui convient le mieux à des religieux lettrés. » « Nous apprenons à écrire, ajoutait-il, à tous ceux que nous recevons au milieu de nous, voulant conserver les livres comme l'éternelle nourriture de nos âmes. »

Guibert, abbé de Nogent, dit que « les chartreux de la grande maison préférèrent les peaux et les parchemins que le comte de Nevers leur envoya à la vaisselle d'argent qu'il leur avait d'abord destinée. »

Le droit de chasse demandé par les moines avait surtout pour but de se procurer des peaux de bêtes fauves afin de relier leurs manuscrits.

Dans l'abbaye des moines de Saint-Victor de Paris se trouvait une salle appelée *scriptrium*, destinée aux travaux des copistes. L'abbé, le sous-prieur et le bibliothécaire avaient seuls le droit d'y entrer.

Au treizième siècle, l'abbaye de Saint-Benoît-sur-Loire

avait cinq mille écoliers qui devaient à titre d'honoraires copier chacun deux volumes.

L'abbé de Cluny laissa seulement vingt-deux volumes; mais c'étaient les chefs-d'œuvres de l'antiquité : ils étaient estimés à l'égal de précieux joyaux et une chaîne de fer les attachait aux murs.

Malgré les immenses copies des couvents qui souvent formaient, comme à Saint-Médard de Soissons et à Saint-Martin de Tours, de véritables bibliothèques, les livres étaient encore si chers au treizième siècle, que l'évêque de Vence, léguant aux chanoines de Marseille sa bibliothèque, réserva un bréviaire destiné à être vendu pour acheter de « bonnes terres. »

Les miniatures qui ornaient certains manuscrits leur donnaient une immense valeur, et un volume ornementé in-folio se payait 4 à 500 francs.

Tout était soigné dans cette importante occupation des moines d'alors ; les reliures étaient en rapport avec la richesse du travail intérieur : il y en avait de bois orné de figures d'argent, de pierreries, de fermoirs à clef.

L'or des miniatures n'a pu depuis être égalé; selon la naïveté de ce temps, les personnages de l'Évangile, Notre Seigneur lui-même, sont quelquefois habillés en chevalier.

Le douzième siècle avait donné un tel élan aux études, que des écoles s'étaient ouvertes pour toutes sortes de connaissances et que Paris avait été surnommé : « la cité des livres. »

Les moines n'étaient pas seulement copistes, ils étaient encore historiens, et c'est d'eux seulement que nous viennent les chroniques contenant l'histoire des provinces de France.

Ce fut saint Louis qui, le premier, se préoccupa de mettre les savants et ceux qui voulaient le devenir à même de consulter les ouvrages jusque-là conservés seulement dans les monastères; c'est dire qu'on lui doit les bibliothèques publiques.

Celle de la Sainte-Chapelle ne contenait que quatre classiques, tant ils étaient rares : Lucain, Ovide, Cicéron et Boëce. Il y avait en outre les épîtres de Pline, de Platon, de Salluste, d'Horace, de Virgile, et beaucoup d'extraits d'autres auteurs.

De plus saint Louis avait fait réunir par Vincent de Beauvais, dans un recueil de cinq cent cinquante pages in-folio, tous les genres de connaissances, histoire, chimie, agriculture, histoire naturelle, etc. Ce magnifique travail surnommé : « le grand et admirable volume des miroirs, » est orné des armes de Bourbon. La miniature qui indique à quelle bibliothèque ce livre était destiné représente une délicieuse chapelle.

La bibliothèque de la Sainte-Chapelle possédait aussi la copie de tout ce qui était connu de l'histoire sainte et des Pères de l'église; saint Augustin, saint Ambroise, saint Jérôme, saint Grégoire, etc. Et saint Louis savait ces auteurs chrétiens par cœur, au point d'indiquer les pages des passages sur lesquels on discutait. On ne s'explique pas que saint Louis ait légué tous ces trésors aux divers couvents de Paris, et à quelques abbayes célèbres, telles que Royaumont; principalement à la Sorbonne dont la bibliothèque formée sous le règne de Louis IX, contenait, en 1289, mille volumes.

La bible de saint Louis en vélin, remarquable par la netteté et la finesse des caractères, et reliée en velours cramoisi, est encore à la bibliothèque royale. Il s'y trouve aussi un psautier ayant appartenu au roi, orné de soixante-dix-huit miniatures historiques. Le fond est entièrement d'or. Elles rappellent des faits de l'histoire sainte, depuis Caïn et Abel : « offrant leurs désirs à Dieu, » jusqu'à Saül, et nécessairement les personnages bibliques sont habillés à la mode du treizième siècle, il s'y mêle des médaillons représentant un roi en prière. Disparu pendant la révolution, ce précieux manuscrit était arrivé dans les mains du prince Galitzin, qui à la Restauration l'offrit à Louis XVIII ; c'est ainsi qu'il revint occuper sa place à la bibliothèque royale.

Sous saint Louis la Bible fut traduite en vers français, pour en rendre la lecture plus générale.

Page 200. — Les trouvères et les troubadours de profession...

Les trouvères et les troubadours répandaient leurs chansons dans les palais, les châteaux, les villes et les campagnes. On s'assemblait autour d'eux dans les carrefours et l'on peut dire que la plus grande liberté leur était laissée. Souvent leurs récits et leurs chants étaient de sévères critiques, comme nous l'avons vu par le chant *du croisié et du décroisié.* Le goût de la poésie était général, les princes et les plus puissants seigneurs y cherchaient un délassement : tels que Pierre Mauclerc, Thibaut de Champagne, et Charles d'Anjou.

« La poésie du moyen âge embrassait tout, chants de guerre, chants religieux, légendes historiques, légendes fabuleuses, croyances mystérieuses du christianisme... Le caractère national, empreint comme toujours d'honneur, de bravoure, de galante courtoisie, accueillait avec plus de faveur les chants qui reproduisaient surtout les hauts faits d'armes des aïeux...

« Les poëtes nomades, ordinairement musiciens, composaient quelquefois des espèces d'opéras-comiques appelés « jeux partis. »

« On les jouait sur de petits théâtres et sans avoir égard aux costumes et aux usages du temps ; ainsi Alexandre le Grand était revêtu d'un surcot, et les funérailles de César se faisaient au milieu des moines avec la croix et l'eau bénite.

« Les *lais* étaient de petits poëmes contenant le récit de quelque aventure intéressante. On appelait *sirvantes* ou *sir-*

ventois, des satires générales ou personnelles contre les rois et les châtelains, le pape et le clergé.

« Le *pasnate* ou pastourelle était ordinairement une chanson dans laquelle figuraient un chevalier et une bergère. On désignait sous le nom de *plaint* toutes chansons mélancoliques et religieuses.

« L'*aubade*, la *sérénade*, la *ballade*, étaient des airs avec des paroles qu'on chantait à l'aube, le soir ou pour danser. »

Page 202. — *Guillaume de Lorris, des fragments du Roman de la Rose.*

Le roman au moyen âge était tout chevaleresque; dès 1100 l c roman d'Artus de Bretagne était dans cette province t rès-populaire, les personnages, ou du moins leurs noms, sont arrivés jusqu'à nous. Qui ne connaît le roi Artus, l'enchanteur Merlin, Lancelot du Lac, Tristan de Léonais qui à leur tour devinrent les héros de romans détaché de ce grand poëme, sous le nom de « Romans de la Table ronde. »

Les romans se multiplièrent au treizième siècle. Nous ne nommerons que ceux dont les noms sont arrivés jusqu'à notre époque : Berthe aux grans piés, les quatre fils Aymon, es Amadis. Un grand nombre des proverbes que nous répétons chaque jour, sont tirés du roman de Dolopathos, roi de Sicile, ou les sept sages, écrit primitivement en indien, traduit en grec et en latin, et ensuite en français, par Jean Aubert, moine de l'ordre de Cîteaux, sous le règne de saint Louis. Sous ce règne parut aussi le roman de la bataille de Roncevaux. Mais le poëme qui fit le plus de sensation au moyen âge fut le Roman de la Rose, composé sous saint Louis par Guillaume de Lorris. Ce poëme renferme plus de 20,000 vers ; son auteur primitif n'en aurait composé que les quatre mille cinq cents premiers.

Ce roman, qu'attaqua Gerson, était lu sans scrupules par

tous, même à la cour de saint Louis. On y cherchait, comme nous l'avons dit, des allusions sérieuses et religieuses; nous en donnerons pour exemple ce jugement de Marot : « Par la rose, dit-il, est entendu l'état de la sapience, lequel est seulement à la rose conforme. Et en cette manière d'exposer, la rose figurée par la rose papale, qui est de trois choses composée, savoir : d'or, de musc et de baume; l'or signifiant l'honneur et révérence que nous devons à Dieu le créateur ; le musc, la fidélité à la justice, que nous devons à notre prochain ; et le baume, ce que nous devons à nous-mêmes. On peut, ajoute-t-il, entendre par la rose l'état de grâce de la glorieuse vierge Marie, ou le souverain bien infini et la gloire d'éternelle béatitude. »

Page 203. — *Le saint roi fut à Corbeil un jour de Pentecôte....*

L'église de Notre-Dame de Corbeil possédait une statue de la Vierge, qui, assurait-on, s'était trouvée achevée au moment où le sculpteur lui donnait le premier coup de ciseau.

Page 207. — *Le pape Clément IV, jadis sénéchal de Beaucaire.*

Clément IV (Gui Fulcodi), Languedocien, fut militaire, jurisconsulte, secrétaire du roi de France, prêtre, chanoine, archidiacre de Puy en Velay, archevêque de Narbonne, cardinal de Sainte-Sabine, légat, enfin pape.

Il avait été marié, et, lorsqu'il fut pape, ses filles étaient fort recherchées; mais le pontife éloignait les prétendants intéressés par ces sages paroles : « Ce ne sont pas les filles de Clément IV, mais de Gui Fulcodi. » Sa prudence et sa sagesse étaient renommées.

Page 209. — *Voilà un argument décisif contre Manès....*

Saint Thomas d'Aquin était petit-neveu de l'empereur d'Allemagne et aussi parent de saint Louis. Il mourut à 50 ans. Fonbrette disait de lui : « Dans un siècle moins barbare, il aurait été Descartes. »

Complétement absorbé par ses études, nous avons dit ses distractions à la table royale. L'auteur contemporain Michel Scott en raconte une des plus curieuses. « Dans un repas où il était admis à la table royale, le saint, distrait par les compositions de son hymne sur le saint Sacrement, auquel il travaillait, mangea entièrement une belle lamproie, destinée au monarque, et dont il s'était emparé. Toujours plus préoccupé de sa versification, il achevait l'hymne au moment où le poisson venait aussi de disparaître, et, ravi d'avoir terminé un poëme, qui lui avait donné bien de la peine, il sécria : *Consummatum est!* Mais les convives, qui l'avaient vu officier de la sorte et ne savaient rien de son autre travail, croyant que ce latin se rapportait à la belle action de cet homme, de dévorer à lui seul la lamproie, le traitèrent de profane, d'avoir, ce leur semblait, appliqué à un trait d'inconvenance des paroles que chacun savait être du Sauveur près d'expirer sur la croix. »

Page 218. — *Les fréquentes confessions.....*

Jusqu'au quatorzième siècle l'Église latine conserva la manière de se confesser encore en usage chez les Grecs. Le pénitent était assis à côté ou vis-à-vis du confesseur et ne s'agenouillait que pour recevoir l'absolution,

« On lit dans la vie du célèbre abbé Joachim, qu'ayant été appelé au palais par l'impératrice Constance, il s'y rendit aussitôt et la trouva dans l'église assise sur son siége ordinaire. Lui-même se plaça à côté d'elle, sur un plus petit siége ; mais, sachant qu'elle le demandait pour se confesser à lui : « Madame, dit-il d'un ton d'autorité, je tiens ici la place de Jésus-Christ, et vous, celle de Madeleine pénitente.

Descendez, asseyez-vous à terre, confessez-vous ainsi ; autrement je ne pourrai vous entendre. » (Villeneuve.)

Un des vitraux de l'église de Saint-Denis représentait saint Louis, les épaules nues, un genou en terre, les mains jointes, devant un dominicain, tenant un fouet à la main. Les moines de Cîteaux et de Cluny se présentaient ainsi à confesse et c'est d'eux sans doute que le saint roi avait pris cette coutume.

Saint Louis donna le premier l'exemple de fléchir le genou à ces paroles : *Et homo factus est*, et de se prosterner au moment de la passion où Notre-Seigneur mourut.

Page 219. — *La Sainte-Chapelle est le bijou et le chef-d'œuvre....*

Les reliques de la chapelle étaient peut-être les plus merveilleuses que l'on connaisse. La grande châsse renfermait : 1° La couronne d'épines ; 2° le morceau de la vraie croix ; 3° le fer de la lance ; 4° le roseau ; 5° l'éponge ; 6° les menottes ; 7° la croix du bon larron ; 8° le sang de Notre-Seigneur ; 9° des langes de l'enfant Jésus ; 10° du linge du lavement des pieds ; 11° du lait de la Vierge ; 12° de ses cheveux ; 13° de son voile ; 14° le haut du chef de saint Jean Baptiste ; 15° le saint suaire ; 16° une sainte face ; la verge de Moïse, etc.

Après la mort de saint Louis on plaça sa tête dans un écrin d'argent doré, dans cette chapelle qui n'était vraiment qu'un magnifique reliquaire. Assurer que toutes ces richesses religieuses étaient authentiques, ce serait peut-être s'engager beaucoup. L'époque des croisades vit l'Europe inondée des plus singulières reliques que la bonne foi ou la spéculation prétendaient rapporter d'Orient. Geoffroy, « fils de Foulques Nerra, comte d'Anjou, avait rapporté en 1040 la larme versée par Jésus-Christ et recueillie sur le tombeau de Lazare ; enclose en un petit vase, autant merveilleux ou artificiel (pour

n'avoir ni soudure, ni ouverture aucune et pour être blanc
en dehors comme cristal), que le précieux joyau qu'il con-
tient, qui sans cesse tremblotte dans son enclos, le rend re-
commandable. »

Page 220. — *Le roi y établit cent quatorze religieux
de Citeaux.*

L'abbaye de Citeaux fut fondée en 1098. En 1115, saint
Bernard fit avec trente compagnons son entrée à Citeaux. En
1241 il existait trois mille deux cent cinquante deux membres de cet ordre, et le supérieur général prenait le nom
d'*Abbé des Abbés.*

Près de soixante princes de la maison de Bourgogne y furent enterrés.

Cet ordre fut toujours fort austère.

Un décret des Abbés de Citeaux portait : « On n'ensevelira
dans nos églises que des rois, des reines et des prélats. »

» Ce fut au douzième siècle que les papes, voulant s'attacher les abbés, dont ils comprenaient l'influence, commencèrent à leur envoyer les ornements qui jusqu'alors n'avaient
appartenu qu'aux évêques : La crosse, la dalmatique, les
gants et les sandales... »

« Urbain II, voyant tête nue dans un concile le bienheureux
Pierre de Cavos, lui envoya une mitre pour se couvrir. L'u-
sage s'en conserva sans doute depuis. »

Page 220. — *C'est à Royaumont que se trouvaient les
tombeaux...*

Le tombeau, le plus riche peut-être qui ait existé en
France, fut élevé au treizième siècle, par Blanche de Navarre
à Thibaut III, comte de Champagne, son époux. Des statues
d'argent représentant la famille des comtes de Champagne le
décoraient. Couchée sur le Mausolée, la statue de Thibaut
était de grandeur naturelle et couverte d'argent ; il tenait à

la main un bâton de pèlerin et son escarcelle en argent, rehaussée d'or et de ses armes émaillées. « La couronne, qui entourait la tête du comte, était garnie de quatre pierres bleues, de deux cornalines, de cinq perles, d'une émeraude, de deux topazes, d'un saphir et d'un grenat. Les yeux étaient émaillés au naturel de blanc et de bleu. Le collet de la robe était en filigrane d'argent doré, garni de trois émeraudes, de quatre améthystes et d'un grenat. »

« Le mausolée de saint Louis fut seulement décoré d'une lame d'argent doré, sur laquelle on cisela des figures et des ornements. »

Page 221. — *La musique sacrée...*

C'est un moine de Pomposa, Gui d'Arrezzo, qui inventa la gamme au onzième siècle; il la tira de la première strophe de l'hymne de saint Jean-Baptiste en prenant la première syllabe de chaque hémistiche :

> « *Ut* queants laxis
> « *Re* sonare fibris
> « *Mi* ra gestorum
> « *Fa* muli tuorum,
> « *Sol* ve polluti
> « *La* bii reatum,
> « Sancte Joannes. »

Le *Si* fut ajouté par Le Maire, musicien français, à la fin du dix-septième siècle.

Saint Louis fut un des plus zélés protecteurs des perfectionnements qui furent introduits dans la musique au douzième et au treizième siècle. Ses messes étaient habituellement chantées par trois voix.

L'orgue était l'instrument le plus estimé, la musique d'église étant à peu près la seule alors; l'orgue de Charlemagne « exprimait tantôt le sifflement et le fracas de la trompette, tantôt la grâce et la légèreté des sons de la cithare. »

Il y avait aussi de petites orgues que les musiciens attachaient à leur ceinture, en les faisant marcher avec la main droite, ce qui me paraît ressembler beaucoup à nos orgues de barbarie. On connaissait également les instruments à cordes, lyres, vielles, etc.

Enfin les nombreux instruments à vent, tambours, cornets en corne de boucs, le cor, le flageolet, la musette, la cornemuse, les cimballes, la flûte, la trompette, les clochettes, sorte de carillons, etc.

NOTES DU CHAPITRE VI.

Page 225. — *Il les appelait « magistrats. »*

Les avocats du treizième siècle portaient une soutane recouverte d'un manteau et une robe sans manche. Le manteau, agrafé sur l'épaule droite, laissait le bras droit libre. Ils étaient coiffés d'un chaperon d'étoffe, plaidaient la tête couverte et se découvraient lorsqu'ils lisaient ou donnaient leurs conclusions. Ils portaient les cheveux très-longs et les laissaient tomber sur les yeux. Ce fut en 1254 que la cour de Paris prit le nom de Parlement.

Page 225. — *On appelait cet usage la baillée des roses.*

Les premières roses furent envoyées à Thibaut de Champagne, par le sultan qui l'avait connu en Palestine.

Page 228. — *Un nombre énorme de règlements de toute sorte.....*

Ce fut saint Louis qui mit en usage dans les cités et les bourgs les *coutumes écrites*, premières règles sérieuses du système administratif.

Une ordonnance de saint Louis disait : « Les crieurs doivent crier le vin le Roy (du roi) au matin et au soir, par les carrefours de Paris. »

Une autre ordonnance détruisit les garennes, dont le voisinage était nuisible aux blés verts. Le roi prit cette décision par égard aux plaintes des paysans. C'est ainsi que la garenne du comte de Boulogne, oncle du roi, fut détruite par arrêt du parlement.

« Les règlements de saint Louis eurent un tel succès, que la manière de juger, qu'il avait établie, fut bientôt pratiquée dans un grand nombre de cours de seigneurs. »

Les ordonnances de saint Louis s'étendaient à tout. Citons celle qu'il rendit en 1261 par « l'hotel de la reyne son espouse…qu'elle se tienne d'appeler avec soi dames ou austres grands personnages et que, quand elles viendront, elle ne les retienne point longuement ; et qu'elle ne s'abandonne pas de légèrement à parler à tant de survenants. Mais se fasse excuser, comme il convient. »

Saint Louis fut le premier qui appelât aux assemblées ou parlements les représentants des communes.

L'impôt *des tailles* était personnel et foncier et jusqu'à saint Lou's les nobles et le clergé en étaient exempts. « Louis respecta cette exemption pour le passé ; mais il soumit à l'impôt tous les biens qui leur venaient à quel titre que ce fût. Il y assujetit les propriétés, les maisons, les biens ruraux, que les nobles et les ecclésiastiques donnaient à ferme ; mais dans une proportion moindre que les biens des roturiers. »

Une des ordonnances de saint Louis sur les monnaies prouve que, le premier, il appela le peuple à prendre part à des actes législatifs ; elle finit ainsi : « Cette ordonnance a été faite à Chartres, l'an 1262, et pour la faire ont été présents les jurés ci-dessous : Clément de Vezelai, Jehan dit le Roide,

Jehan Hernan, citoyen de Paris, Etienne Morin, citoyen
d'Orléans, Jacques Fritz, bourgeois de Provins, » etc.

Le droit d'appel avant saint Louis consistait à appeler au
combat ceux qui avaient rendu le jugement que la partie
lésée trouvait injuste ; le roi justicier voulut que dans tout
procès on prouvât son droit par titre ou par témoins, et, afin
d'habituer à cette procédure régulière, il décida qu'une
amende atteindrait ceux qui succomberaient dans leurs
appels au profit du premier seigneur qui avait rendu le jugement.

Louis IX fit plusieurs règlements, ayant pour but la circulation de la monnaie du roi exclusivement dans les territoires
dont les barons n'avaient pas le droit de battre monnaie, et
qu'elle eût un cours égal à celle des barons qui en avaient
le droit dans leur propre domaine.

Page 229. — *Les six corps de métier.....*

Saint Louis affranchit les villes du four banal, et les bou-
langers formèrent un corps de métier.

Le jour où le boulanger était reçu à maîtrise était l'occasion d'une fête ; du reste, à cette époque vraiment heureuse,
on peut remarquer que toutes les circonstances et événements
de la vie étaient prétextes à divertissement.

Ce jour-là donc, le nouveau *maître*, accompagné des anciens, « présentait au lieutenant du grand panetier un pot de
terre neuf, rempli de noix et de *nieulles*, oublies. Toute
l'assemblée sortait pour casser le pot contre la muraille, et
quand elle rentrait, elle payait un denier au lieutenant, lequel
à son tour était tenu de fournir du vin, et l'on buvait largement ensemble. »

Les vins les plus estimés alors étaient ceux de Montmartre
et d'Argenteuil.

Page 234. — *Eudes de Montreuil....*

Pierre de Montreau ou de Montreuil, architecte célèbre, comme son contemporain, Eudes de Montreuil, perfectionna en France et y mit en honneur l'architecture gothique, introduite en Europe par les Arabes. Ses principaux ouvrages à Paris furent la Sainte-Chapelle et l'église de Saint-Germain des Prés, alors chapelle de l'Abbaye, dont Pierre de Montreau avait également bâti le dortoir et la salle capitulaire.

La Sainte-Chapelle coûta 800 mille francs (40,000 livres tournois) et les ornements et châsses 100,000 livres tournois, ce qui revient à peu près à trois millions.

M. de Chateaubriand dit que « l'architecture à ogives fut une conquête des croisades de Philippe Auguste et de saint Louis... En imitant les constructions sarrasines, les architectes chrétiens les exhaussèrent et les dilatèrent. Ils plantèrent mosquées sur mosquées, colonnes sur colonnes, galeries sur galeries..... La pierre, molle et friable, fut pour ainsi dire moulée sous la main des architectes des douzième et treizième siècles, et a subi toutes les modifications que leur suggérait leur caprice et leur goût. C'est à cette flexibilité, à cette souplesse singulière, que sont dues ces dentelures curieuses et minutieuses de tant d'édifices, des parapets, percés à jour, crénelés, étoilés, losangés, trefflés, en ovales ; ces sculptures fines et si ténues, que vous diriez de loin une gaze brodée suspendue en l'air. »

Page 241. — *C'est ainsi que s'élevèrent le couvent des Haudriettes pour les pauvres veuves.....*

Saint Louis fonda l'hôtel des Béguines pour les filles et les veuves. Leur supérieure était si humble, qu'elle tournait elle-même la meule pour moudre le blé. Saint Louis admirait ses grandes vertus et lui fit don de deux confessionnaux.

Page 241. — *L'orfèvre Louis Bouvail.*

L'art de la ciselure au moyen âge fut un des plus avancés, et les artistes lorrains dépassaient en réputation tous les autres ; les plus merveilleux reliquaires faisaient partie du trésor de Saint-Denis. L'un d'eux, donné par Philippe Auguste pour contenir un morceau de la vraie croix, représentait une croix en or, couverte de rubis, de saphirs, de perles et d'émeraudes. Ces reliquaires, le plus ordinairement en argent, représentaient des châteaux gothiques, où l'or, l'ébène, l'ivoire, s'unissaient dans un travail matériel merveilleux, mais dont l'imagination, l'*idée* était absente.

Les objets, ayant appartenus à saint Louis et déposés au Moustier royal de Saint-Denis, étaient son épée, son sceptre et sa main de justice, en argent doré ; son agrafe de vermeil, couverte d'émaux et de pierreries. Ce qui offrait le plus d'intérêt, c'était l'anneau du saint roi, qui lui servait de cachet, en or fleurdelisé ; sur la pierre, un saphir, on avait gravé l'image de Louis IX, avec ces deux lettres, S. L. *Sigillum Ludovici.* Il était retenu par une chaîne, terminé par une petite médaille de Saint-Denis, en argent. La couronne du saint roi était d'une rare beauté ; au milieu d'une profusion de perles et de pierres précieuses se détachait un admirable rubis balay estimé plus de trente mille écus.

En 1557 le cardinal de Bourbon fit faire une châsse pour contenir les ossements du roi, devenus reliques depuis sa canonisation. Cette châsse en vermeil, enrichie de pierreries, était ornée de figures ciselées représentant les vertus du saint roi, au-dessus de chaque statuette se trouvait un médaillon en émail représentant les douze pairs de France.

Tous les vêtements, tous les meubles ayant appartenu à saint Louis, furent respectés comme des reliques, et nul ne but, après sa mort, dans sa coupe d'or.

Le trésor de Saint-Denis était un des plus riches de

France. Les ornements royaux du souverain au jour de son sacre dont la magnificence était extrême s'y trouvaient disposés. Les vases précieux, les joyaux, les châsses, étaient sans nombre. On y remarquait l'épée de Charlemagne appelée la *Joyeuse* en or massif et renfermée dans un fourreau de velours violet brodé de perles et de pierreries ; le sceptre, la couronne et les éperons du grand prince également en or massif, et son jeu d'échecs d'ivoire ; l'écritoire de Saint-Denis, une corne de licorne envoyée à Charlemagne par Aaroun al Raschild : on croyait qu'en y buvant de l'eau on s'y guérissait de plusieurs maux, entre autres du venin.

Saint Louis fit de grandes réparations à l'église de Saint-Denis, encouragea et aida l'abbé Eudes Clément qui entreprit, dès 1250, d'achever les constructions. Saint Louis eut la pensée de rétablir à Saint-Denis la sépulture des rois et d'y amener les cendres de ses prédécesseurs ; mais cette translation n'est marquée dans la chronique de Saint-Denis qu'en 1260. La chapelle de Dagobert fut entièrement reconstruite par les soins de saint Louis.

Un des plus remarquables sépulcres de Saint-Denis fut celui que saint Louis fit élever à sa mère. Après la mort du roi on ajouta autour de l'ogive qui encadrait la tête : « Madame la Royne Blanche, mère de monseigneur saint Loys. »

Si les arts, la sculpture elle-même malgré le nombre étonnant de statues que multipliait la décoration des églises gothiques et des tombeaux, restèrent à l'état d'enfance au moyen âge, la peinture des vitraux ne fut jamais égalée.

Ces vitraux magnifiques représentaient la vie entière des rois ou des saints ; celle de saint Louis se trouve ainsi décrite dans plusieurs églises, entre autres dans la sacristie de Saint-Denis et à Notre-Dame de Chartres. C'était une véritable histoire de France que le peuple lisait sur les vitraux de ses églises, *et ces images brillantes* gravaient dans la mémoire des enfants les noms et les faits glorieux des rois et bienfaiteurs de leur pays.

17.

Page 243. — *Les résidences royales reçurent aussi les embellissements...*

Les habitations royales et princières étaient nombreuses au douzième siècle. Le palais, depuis palais de justice : « C'est en ce lieu, dit un ancien auteur, qui se font les banquets solennels des rois aux nopçages. » L'hôtel de Sicile fut bâti par Charles d'Anjou, l'hôtel de Carnavalet date aussi de cette époque.

« Le Petit-Châtelet était un péage ; dans un tarif fait par saint Louis pour régler les péages dus à l'entrée de Paris, sous le Petit-Châtelet on lit « que si le singe appartient à son *joculateur* (jongleur), cet homme le fera danser et jouer devant le dict péage. » C'est l'origine du proverbe : « Payer en monnaie de singe. »

Le palais de saint Louis se trouvait à droite de la Sainte-Chapelle ; les grosses tours étaient liées entre elles par des galeries ; de petites fenêtres grillées étaient placées de distance en distance. Des jardins on découvrait le Louvre ; ces jardins s'étendaient jusqu'en bas de la rivière.

« Ce palais avait une façade gothique et un grand escalier tournant. Sa grande salle oblongue, à doubles voûtes en ogives, était lambrissée de sculptures de bois peintes d'azur fleurdelisé d'or, pavée de marches noir et blanc. Sept énormes piliers la soutenaient ; on y voyait les statues de tous les rois ; de longues fenêtres à ogives et à vitraux y donnaient le jour ; les portes étaient finement sulptées ; une enluminure bleu d'or couvrait les piliers, les voûtes, les murailles, les portes, les statues. » (Villeneuve). Il fut brûlé en 1618 ; maintenant tout a disparu.

Un des luxe des châteaux et palais, c'étaient ces cheminées ayant huit à neuf pieds de large, sur six ou sept de haut, ornées de sculptures et décorées du blason seigneurial.

De magnifiques hôtels étaient habités par les princes et

les grands; le plus beau après le Louvre était l'hôtel de
Soissons ou de Nesle donné à saint Louis par Jean II, sire
de Nesle, en 1250.

Ses jardins surtout, ornés de jets d'eau, étaient renom-
més. Après la mort du roi, Marguerite de Provence l'habita :
on dit qu'elle y mourut, ce qui ne s'accorde pas avec sa retraite aux Cordelières du faubourg Saint-Marcel.

NOTES DU CHAPITRE VII

Page 245. — On a remarqué que les saints. .

Le treizième siècle fut vraiment une époque de sainteté
sur laquelle planent les grandes figures de saint Dominique
mort en 1221, et de saint François d'Assise mort en 1226.
Saint Louis, dès sa jeunesse, conservait comme une précieuse
relique l'oreiller de saint François d'Assise.

Leur influence fut certainement pour beaucoup dans cet
élan nouveau de la foi et ces pratiques de mortifications dont
les rois et les reines avaient eux-mêmes la sainte habitude.
La famille de saint Louis devait se distinguer entre toutes ;
en outre de Louis et d'Isabelle, l'Église mit sur la liste
des conquérants du ciel saint Ferdinand, cousin germain de
Louis IX, puisqu'il était fils de Bérangère de Castille, sœur
aînée de Blanche.

« On eût dit que ces deux monarques avaient voulu riva-
liser en vertu ; et si le malheur ne put jamais abattre la
constance du premier, la victoire et le bonheur ne parvinrent
jamais à enorgueillir Ferdinand. Modeste au milieu des splendeurs du trône, sans rien diminuer de cette piété qui les

sanctifia, ils surent l'un et l'autre soutenir avec dignité le rang suprême où la providence les avait placés. Ne voulant jamais grever ses sujets de nouveaux impôts : — Dieu, di_ sait Ferdinand, pourvoira d'une autre manière à notre dé- pense. Je crains plus la malédiction d'une pauvre femme que toute l'armée des Maures.

« Conquérant du royaume de Murcie, en 1240, de celui de Jaën, en 1246, enfin de Séville, en 1248, pendant la croisade du roi de France, il ne laissa plus que Grenade aux Arabes. Mais, humble au milieu de tant de gloire, et étendu sur son lit de mort, il s'écriait avec larmes : — O mon Dieu ! vous avez tant souffert pour l'amour de moi ! et moi, malheureux, qu'ai-je fait pour l'amour de vous ?

« Ferdinand sut, comme Louis, mettre à profit l'esprit chevaleresque de son siècle ; il protégea le peuple contre la tyrannie des grands, et fit rassembler toutes les lois de ses prédécesseurs en un seul code régulier que son fils Alphonse X, appelé l'astronome et le philosophe, déjà surnommé *el sabis*, le savant, augmenta encore, acheva et publia sous le titre de *las partidas*. C'est dans ce recueil que se trouvent ces mots remarquables, tracés par un souverain absolu du treizième siècle : — Le despote arrache l'arbre, le sage monarque l'émonde. » (Montalembert.)

Ferdinand fut canonisé en 1671 par Clément X.

Page 255. — *Marguerite n'accompagna pas le roi...*

Parmi les jeunes princes restés en France avec leur mère, il faut citer Robert, comte de Clermont, cinquième fils de saint Louis : il épousa Béatrix de Bourbon, héritière de ce fief ; c'est ainsi que les Bourbons peuvent se dire petits-fils de saint Louis.

Le château de Bourbon l'Archambault était assis sur des rochers et flanqué de 24 grosses tours. Il avait été bâti au douzième siècle ; mais la famille des sires de Bourbon remonte à l'an 900.

Ce château avait une chapelle souterraine appelée « le trésor » et qui possédait une croix d'or surmontant un calvaire ; dans cette croix se trouvait une épine de la couronne de Jésus-Christ. Saint Louis avait donné à son fils Robert pour le même trésor un morceau de la vraie croix.

Ce reliquaire enrichi de pierreries était gardé par sept prêtres chargés du soin de la chapelle.

Page 258. — *Ensuite il bénit chacun de ses enfants...*

Les enseignements écrits pour Philippe, le futur roi, étaient fort longs et s'étendaient à tous les détails de la vie privée et publique d'un bon roi.

Pour sa fille bien-aimée, la jeune reine de Navarre, il avait dit ces mots charmants : « Chère fille, parce que je pense que vous entendez plus volontiers de moi que d'un autre, pour l'amour que vous avez à moi, j'ai pensé que je vous fasse aucun enseignement de ma main Notre sire Dieu vous fasse si bonne de toute chose, comme je désire, et plus assez (encore) que je ne désire. »

A Agnès sa plus jeune fille : « Chère fille si tu aimes trop les plaisirs du monde et désire les honneurs et les richesses jusqu'au jour dernier, sache que tu as perdu tout ton temps ; que ce ne peut longuement durer. »

L'évêque de Tunis écrit à Thibaut de Navarre, qui, paraît-il, n'avait pas assisté aux derniers moments de saint Louis : « Nous pouvons témoigner qu'en toute notre vie, nous ne vimes, ni sûmes si sainte ni si dévote mort, en homme de siècle ou de religion ; et aussi avons-nous entendu le témoigner à tous ceux qui la virent. »

Saint Louis portait sous les habits royaux un petit habit gris, qui faisait supposer qu'il était du tiers-ordre de saint François.

Page 259. — *Marguerite de Provence fuit cacher ses larmes dans un cloître....*

Cette princesse était extrèmement charitable; à sa mort elle laissa tous ses meubles à l'Hôtel-Dieu de Paris. La foule des pauvres qui suivit son convoi fut immense.

Page 259. — *... Canonisé douze ans après sa mort....*

Parmi les miracles qui amenèrent cette prompte canonisation, la guérison du chanoine Dude ou Dudon, médecin de saint Louis, doit être citée. Il était constamment attaché au roi qu'il suivait dans ses voyages; il fut aussi à la seconde croisade et soigna son royal maître jusqu'à la mort. Il avait 612 francs par an (36 livres); lorsqu'il était à la cour il recevait en plus 85 francs pour son habillement. Il était nourri, chauffé, éclairé, servi par deux valets à ses ordres, et il avait un cheval à sa disposition.

Il resta au service de Philippe le Hardi. Étant tombé dangereusement malade, abandonné des plus célèbres médecins, « il se confessa, fit son testament, et s'endormit profondément. A son réveil il raconta qu'il avait vu saint Louis, qui lui avait promis sa guérison complète. Maître Dude se fit alors apporter un poulet, une forte mesure de vin et un pain, « pour entrer disait-il, en convalescence. » Il se trouva en effet entièrement « guéri » et déclara publiquement que c'était par l'intercession de saint Louis.

FIN DES NOTES.

TABLE DES MATIÈRES

PREMIÈRE PARTIE

Chap.   I. — Naissance d'Isabelle de France   1
—   II. — La mère   40
—   III. — La cour de saint Louis   58
—   IV. — Premiers actes de saint Louis, arrivé à sa
majorité   82

SECONDE PARTIE

Chap.   I. — La croisade   115
—   II. — Isabelle de France pendant la croisade . . .   130
—   III. — Fin de la croisade   161
—   IV. — Règne de saint Louis entre les deux croisades.
— Isabelle à Longchamps   177
—   V. — La cour de saint Louis   197
—   VI. — La France sous le règne de saint Louis . . .   225
—   VII. — Sainteté d'Isabelle de France   245
Notes explicatives   261

PARIS. — IMP. SIMON RAÇON ET COMP., RUE D'ERFURTH, 1.